旅 游 学

（第2版）

主 编　王 娟　　闻 飞

副主编　鲍 军

合肥工业大学出版社

序

从 2009 年本书正式出版到 2024 年出版第 2 版,《旅游学》教材的修编相隔 15 年。在这 15 年里,中国旅游业经历了迅猛的发展期,也经历了严重的停滞期。2017 年 10 月 18 日,习近平同志在十九大报告中强调,中国特色社会主义进入新时代,我国社会主要矛盾已经转化为人民日益增长的美好生活需要和不平衡不充分的发展之间的矛盾。旅游业作为化解中国社会主要矛盾的重要手段,蓬勃发展的大趋势不会变。

2009 年,国务院 41 号文件正式提出把旅游业培育成"国民经济的战略性支柱产业和人民群众更加满意的现代服务业"的宏伟目标。2013 年,国务院发布《国民旅游休闲纲要(2013—2020 年)》,旨在满足人民群众日益增长的旅游休闲需求,促进旅游休闲产业健康发展,推进具有中国特色的国民旅游休闲体系建设。2019 年,中国文旅项目签约近 2.5 万亿元,新政策、新需求、新用户、新业态、新产品、新技术以及企业融资、项目投资纷纷通现。2020 年受"新冠"肺炎疫情的打击,旅游业经历了严重的停滞期。2023 年以来,随着疫情防控政策不断优化调整,中国文旅市场迎来强劲复苏,绿色、低碳、高质量发展成为新热点。

《旅游学(第 2 版)》保留了第 1 版中大部分的知识点,每章开篇增加了"学习引导",以方便读者了解各章学习内容和学习要求;挖掘每章的思政元素,每章开篇增加了"思政元素";结合 15 年来旅游业的发展过程和未来趋势,更新了各章的篇末案例。

《旅游学(第 2 版)》中,修改最多的是旅游流部分。15 年来,中国入境旅游流、国内旅游流和出境旅游流都发生了巨大的变化,对这部分内容本书作了全新的呈现。此外,随着 2018 年中国大部制改革,我国的旅游行政组织发生了变化,国家文化和旅游部代替了原国家旅游局,其部门构成与职能也发生了相应变化；与此同时，我国的旅游行业组织职能也有所调整，本书在修编过程中，一并进行了相应的更新。

本书受到安徽省质量工程省级一流教材建设项目资助，同时也是安徽省高校人文社科重点项目（No. SK2020A0473；No. SK2020A0470）、黄山学院人才启动项目（No. 2021xskq004）和黄山市文旅大数据技术创新中心的阶段性成果。由于本书作者的理论、实践和视野具有局限性，书中难免出现疏漏和不当之处，敬请读者批评指正！

《旅游学（第 2 版）》在修编过程中，参考了同行专家的研究成果，获得了同行专家的关心和鼓励，得到了合肥工业大学出版社同志的关怀和支持，谨表示衷心感谢！

王 娟

2023 年于黄山学院知园

目　录

第一章　绪　论

学习引导

本章首先明确旅游的定义，其次从旅游学的概念入手，厘清相关概念，帮助学生系统地掌握这些概念，为旅游学的学习打下坚实的基础。在此基础上，讲解旅游学的研究对象和学科体系，旅游学的研究进展及研究方法等。

思政元素

（1）使学生了解社会矛盾的变化与现代旅游业发展之间的内在关系，深刻认识到现代旅游业的责任与担当，增加学生自身的社会责任感。

（2）让学生认识到旅游学科一级学科发展的必要性与难度，引导学生树立科学研究意识，增强为旅游学科升级贡献个人力量的使命感。

第一节　旅游学及其相关概念

将旅游作为一种社会现象，进行较为系统、全面、科学的研究，始于20世纪。如今，旅游学是一门独立的学科，已得到学术界的广泛赞同。从世界范围蓬勃发展的旅游实践来看，旅游学是一个富有生命力的新兴学科，是一个具有广泛社会应用背景的研究领域。但是，由于专门、系统的旅游学研究开始于近代社会，因此，相对于其他比较成熟的学科而言，旅游学尚是一门十分年轻的学科。本节主要讲解旅游的定义、旅游学的概念，梳理闲暇、休闲、游憩、迁徙、旅行、旅游、休闲产业、闲暇业、旅游业等与旅游学相关的概念及其相互关系。

一、旅游的定义

对旅游的定义有两种方法：理论性定义和技术性定义。理论性定义（或者叫概念性定义）是用逻辑思维的方法（演绎与归纳）给事物定义，是为了探究旅游活动最本质的特征，即旅游活动发生、发展的原因、趋势和规律。技术性定义是用技术的方法（调查统计）给事物定义。这种定义大都根据人们离家外出的活动目的、在目的地停留的时间以及其他一些可能的标准去界定旅游者的范畴。所以，前者更看重旅游的"休闲、娱乐、精神享受"等接近本质的内容，后者更看重广义旅游的经济推动作用和对社会的影响效果。

（一）理论性定义

"旅游是非定居者的旅行和暂时居留而引起的现象和关系的总和。这些人不会导致长期居住，并且不涉及任何赚钱的活动。"这是瑞士学者汉泽格尔和克拉普夫在 1942 年就提出来的，后来在 20 世纪 70 年代为"旅游科学专家国际联合会"所采用。英文缩写"AIEST"的中译文为"艾斯特"，故称艾斯特定义。艾斯特定义阐明了旅游的如下本质。

1. 流动性

旅游产生于人们的外出运动和在不同地方或目的地的逗留活动。所以从严格意义来讲，在家里或在附近的休闲活动就不能算旅游，如郊区野炊。

2. 相依性

指的是"旅"与"游"的相互依赖性。两个因素缺一个都不是现代意义的旅游。有"旅"无"游"是出差，有"游"无"旅"是娱乐，是休闲。

3. 异地性

旅行和逗留发生在游客常居环境或定居、工作之外的地方。因此，旅游活动所带来的表现和结果与在居住地定居和工作的活动截然不同。旅游活动表现出自由、休闲、新奇，在乎过程中的体验，少有责任感。

4. 暂时性

前往旅游目的地的活动是临时的、短暂的，最终是要回到原住地去的。

5. 非定居性和非就业性

旅游不是为了在访问地定居和就业。

这个定义将旅游活动与人类其他社会活动区别开来，属于理论性的定义。为避免直译的理解困难或误解，李天元对艾斯特定义进行改造，得出旅游的定义：旅游是人们出于移民和就业之外的其他原因，离开自己生活的惯常环境，前往异国他乡的旅行和逗留活动所引起的各种现象和关系的总和。

（二）技术性定义

世界旅游组织和联合国统计委员会对旅游的定义是"人们为了休闲、商务和其他目的，离开他们的惯常环境，到某些地方去以及在那些地方停留的活动"，并确定这种在外地的暂时停留以"不超过一年"为标准，同时指出"访问的主要目的不应是通过所从事的活动从访问地获取报酬"。这个定义出于技术性需要，为了调查与统计的可操作性，属于技术性的定义。

二、旅游学

在中国，从已出版的旅游学教材来看，旅游学的研究内容主要建立在"三要素"（旅游主体、旅游客体、旅游媒体）理论的基础上，从旅游业的角度而不是从旅游活动的角度架构学科内部的研究框架。这一方面是学科发展历史短暂、理论积累不充分的必然结果，另一方面是旅游学这门学科在中国长期被定位为指导旅游产业实践发展的应用型学科的产物。

对于旅游学概念的问题，学者们有各自的看法。其中有代表性的观点有：

林南枝（1986）认为"旅游学是研究旅游活动最一般规律的科学，是旅游活动之综合概括，包括了旅游史、旅游业、旅游文化、旅游经济等"。

陈玉英、明庆忠（1999）认为旅游学"是以旅游现象为研究对象、以旅游业为依托，研究旅游有机体的形成发展规律、组成要素、运行关系，以及旅游开发与措施，最终实现其社会、经济、生态效益的一门学科"。

王德刚（1998）认为"旅游学是一门综合性的边缘学科，它是以研究旅游的三要素（旅游主体、旅游客体和旅游媒体）及其相互关系为核心，探讨旅游活动和旅游业发展规律的科学"。这一定义明确概括了旅游学的研究对象和主要内容，但不足之处在于把旅游的主体、客体和介体定义为旅游学研究对象的核心，过于一般化，没有体现旅游现象的特殊性，因为，任何人为的行动，都离不开行为的主体、客体和介体。

笔者认为，旅游学作为学科，其概念必须具备一种不可分解性（irreducibility），即必须是该学科独有的、其他学科所不能取代的理论术语。旅游学不仅研究旅游本身，还研究旅游所引起的现象和各种旅游现象之间的关系。从这个角度上看，本书将旅游学的概念总结为：旅游学是从宏观范围内、战略角度上对旅游现象的性质、形态、结构特征、运行机理及其与社会的各种关系和影响进行探讨的学科。

三、与旅游学相关的概念

闲暇、休闲、游憩、迁徙、旅行、旅游、休闲产业、闲暇业及旅游业，这些概念与旅游学关系密切，是旅游基础理论研究中的基本概念。掌握这些概念的内涵、外延及其相互关系，是学习旅游学的基本前提。

（一）闲暇、休闲、游憩

1. 闲暇、休闲、游憩的概念

（1）闲暇。闲暇是现代社会经济状态下，人们日常生活的一个有机组成单元。闲暇的确切含义，人们往往是可以意会，而难以言传。从语词上说，英语闲暇 leisure 一词源于古法语 leisir，而该法语词又源于拉丁语 licere，意为合法的或被允许的，同词根的词还包括 licence（合法的）；汉语闲暇一词只是没事干、闲空的意思，在语词上似乎不重要。然而，闲暇的概念绝不局限在语词上，而是涉及了社会学、心理学及经济学等诸多方面的一种客观现象。

张捷认为，闲暇可以从三个方面进行界定：①闲暇作为时间，是当工作约束、睡眠及其他基本需求被满足时个人可以自由利用的时间；②作为一种活动，是人们除了常规从事的事务以外的时段中的任何一种排遣活动，即娱乐活动；③作为一种心态，即任何使个人觉得愉悦自在的活动或经历，或者再加上综合广义的定义法，几乎是包罗万象。

（2）休闲。究竟什么是"休闲"，目前尚无统一定义。本书所言"休闲"是指，人们在可自由支配时间内自主的、以自己所喜爱的、认为是有价值的方式，从事某些个人偏好性活动，并从中获得惯常生活事务所不能给予的身心愉悦、精神满足和自我实现与发展。从活动内容上看，包括了娱乐、游戏、个人爱好、旅游（除商务、会展旅游外）、健身康体以及部分文化消费活动。

（3）游憩。游憩是"个体休闲的经验形式"，是人们以放松、愉悦、健身等恢复身心健康的个体目的为本质特征的具体活动方式，是目前流行的休闲旅游方式。

2. 闲暇、休闲、游憩与旅游的联系与区别

闲暇与休闲在英文中是同一个词 leisure，但词性不同。无论闲暇作为时间而言，还是作为一种活动、一种心态而言，均是名词性质；休闲是闲暇时间内所作的活动，是动词。

休闲与游憩的关系是整体与局部的关系，游憩是休闲方式之一。

休闲与旅游既存在联系，又有区别。闲暇时间是旅游和休闲的必要条件，旅游是在闲暇时间所从事的休闲活动的一部分，在异地进行的观光、度假、娱乐、健身等活动既属于旅游活动，又属于休闲活动；而在异地进行的公务、商务、会议、文化、修学及专项考察等旅游活动也带有一定的休闲色彩。旅游与休闲的关系如图 1-1 所示。

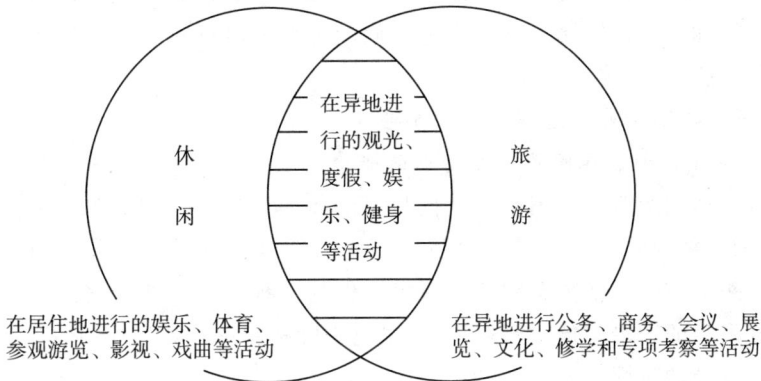

图 1-1 旅游与休闲的关系

（二）迁徙、旅行、旅游

1. 迁徙和旅行的概念

旅游的概念在第一节开头已阐述，因此，这里仅列出迁徙和旅行的概念。

（1）迁徙。迁徙是人类从一个地方转移到另一个地方的活动，是最古老的人口流动现象。在人类祖先生活的原始人类时期，人类的生存完全受制于自然力的束缚，为了摆脱饥饿和自然灾害的威胁，人们不得不从一个地方迁移到另一个地方，以求获得一个更好的生存环境。迁徙的典型特点是被迫性和求生性。

（2）旅行。旅行是人们离开常住地到异地作短暂停留，并按计划返回的行为。旅行最初实际上不是消遣和度假活动，而是由人们的现实主义及

人们扩大贸易、扩大对其他地区的了解和接触的需要所产生的一种活动。因而在最初的年代中，主要是商人开创了旅行的通路。

随着历史的发展，旅行活动的内容不仅限于商人经商，游说、出使、皇帝巡行等活动成为旅行的主要内容。

2. 迁徙、旅行、旅游的关系

联系：三者都有离开常住地的行为，都是人口流动的形式之一。

区别：迁徙具有被迫性和求生性的特征，迁徙的人类离开定居地，但并不计划再回来。类似于现代的移民，迁徙不同于旅游。

旅行也是与人类生活紧密联系的一种现象，并且随着社会生产力的不断发展，人类对外部世界的认知不断深入，对空间范围的拓展也不断加大。旅行可出于迁徙之外的任何目的，如旅游、经商、游说、出使等。因此，旅行和旅游是统属关系，所有的旅游都要经过旅行过程，但不是所有的旅行是旅游。

（三）休闲产业、闲暇业、旅游业

1. 休闲产业、闲暇业、旅游业的概念

（1）休闲产业。休闲产业是指与人的休闲生活、休闲行为、休闲需求（物质的、精神的）密切相关的领域，特别是以旅游业、娱乐业和文化产业为龙头形成的经济形态和产业系统。作为一种新兴产业，它是工业化社会高度发达的产物。休闲产业于 19 世纪中叶初露端倪，20 世纪 80 年代进入快速发展的时期。

（2）闲暇业。闲暇业可以认为是为人们提供娱乐消费产品、服务及设施的所有政府部门和产业机构或组织，它兼具经营性和公益福利性特征。

（3）旅游业。旅游业概念的形成过程，是伴随着旅游业的产生、发展并逐步成熟的过程。旅游业并非与旅游活动同步产生。旅游业产生于近代产业革命之后，大众化的旅游消费推动了旅游业的形成与发展。

第一，旅游业是综合性的产业，其产业边界很不明确。旅游业并非由同类企业构成，相关企业的业务或产品自然也不尽相同，内容涉及"吃、住、行、游、购、娱"等各个方面。行业涉及餐饮、住宿、交通、银行、通信、文化、加工、邮政、文物、宗教、农业、林业、公安、市政、环卫等。饭店经营的业务不同于航空公司，旅行社的业务也不同于饭店。诸如此类的情况在旅游业中到处可见。

第二，旅游业的投入和产出被相关行业消解。许多旅游企业的服务对象都不仅限于旅游者或游客，因此对旅游业的投入中除了对旅游业务的投入，实际上还有一部分是对非旅游业务的投入。例如航空公司的乘客除了外出的游客外，还有大量外出定居就业者；酒店除了主要接待游客，也接待本地人的会议、社交娱乐甚至住宿。不要说去测算这两部分投入各自所占的比例，就是把这事实上的两种投入区别开来也是非常困难的。同理，要准确地测算该旅游企业因旅游业务而实现的产出（而不是该企业全部业务的产出）几乎也是不可能的。从宏观上看，旅游并非一个界限分明的产业，其产品由诸多相关的产业或行业共同提供。所以，在测算和确定旅游业的投入和产出时，人们也只能通过对有关的交通运输业、住宿业、饮食业、旅行社行业等产业的投入、产出情况进行调查、分析和综合，从而估算出旅游业的投入和产出。

第三，旅游业对相关产业进行重新组织，并产生新的效益。例如饭店企业隶属于传统上早已独立存在的住宿业，航空则隶属于交通运输业等。绝大多数旅游企业实际上都隶属于某一传统的标准产业。

或许正是由于这些原因，在世界上绝大多数国家颁布的标准产业分类中，甚至在联合国公布的《国际标准产业分类》中，都没有将旅游业列为单独的立项产业。在我国的《国民经济行业分类》中，也没有"旅游业"的字样，而是将与之有关的活动划归"住宅、公用事业和居民生活服务业"一类。所以，经济学家普遍认为，从理论上讲，旅游业不能构成一项标准的产业。

但是，在实践中，旅游业是一项实际存在着的产业。很多国家在本国经济发展规划中都将旅游业纳为其中一项重要内容。在这些国家中，例如西班牙、希腊、意大利等国，旅游业实际上早已成为国民经济中举足轻重的部分。这些事实说明，旅游业作为一项产业，实际上是客观存在的。旅游业不像其他产业那样界限分明，这也是其特点的反映。尽管这些产业或行业的主要业务或产品有所不同，但在涉及旅游方面，它们都有一个共同之处，即通过提供各自的产品和服务满足同一旅游者的需要，从而他们的不同产品也就在总体旅游产品的前提下统一了起来。

因此，如果要给旅游业下一定义，旅游业就是以旅游者为对象，为其旅游活动创造便利条件并提供其所需要商品和服务的综合性产业（李天元定义）。同其他传统产业的定义相比，旅游业的定义有两点明显的不同之处：第一，这一定义是需求取向的定义，而非供给取向的定义；第二，旅游业作为一项产业，其界定标准是其服务对象，而不是业务或产品。

2. 休闲产业、闲暇业、旅游业的关系

三者都是产业，与国民经济密切相关。

虽然休闲与闲暇词性不同，但从产业角度来看，休闲产业与闲暇业没有本质上的区别。

但休闲产业、闲暇业与旅游业有较大区别。以往我国研究旅游业，有不少都用旅游业 Tourism（或 Tourism Industry）的概念涵盖或者说是替代了闲暇业（Leisure Industry）。然而，这种概念定义方式是与国际上有关旅游或旅游者的通用定义是冲突的，因为闲暇业不仅包括了旅游业（广义上），还包括了为非旅行者提供娱乐消费产品和服务的所有产业机构或组织（狭义），因而也不仅仅是康体娱乐服务业。可以说，闲暇业与旅游业是整体与局部的关系，闲暇业包括旅游业，旅游业只是闲暇业的组成部分之一。

第二节　旅游学的研究对象和学科体系

一、研究对象

任何一个成熟的学科，都是以其最主要的矛盾展开的，这也是学科研究的出发点，更是学科体系的切入点。如政治学的主要矛盾是权力，政治学是围绕着权力问题展开的；经济学的主要矛盾是稀缺，经济学是围绕着稀缺问题展开的；社会学的主要矛盾是群体，社会学是围绕着群体问题展开的；管理学的主要矛盾是组织，管理学是围绕着组织问题展开的；地理学的主要矛盾是空间，地理学是围绕着空间问题展开的。

旅游学是研究旅游现象及其关系的新兴学科，其研究对象也应是旅游学科的主要矛盾。然而，在旅游学科的主要矛盾的研究方面，还存在不清晰、不明确的表述。不论是旅游学还是旅游经济学的教材或著作，大都认为旅游学科主要是围绕着旅游展开的，这等于说，人的学科是围绕着人展开的，毫无意义。这也是旅游学科不成熟的表现，是旅游学科发展面临的最严重问题之一。

旅游学的研究对象是旅游活动所展示的矛盾，并研究这种矛盾发生的基础、原因，研究其性质、形态和结构特征，研究这种矛盾的运动规律及其形成的复杂影响。旅游活动既包括旅游者活动，也包括旅游产业活动，这两种活动正是旅游现象基本矛盾的两个方面。

　　旅游者活动作为旅游活动基本矛盾的一个主要方面，是构成旅游需求的基础，而旅游需求得以满足，即旅游矛盾获得解决，主要依赖于产业供给活动。这正是旅游活动的发生、演化和化解的过程，而在这个过程中，旅游的不同层次上的理论（或学科）都有自己独特的研究对象或研究层次。由旅游现象基本矛盾的两个方面所展示的立体的、丰富多彩的旅游现象，是旅游学科开展研究的对象。

二、学科体系

　　任何一门成熟的学科都有自身完善的学科体系。构建合理科学的旅游学科体系是旅游学发展成为成熟学科的标志。旅游研究是一种科学实践活动，是人们认识旅游现象，逐步提出新概念、新思想、新理论，提炼出新的研究方法的过程。由于旅游是一种极其复杂甚至矛盾的多层次、多侧面的社会现象，它在人类社会中大规模地出现也仅仅有几十年时光，因此学者们还来不及对其进行深入、科学的把握。虽然学者们做出了很大的努力，提出了各式各样的旅游定义、设想和理论，但迄今为止，成熟的旅游学科体系尚未出现，旅游学科体系建设与旅游研究之间还有一定的矛盾。因此，构建科学的旅游学科体系成为当前旅游研究的重要任务之一。

　　一门成熟的学科，其学科体系的形成需要经历以下四个主要阶段：交叉学科（cross-disciplinary）—多学科（multidisciplinary）—跨学科（interdisciplinary）—新学科（new discipline）。多学科与跨学科是两个不同的概念，因此他们归属不同的发展阶段。多学科研究只是意味着多个学科共同研究一个主题；跨学科研究则有所不同，这个方法意味着数门学科共同协作，把各种理论和分析方法糅合在一起，以至这些学科不是各自分立，而是有目的地聚合在一起，主要寻求一种综合；跨学科研究因其视界融合的优势自然会产生让人意想不到的结果。当我们真正采用跨学科的方法对具体现象进行一段时间研究之后，一门新的学科就会出现。旅游学具有跨学科的学科性质，这不仅仅表现在旅游学研究的历史进程中，它实际上植根于旅游学研究对象的复杂性和综合性这个根本点上。旅游学研究旅游活动这一综合的社会现象，涉及许多相关学科，如经济学、管理学、地理学、文化学、历史学和社会学等，这些学科的理论和研究方法为旅游学提供了借鉴和帮助。同时，旅游学也在发展中逐步地完善了自己的语言系统和研究规范。旅游学的理论内容，体现了多学科综合的特征，它是在多学科的边缘或交叉空间上产生的新学科。可以认为，旅游学是一门综合性的边缘学科。

国外的旅游学研究较少涉及有关旅游学学科体系方面的理论探讨，这可能是旅游学本身不够成熟的自然表现，也可能是国外学者一贯的务实精神或功利意识的反映。旅游学在基本概念、方法和理论方面还有许多问题需要进一步探讨，构建旅游的学科体系确实有难度。但要对这一学科进行综合研究，旅游学学科理论问题又是必须讨论的。1995年，喻学才、毛桃青呼吁建立旅游学学科体系。在之后的旅游学基础理论研究中，出现了旅游学学科体系的多种构想，如明庆忠、王德刚、陈玉英等人都试图描绘出明确的旅游学学科体系层次图，推动了旅游学学科体系的构建进程。我国学者对旅游学学科理论作了诸多探索，虽然学者们对旅游学学科体系的表述不尽相同，可谓"仁者见仁，智者见智"，但这对旅游学研究的推进起着积极而有益的作用。

本书在对研究对象的深入探究中，借助了相关学科的理论和方法，融合了相关学科的某些知识，构建了旅游学的理论体系框架。旅游学的综合性体现在概念、理论、方法论三个层面上。旅游学这样一门综合学科，与它的分支学科以及相关交叉学科一起，构成了研究旅游现象的综合学科体系，即分支学科层。在这个体系中，互相关联的几个分支系统，构成了旅游学的最基本的内容。可以从以下几个层次认识旅游学的理论体系。

（一）综合层

综合层指旅游学的基本理论本身，是旅游学的最高层，由概念体系、理论体系和方法论组成。

1. 概念体系

建立学科首先必须解决该学科的基本概念问题，概念体系是旅游学的基础。旅游学逐步形成了自己的概念系统，这个系统来源于对旅游现象的基本认识，也融合了相关学科的成熟概念。旅游学的基本概念主要包括旅游、旅行、游览、旅游现象、旅游活动、旅游学、旅游者、游客、旅游需要、旅游动机、旅游决策、旅游行为、旅游期望、旅游消费、旅游体验、旅游经历、旅游感受、游客满意、旅游业、旅游产业结构、旅游供给、旅游产品、旅游服务、旅游组织、旅游管理、旅游经济、旅游文化、旅游环境、旅游资源、旅游地、旅游设施、旅游流、旅游（客源）

市场、旅游容量、旅游规划、旅游信息系统、旅游电子商务和旅游可持续发展等。对这些概念赋予旅游学的专门意义，可体现旅游学的综合性。在这些基本概念之下，还可衍生出更多具体的概念并形成旅游学完善的概念体系。

2. 理论体系

理论体系即旅游学的基本理论框架，它直接体现了旅游学的学科内容，即由对象研究而产生的与对象相对应的理论。旅游学理论体系的基本构成便是由对旅游学对象的研究及其任务的实施而形成的相关内容。作为一门新兴综合性边缘学科，旅游学尚未形成特有的有影响的理论，其理论主要是通过多学科的综合研究途径逐步从其他相关学科移植、渗透和融合而来的。当然，这些理论进入旅游学领域之后，逐渐与旅游学中特有的概念、特有的研究问题相结合，最后形成旅游学独特的理论系统，如旅游地（或旅游产品）生命周期理论、旅游可持续发展理论、旅游规划理论、旅游服务管理理论、旅游者行为理论和旅游市场理论等。

3. 方法论

一个学科有其自身的规律，学科与学科的研究方法有共同之处，也有各自的专有方法。旅游研究方法论是构成旅游学科体系的支撑系统。旅游学的研究方法主要是在综合研究中，从其他相关学科借鉴而来的。随着对旅游学探讨的深入，旅游研究方法也会逐渐完善。

（二）分支学科层

分支学科层是在对旅游现象中具体对象的研究过程中，由旅游学理论体系的扩展和深化而产生的分支学科，以及与其他学科交叉产生的分支学科所组成。在学科研究中，由于领域涉及面宽，存在着学科继续细分的可能和必要。当然有些分支只涉及一个问题，或者并不构成成熟分支学科，不宜都以"学"冠之。旅游学具体有 7 个学科方向。

1. 旅游经济学

旅游经济学是研究旅游经济活动过程以及这一过程中所反映的各种经济现象、经济关系及其规律的学问。旅游经济学是最早涉足旅游学的领域，也是现代旅游学最重要的组成部分之一。旅游经济学从经济角度来研究旅游活动，揭示市场经济条件下旅游活动的效应。旅游经济学已形成了一些研究方向：

（1）由研究旅游产品的生产和组合而产生的旅游产品设计学；

（2）由研究旅游产品的需求和供给及营销策略而产生的旅游市场营销学；

（3）由研究旅游商品（旅游购物品）的生产、设计和销售而产生的旅游商品学；

（4）由研究旅游经济指标的变化规律和统计方法而产生的旅游统计学；

（5）由研究旅游经济运行过程中的财务、会计管理与操作而产生的旅游会计学。

2. 旅游管理学

旅游管理学是旅游学借鉴管理学的理论研究旅游现象而产生的分支学科，其任务是探讨能够使旅游活动和旅游业得以正常发展的管理理论和管理方法。它又分为两个方向，即旅游行业管理和旅游企业管理。

（1）旅游行业管理，是把旅游业作为一个独立的产业部门来进行管理，是政府和旅游组织对旅游事业的宏观管理。目前，许多国家的产业分类都把旅游业作为一个独立的产业部门。我国也于 1986 年将旅游业正式纳入国民经济的整体规划，这标志着自此我国的旅游业已正式成为一个独立的产业部门。行业管理的内容主要包括 4 个方向：①产业发展战略和计划管理；②旅游组织与旅游政策、法规管理；③旅游行业标准和服务质量管理；④旅游活动的引导和规模控制。

（2）旅游企业管理，是微观的管理。任何一个行业都是由许多具体的企业组成的。旅游活动需要吃、住、行、游、购、娱等服务，涉及饭店、旅行社、旅游区、旅游交通企业等许多相关企业。旅游企业管理主要包括以下方向：①旅游饭店经营管理；②旅行社经营管理；③旅游区（景区）经营管理；④旅游交通（企业）管理；⑤娱乐企业管理。

3. 旅游开发与规划学

无论是旅游活动的发展还是旅游业的发展，都离不开开发活动。开发活动涉及许多领域和部门，如旅游资源、城市建设、土地利用、物资供应、基础设施和服务设施等，因而，为使旅游开发活动能够稳定、协调地发展，能够卓有成效，还必须解决一个重要的理论问题——旅游规划。由此，便形成了下列主要方向：

（1）由研究旅游业发展、旅游开发活动的协调关系和长远计划而形成的旅游规划学；

（2）由研究旅游开发活动的规律、开发理论和操作规程而形成的旅游开发学；

（3）由研究旅游景观的设计、布局和建设而形成的旅游景观设计。

4. 旅游社会学

旅游既是一种经济现象，也是一种社会现象。旅游活动和旅游业的发展，必然对社会政治、文化等方面产生广泛的影响。因而，旅游学在研究旅游活动和旅游业的发展可能产生的各种社会效果方面，形成了以下主要方向：

（1）研究旅游活动中社会文化现象的旅游文化学；

（2）研究旅游者消费行为和心理特征的旅游心理学；

（3）研究旅游审美活动的旅游美学；

（4）研究旅游对象的文学形态和旅游活动的文学表现的旅游文学。

5. 旅游环境学

旅游活动离不开环境，旅游与环境是共生关系，即良好的生态环境是旅游业发展的基础，要发展旅游，需要对环境进行保护；同时，环境保护也需要来自旅游业发展所产生的经济收入的支持。旅游学对它们的研究形成了旅游环境学分支，主要有以下研究方向：

（1）由对旅游对象的研究而形成的旅游资源学；

（2）由对旅游与生态环境的关系研究而形成的旅游环境学；

（3）由研究旅游现象的地域分布规律而产生的旅游地理学。

6. 旅游史学

人类的旅游活动、旅游业、旅游学都有其发展历史，对它们产生和发展规律的探讨，形成了旅游史学的研究方向：

（1）由研究旅游活动的发展过程和发展规律而形成的旅游发展史（旅游活动史）；

（2）由研究旅游业的发展过程和发展规律而形成的旅游业发展史（旅游业史）；

（3）由研究旅游学的产生、发展过程而形成的旅游学发展史（旅游学术史）。

7. 旅游科技

一个学科的发展，需要一定的科技手段支持。旅游学研究中要关注科技的应用，具体包括：旅游信息系统、旅游电子商务和旅游制图。

由此，构成了旅游学学科多层级结构的理论体系（见图1-1）。

```
                              ┌ 旅游产品设计学
                              │ 旅游市场营销学
                   旅游经济学 ┤ 旅游商品学
                              │ 旅游统计学
                              └ 旅游会计学
                                                    ┌ 产业发展战略和计划
                                                    │ 旅游组织与旅游政策、法规管理
                                        旅游行业管理 ┤ 旅游行业标准和服务质量管理
                                                    └ 旅游活动的引导和规模控制
                   旅游管理学 ┤
                                                    ┌ 旅游饭店经营管理
                                                    │ 旅行社经营管理
                                        旅游企业管理 ┤ 旅游区（景区）经营管理
                                                    │ 旅游交通（企业）管理
                                                    └ 娱乐企业管理
                                        ┌ 旅游规划学
           旅游学 ┤  旅游开发与规划学 ┤ 旅游开发学
                                        └ 旅游景观设计
                              ┌ 旅游文化学
                   旅游社会学 ┤ 旅游心理学
                              │ 旅游美学
                              └ 旅游文学
                              ┌ 旅游资源学
                   旅游环境学 ┤ 旅游环境学
                              └ 旅游地理学
                              ┌ 旅游发展史（旅游活动史）
                   旅游史学   ┤ 旅游业发展史（旅游业史）
                              └ 旅游学发展史（旅游学术史）
                              ┌ 旅游信息系统
                   旅游科技   ┤ 旅游电子商务
                              └ 旅游制图
```

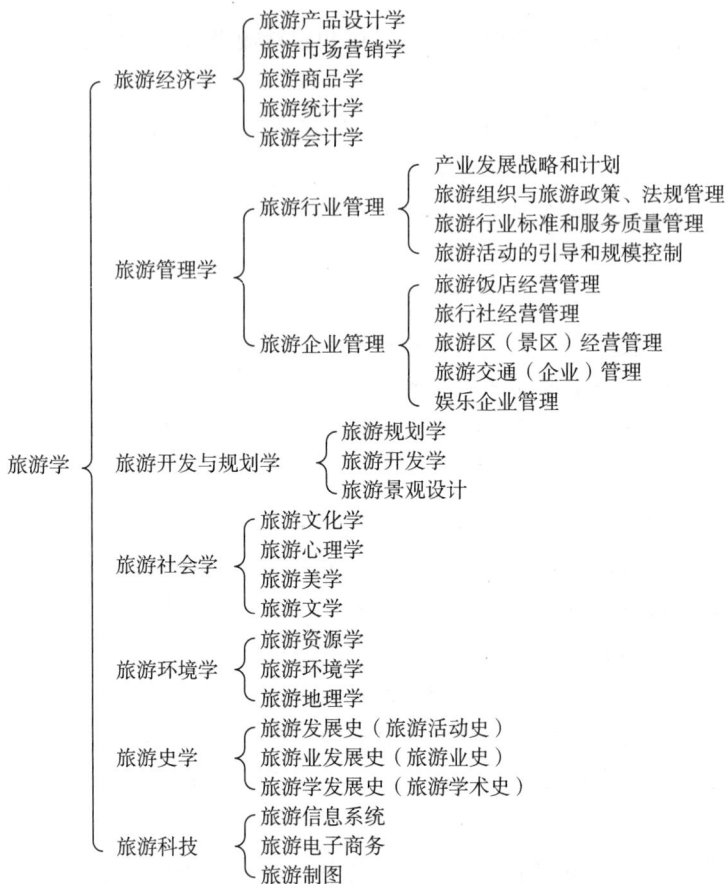

图 1-1 旅游学学科多层级结构的理论体系图

第三节 旅游学的研究进展及研究方法

一、旅游学的研究进展

在旅游学不长的学科发展中，旅游学研究经历了深刻的演进过程，不管是在研究对象的认定和研究方法的选择与运用上，还是在研究内容的组合或理论与概念的架构上，都逐渐从单纯发展到丰富，从浅薄发展到深刻，从仅关注对旅游现象的描述发展到对旅游内核的探索。

旅游学研究发端于西方世界，探讨或评介旅游学研究的历史和现状，自然要从国外旅游学研究进展开始。

（一）国外旅游学研究进展

旅游现象作为一种社会科学范围内的研究对象，国外对它的研究通常分别在学术性和业务性两个范围内进行。学术研究一般较多地通过理论途径，从不同角度和层面对旅游现象的性质、形态、结构、特征、运行机理及其与社会的各种关系和影响做宏观或微观两方面的探讨，以阐明其意义，判明其演变，分析其态势，提出对应的见解。

19 世纪末 20 世纪初，随着资本主义大工业生产的发展，国与国之间的交往日益增多，国际贸易更加频繁，对于主要依赖国际贸易的部分国家，十分重视旅游在发展国民经济中的重要地位。因此，有关如何促进旅游业发展的研究也相应风行起来。对旅游现象进行比较系统的研究最早从 19 世纪末重要的旅游接待地意大利开始。1899 年意大利政府统计局的鲍迪奥发表的《在意大利的外国人的移动及其消费的金钱》一文，是可见到的最早的从学术角度研究旅游现象的文献。此后，意大利、德国、瑞士和奥地利等国家相继出现了一些从事旅游研究的学者，其中马里奥蒂、葛留克斯曼、鲍尔曼、汉泽克尔与克拉普夫等人在旅游研究中分别做了许多开创性工作，形成了不少有意义的成果，对今天的旅游学研究也产生了重要的影响。

二战以后，旅游研究的中心开始转向北美，并且在研究方法上表现出明显的多学科渗透的学术特点。在这一时期，一些重要的社会科学学科如经济学、人文地理、社会学、人类学、心理学、环境科学和生态学等的学者们逐渐参与了对旅游现象的研究。这种趋势一方面反映了人们开始注意到旅游现象的复杂内涵，另一方面这也是现代学术研究崇尚跨学科的一种折射。这种研究趋势在 20 世纪 60 年代后已经成为旅游学研究的主流，并集中反映在对旅游影响（效应）的研究方面。到 1991 年，国际上最为著名和权威的旅游学术研究刊物《旅游研究纪事》 (*Annals of Tourism Research*) 在当年第一期刊出了题为"旅游社会科学" (*Tourism Social Science*) 专辑，专辑中包括了经济学、人类学、生态学等 10 个学科分支，体现了多科综合研究的主题。

经过了几十年的曲折探索，旅游研究从当初单一的经济学研究发展到今天的多学科综合研究，表明它已经接近成熟了，虽然独立的旅游学科尚未完整地形成，但是方法论基础已经露出了萌芽，学科面貌已露端倪，旅游研究正面临着一个全新的发展时代。

国外旅游学研究的历程，有三大特点。

（1）从单科独进的分散研究向跨学科的综合研究发展，这是旅游学研究最重要的一个演化特征。

在旅游学的研究历史上，最初的切入点是运用统计方法所进行的比较直观的描述和考察。19 世纪 70 年代以后，英国等欧洲主要国家以及北美的美国，有的已经建立了市场经济体系，有的正在形成和加强这个体系，中产阶层开始出现，并且成为这些国家社会经济发展的主要力量。在这个时期，蒸汽机的应用早已从工业部门延伸到交通部门，火车和汽船已成为当时陆上和水上的主要交通工具。与此同时，欧洲、北美诸国在食宿、观光方面的服务质量也有了巨大的提高。以上这些因素使欧美两个地区之间的旅游流量迅速增加，游客在接待地逗留时间和支出水平都有大幅度增长，旅游业开始成为引人注目、容易赚钱的新兴行业。在这种背景下，人们开始了对旅游现象的研究。但是，由于缺乏适当的理论指导，这时的研究大都是从旅游者人数、逗留时间和消费能力等方面进行认知性的考察，所采用的方法主要是统计学方法，而这种研究的目的和意义就主要体现在对旅游现象外部形式，如空间运动特征、一般数量特征及其直观的经济效应的认识。

从 20 世纪 20 年代中后期直到 60 年代，旅游学研究在十分功利性的观念指导下进行，因此表现出非常突出的依赖经济学方法的时代特征。尽管在这个阶段的后期出现了其他学科（如地理学、心理学等）的介入，但不论是在规模还是在深度上都相当有限，因此并未能够改变以单一学科的研究方法和理论统治旅游学研究的局面。这种状况的发生，也是有其社会背景的。在这 40 年当中，世界处在近代史上两次大规模战争及恢复阶段，对于各国来说，经济发展的意义无疑都是非常重大的。人们在为外国旅游者提供服务的同时很快意识到，发展旅游活动可以获得巨大的经济利益。受这种功利性认识的支配，各国政府、企业界就特别关注于旅游业所产生的经济价值。这种思想自然也影响到学术研究，甚至使人们产生了旅游的内核具有经济属性这种在当时带有普遍性的认识。罗马大学讲师马里奥蒂于 1927 年出版的《旅游经济讲义》，集中地从经济学角度对旅游活动的形态、结构和活动要素进行了剖析和论证，并得出了一个结论，其认为旅游活动是拥有经济性质的一种社会现象。他的这种认识在相当长时期内都发挥着影响。直到 20 世纪 60 年代，还很少有人对发展旅游的意义主要在于促进旅游接待地的经济发展这一点表示怀疑。这样，旅游现象就被认为是一种旅游业的经营活动，旅游包括劳动力密集型的行业。这种思想几乎成了许多人审视旅游现象的一种定式，甚至影响着几代人对旅游现象性质的认识，极大地限制了旅游研究向纵深层次发展的可能。但是，在这种潮流当中，也有持不同意见的学者。就在马里奥蒂发表他的著作后不久的几年当中，柏林大学的葛留克斯曼教授就陆续发表了多篇论文和出版了《旅游总论》一书，系统地论证了旅游活动的发生、基础、性质和社会影响。在《旅游总论》一书中，葛留克斯曼把旅游活动定义为"在旅居地短时间旅居的人与当地人之间各种关系的总合"。他运用不同的方法考察旅游现象，得出了与马里奥蒂完全不同的结论。他认为，旅游现象包括旅游活动的基础、发生的原因、运行的手段及其对社会的影响等问题，范围非常广泛，需要从不同学科去研究，而不应只从经济学的角度去考察。

葛留克斯曼的观点在当时并未产生影响，甚至招致一些人的批评。1942 年，瑞士学者汉泽克尔与克拉普夫在其《旅游总论概要》一书中，提出了与葛留克斯曼接近的学术观点。他们认为，旅游现象本质上是具有众多相互作用要素和方面的复合体，这个复合体是以旅游活动为中心，与国民保健、经济、政治、社会、文化、技术等社会中的各种要素相互作用的产物。在这个基础上，他们提出了旅游现象多方位、多层面结构的思想，并且认为需要通过多学科进行综合研究；从这一点出发，他们还得出旅游现象不具有经济性质的结论，而认为旅游现象更接近于社会学的范畴。与葛留克斯曼的遭遇几乎相同，他们的观点在当时的西方学术界也未能形成应有的影响。

但是，这种情况在 20 世纪 60 年代之后发生了根本性的变化。从这个时期开始直到现在，全球性的大众旅游广泛兴起，由此产生的对旅游接待地的影响也日益复杂化，这种影响在量上的积累也达到了空前的程度。这样，旅游研究就很自然地介入与旅游活动相关的各个领域，从而形成了空前规模的多学科共同研究旅游现象及相关问题的学术局面。在这期间，经济学、社会学、心理学、地理学、环境科学、生态学、管理学、符号学、政治学、史学、美学等学科的理论和方法甚至一些概念，都能在旅游研究中找到用武之地，各个学科为旅游学科的发展建设都做出了自己的贡献。

然而，旅游学真正的综合并未实现。究其原因，除了根本上的学科成果积累不足的原因外，还可能与西方国家旅游学术界多年来在研究实践方面存在的高度分散有关。英语国家的学者大都习惯于根据自己的学术兴趣选定研究课题，并根据自己的专业知识以及对旅游现象的理解与认识从事研究工作。这样，就形成了研究课题各不相同、相互之间缺乏联系、研究方法大相径庭、研究结果大异其趣的局面，使旅游研究陷入了一种众说纷纭、莫衷一是的境地，直接影响了旅游研究的发展和旅游学的形成。尽管各个领域的学者也偶尔通过学术团体进行交流和研讨，但仍未能从根本上改变这种状况。

（2）重应用研究轻基础理论研究。一方面由于已有的旅游理论缺乏系统性，另一方面由于旅游发展实践的迫切需要，旅游研究在西方学术界形成了一种传统，那就是人们倾向于应用研究而比较不重视理论研究，而在基础理论方面的研究就更少有涉足了。这种状况不仅反映在英语国家出版的旅游研究刊物（如美国的《旅游研究纪事》、英国的《旅游管理》等）上，也反映在旅游研究的博士论文上。在各种旅游研究刊物上，占有较大比例的是各种案例研究（case study）以及对各种相关学科成型理论的嫁接应用，缺乏对旅游现象本身的深刻的理论思考，因此直到今日，对旅游的概念、本质以及特征等核心问题还不能形成共识。从申葆嘉先生对历年国外博士论文的检索结果来看，在 1951 年至 1987 年英语国家 199 篇与旅游有关的博士学位论文中，与基础理论有关的题材仅有 9 篇，占全部论文的 4.52%，充分反映了在旅游研究中广泛存在的应用导向的研究思路。重应用研究而轻理论研究，是阻碍旅游学科发展的另一个非常重要的因素。

（3）从研究的领域来看，对国际旅游的研究超过了对国内旅游的研究，对第三世界旅游的研究超过了对发达国家旅游的研究。根据世界旅游组织的估计，国内旅游者人数与国际旅游者人数的比例已经达到 10：1，国内旅游者支出与国际旅游者支出的比例已经达到 7：1。与这个事实不相称的是，旅游研究却一直将主要目光放在国际旅游上面。这其中的原因可能是，首先，国内旅游研究所遇到的方法论的问题阻碍了对国内旅游的系统研究。仅就统计资料来看，可靠的、具有可比性的国内旅游统计资料的获得就比国际旅游困难。其次，对于从社会科学角度研究旅游现象的人类学和社会学而言，国内旅游似乎比国际旅游更缺少吸引人的课题，因为国际旅游所展示的文化交流问题是这两个学科的热门研究话题。最后，由于经济动机的驱动，不仅发展中国家积极发展和研究入境国际旅游问题，就是发达国家的学者长期以来也往往以发展中国家的旅游发展作为研究课题，这种状况尤其表现在旅游效应研究领域。

（二）国内的旅游学基础理论研究

中国的旅游学研究历史很短，是伴随着我国的改革开放步伐而蹒跚起步的。在短短的40多年当中，我国的旅游研究经历了从无到有、从描述到诠释再到阐释的过程，逐步积累了一些学术成果，当然也积累了一些问题。正是这些积累，为我们今天深入地探讨旅游学的诸多问题和学科性质提供了基本的素材和理论的依据。

回顾中国旅游研究的历程，应该结合中国旅游发展的实践历程来进行研究。因为中国的情况相当特殊，中国的旅游学研究起步的时候，既是中国旅游业产生与发展的源头时期，也是旅游教育创立和发展的时期，所以，在旅游研究、旅游产业实践、旅游教育这三个领域，都几乎是同时开始其曲折的发展历程的。这种"三位一体"的旅游发展模式，使我们必须从旅游研究与旅游实践的关系、旅游研究与旅游教育的关系两个方面认识中国的旅游研究进展。

中国的旅游教育开始于20世纪70年代末80年代初，与中国的旅游业发展同时起步。上海旅游高等专科学校、北京旅游学院率先以独立的旅游院校的形式开始了我国的高等旅游教育。同时，南开大学、西北大学和杭州大学等，也设立了旅游系（专业）。此后，受蓬勃的旅游产业发展的吸引和国家政策的鼓励，大量院校开始兴办旅游专业，这些专业依托于各院校原有的师资和教学条件，利用各自的优势，各有倾向、轰轰烈烈地大办旅游教育。

到2019年底，我国的旅游高等院校及开设旅游系（专业）的普通高等本科院校总数已达597所，高职高专1252所，中等职业学校2719所。三项合计，旅游院校总数为4568所。这个规模以及增长速度，在世界各国也不多见。

伴随着旅游教育的迅速发展，旅游专业的教材建设也经历了从无到有、从少到多、从粗到精、从肤浅到深刻的发展过程。以"旅游学"这门课程而论，在最初出版的著作，包括王洪滨、杨时进等人编写的《旅游概论》等几本教材，在框架上较多地受到伯卡特与梅特利克撰写的《旅游：过去、现在与未来》（*Tourism：Past，Present and Future*）的影响，但内容上还比较粗糙。正如这些教材的名称所昭示的那样，当时人们还没有将旅游学这个概念提出来，因为人们清楚在那时提出建立"旅游学"这个学科还是相当不合时宜的，所以这几本拓荒之作都谨慎地用"旅游概论"的字眼来统驭教材的结构和内容。这些教材在我国旅游教育领域发挥了奠基的作用。同时它们在内容、理论和研究方法等方面所形成的模式也几乎成为影响甚至制约我国旅游学学科发展方向的历史渊源。在此后陆续出现的一些旅游学著作中，有的仍以"旅游概论"名之，有的则自觉或不自觉地称为"旅游学概论"，有的甚至就叫作"旅游学"。但通观所有已经出版的这些著作，真正在理论上取得重大突破的地方很少，人们始终还没有摆脱既有框架的束缚。这种情况倘若出现在学科发展得相对成熟和稳定的情况下可以认为正常，而对旅游学这个"新生儿"来说，就不正常了，旅游学应该处于快速的发育成长阶段，因此，在其内部和外部都应该展示出变化和活力。

从已经出版的这些旅游学教材来看，在研究内容的选择上主要建立在"三要素"理论的基础上，是从旅游业的角度而不是从旅游活动的角度架构学科内部的研究框架，这在认识方法上有浓重的功利性。这一方面是学科发展历史短暂、理论积累不充分的必然结果，另一方面是旅游学这门学科在一开始就被定位为为旅游产业发展实践提供理论指导的一种应用型学科。

中国的旅游发展走的是一种发展中国家所共有的模式，表现为旅游发展在目的上以经济利益为导向，在过程上以"先发展国际旅游后发展国内旅游"为选择次序，在战略上采取"适度超前"的发展策略。这种模式所营造的氛围也笼罩着旅游学术领域，并相应地规定了学术研究的目的指向和指导思想，因而也影响着旅游学的理论建设。总的来说，经过40多年的发展，旨在解决旅游发展实践中出现的具体问题的各个领域性分支学科都相应取得了比较多的成果，在专业学术刊物上发表的大多数文章也都是集中在应用领域，包括旅游业管理、地方旅游业发展、资源开发、市场开发、旅游规划和旅游产品营销等。但是，对应的并没有太多的有关旅游学基础理论方面的高质量研究成果问世。

与国外旅游学术活动的趋向相比较，可以看出，国内的科研活动与国外有着很大的不同：其一，从事理论探索、有较高学术水平的作品很少。其二，大部分的论文趋向于微观的、业务性的议题；绝大多数作品是诠释性的论证。出现这种状况的根源在于两个方面：一个大问题是我国的旅游学术活动还没有像国外那样形成一个独立的工作系统，表现在：

（1）独立的旅游学术团体少；

（2）几乎所有的旅游协会都是各级旅游行政机关的附属单位，为行政机关需要服务；

（3）研究者之间或地方学会之间缺乏横向联系，全国性的旅游学术团体迄今仍未成立，全国性的学术活动难以展开；

（4）旅游高等院校没有成为国内旅游学术活动的主力；

（5）缺乏来自专业渠道立项的科研经费。

另外一个大问题是，旅游的学科基础理论和基本概念研究的缺乏给旅游的学术发展带来了严重影响。国内的旅游学术界长期以来在"旅游活动"还是"旅游业"的基本概念上混淆不清，已经严重影响到旅游学术交流的正常发展。旅游活动结构的"经济外壳"和"文化内涵"被隔离开来，且发展出了旅游活动性质的"二元论"理论，这些都会造成理论上的误导而使旅游学术活动的发展走入歧途。

1999年，学林出版社出版了由申葆嘉先生主编的《旅游学原理》一书。该书在一定程度上体现了申先生多年来对旅游学基本理论问题的一些思考，在理论体系上有很大突破，在援引国外文献方面也相当丰富。该书所提出的一些基本观点，引起了国内学术界的重视和思考。因此，这是一部有全新面孔的高质量的学术著作。

近几年来，中国的旅游研究不管在数量上还是在质量上都有了进一步的积累。然而，与国外的旅游研究相比较，目前中国的旅游研究相对还不够成熟。

（1）中国的旅游研究的主流仍是"应用导向"和"热点导向"的，这表明旅游学术队伍不成熟，也影响到旅游学术研究在结构上的均衡发展，尤其无益于大学教育和深入的科学研究所共同依赖的基础理论的建设。

（2）中国旅游学术研究与国外的旅游学术研究是有差距的，这一点不管从研究成果的数量还是质量上都不可否认，只有全面地接触国外与此相关的研究文献，才能真正感受到这种差距。如果国外学者可以声称旅游学科已经走向独立和成熟，那么，中国学者至少目前还不能说中国的旅游学科达到了这个水平。

（3）国外的旅游研究日益深入到旅游现象的细部，而我国旅游研究还往往喜欢做大文章，即框架宏大但内容比较平常，尤其缺乏科学实证的研究态度和方法。另外，一些近年来在国外旅游研究中比较受重视的研究领域（如旅游体验），在中国还鲜有问津者；而国外的传统研究领域（如旅游人类学），在国内也没有得到深入展开。

二、旅游学的研究方法

由于旅游所包含的因素非常多样且复杂，单纯靠一种研究方法不可能解决所有相关问题。旅游现象的广泛性和复杂性要求它采取跨学科的研究方法。如果说理论贵在超前，那么方法问题则要注重学科实际，要考虑可行性。

由于旅游现象纷繁复杂且旅游学具有跨学科的学科性质，因此，乍论旅游研究方法体系让人觉得茫无头绪，难以得其要领。细思起来，旅游研究的方法体系可以从多种角度和层次加以认识。这里从学科的横向拓展和纵向深入两个角度作简要介绍。

（一）从不同角度研究旅游通常使用的几种方法

1. 历史方法

历史方法通过从发展的角度对旅游活动和旅游机构进行分析，寻找它们创新、发展或衰落以及旅游兴趣变化的原因。由于大众旅游出现时间不长，所以这种方法使用有限。

2. 经济方法

经济方法着重研究供给、需求、国际收支、外汇、就业、消费、发展和其他经济要素。这种方法对分析旅游以及旅游对国民经济发展的贡献率提供了框架。但由于旅游具有非经济方面的影响，故用经济方法研究旅游通常存在缺陷。

3. 社会学方法

社会学方法注重研究个人和群体的旅游行为以及旅游对社会的影响。目前休闲社会学虽不完善，但相信它会迅速发展并得到更广泛运用。随着旅游对社会影响的扩大，人们将越来越从社会的角度来研究它。

4. 地理方法

地理是一门适用面非常广泛的学科，地理学家专门研究位置、环境、气候、自然风光、社会经济及其成因与规律。用地理方法研究旅游，可以阐明旅游区的最佳位置，解释什么样的旅游目的地更能吸引人们旅行，指出随着旅游设施、旅游开发的开展，自然环境的规划以及经济、社会和文化问题等旅游因素给自然风景所带来的变化。

5. 管理方法

管理方法以公司或景区为出发点，重点考虑一个旅游企业所从事的管理活动，如规划、研究、定价、市场和控制等。了解管理方法对旅游研究很重要，产品、机构、社会都在变化，这意味着管理方法和目标也必须随之变化，才能适应未来旅游环境的发展要求。

6. 系统方法

系统方法是研究旅游所必需的方法。系统方法将其他方法融合为一体，形成一个综合的方法来处理微观和宏观问题。比如可以通过系统方法来研究旅游公司的竞争环境，揭示其与其他机构消费者的联系及相互作用；也可以用来研究一个国家、一个地区的整个旅游系统，分析其内部运行情况及与其他系统（如法律、政治、经济、社会和文化系统）之间的关系等。

（二）按学科研究层次划分的几种旅游研究方法

1. 综合考察法

由于旅游现象的复杂性和研究内容的广泛性，旅游研究表现出显著的综合性和关联性特点，因此，综合考察法是最具旅游专业特色的思维方法之一。我们在进行旅游现象或旅游活动研究时，必须首先建立起区域性的综合框架，厘清与这一问题相关的各要素之间的复杂联系，对研究对象涉及的领域或方面有系统的认识。从综合的目的出发进行分析，在分析的基础上加以综合。例如，一个景区的布局或市场策略的选择，就是从获取最强市场影响力这一综合目的出发，将社会、文化、经济与收入水平、资源特征、区位条件等诸多影响因素在景区布局中所起的作用，以及各因素之间或与外部环境之间的相互制约关系——剖析，找出主导因素与非主导因素，在此基础上从各因素的关系入手，将所有的因素统一起来进行综合研究，提出切实可行的优选方案。

2. 野外工作法

野外工作法是社会学和环境科学中广为使用的研究方法，也是一种实证性的研究方法。旅游现象的发生发展都具有空间性特征，而野外工作强调直接的观察、访问、记录和测量等方法和手段的应用，因此，成为旅游研究的重要方法之一。毫无疑问，旅游景区（景点）的研究离不开细致的野外工作，而对旅游的社会文化影响开展研究，这种方法常常也是非常重要的。野外工作法对研究旅游发展与社会文化变迁、环境演变、收入渠道、经济发展水平、传统技艺传承、社会结构变革、宗教特征和艺术生活等方面的关系都有很大帮助。

3. 抽样调查法

抽样调查法又称选样调查法或样本调查法，是按照一定方式，从调查总体中抽取部分样本进行调查，用样本结论说明总体情况的一种调查方法。抽样调查法是以数据统计原理和概率论作为基础，具有较高的准确性、科学性，比典型调查更能保证其全体代表性，因为是按随机的原则抽选调查样本，不存在人的主观意图的影响。当然，在旅游研究的实际操作中，由于人们的研究往往具有较明确的目的性或指向性，因此要注意抽样调查和典型调查的有机结合，以获取更具操作性的成果。

4. 模式分析法

模式分析是一种描述性分析工具，用于刻画现象的结构、形态、关系和流程，具有很强的表现力和抽象力。对于复杂的现象，模式分析可以通过图形图像等方式进行简化的描述。一个模式旨在表明某种结构或过程的主要组成部分以及这些部分之间的相互关系，具有构造功能、解释启发功能和预测功能。对于旅游现象而言，由于其中所包含的复杂结构、复杂关系以及与外部环境具有广泛关联性，所以模式分析的概括方式就有了广泛的应用领域。当然，从另一方面看，模式分析也是一种趋于定式化的思维方式，总是试图用单纯的文字描述、图像表达、数学公式等形式重构、解释和预测复杂的现象，久而久之，会使使用者的视野局限在相当狭小的范围内，这对旅游研究来说尤其值得注意。所以，模式的运用有一个适宜性的问题，事实上，适用于一切目的和一切分析层次的模式显然是不存在的。

5. 统计分析法

统计分析法是指借助统计工具对旅游现象进行研究的方法。一般的统计工具可以解决大部分量化资料的分析处理，包括第一手资料和第二手资料。统计分析可以从取得第一手资料开始，经过构筑分析假设、检验假设、理论分析等过程，最终形成研究结论。由于统计工具不仅可以用于历时性的时间数列分析以预测现象的发展趋势，也可以用于做共时性分析以研究现象的空间关系，还可以描述现象分布模式与结构，因此，统计分析法事实上构成了旅游学研究方法的最重要部分。在旅游学的各分支学科中，统计学也得到了非常广泛的应用，统计分析法在旅游研究中的价值更加突出。

✎ **本章案例**

建设旅游管理一级学科，加快旅游人才培养

2014 年 4 月，教育部发布《2014 年高考普通高等学校本科专业目录》，"旅游管理"升格为专业类（专业代码 1209），成为一级学科门类，与"工商管理"类平级：

管理学

- 1201 管理科学与工程类
- 1202 工商管理类
- 1203 农业经济管理类
- 1204 公共管理类
- 1205 图书情报与档案管理类
- 1206 物流管理与工程类
- 1208 电子商务类
- 1209 旅游管理类

但是，在国务院学位办的专业目录里，旅游管理学仍然是二级学科：

- 1201 管理科学与工程
- 120201 会计学
- 120202 企业管理学
- 120203 旅游管理学
- 120204 技术经济及管理学
- 120301 农业经济管理学
- 120302 林业经济管理学
- 120401 行政管理学
- 120402 社会医学与卫生事业管理学
- 120403 教育经济与管理学
- 120404 社会保障学
- 120405 土地资源管理学
- 120501 图书馆学
- 120502 情报学

这样一种本科专业和学位学科级别不同的安排，会给旅游管理学科的发展带来混乱，不利于学科建设和人才培养。一级学科（first-level disciplines）是根据科学研究对象、范式、知识体系和人才培养的需要划分的学科分类体系，是具有共同理论基础或研究领域相对一致的学科集合。旅游管理学科发展时间不长，早期的学科发展着重于从社会经济发展需要的角度进行人才培养，将旅游管理置于工商管理之下，强调旅游的管理功能，具有鲜明的时代特征，有其合理性。但发展到今天，将旅游管理学升格为一级学科，确是中国旅游供需实践和旅游研究发展的必然要求。

（1）旅游业是全球第一大产业，并已经成为中国的国家战略，旅游高素质专业人才的需求日益增强 2013 年，世界旅游业 GDP 贡献 9.5％，就业贡献率超过 10％（WTTC）。2014 年，中国旅游业 GDP 贡献 9.4％，超过汽车业、银行业和教育业。旅游直接就业占全国 8.6％，仅次于农业（国家旅游局）。特别需要指出的是，在消费转型的社会条件下，"一带一路"国家战略需要旅游业的支撑，相应地需要大批高素质人才的支撑。表面上看，中国旅游教育的总体规模和人数已经居于世界前列，2015 年在旅游管理类的本科层次，中国有 565 所普通高校招生，在校生 20.1 万人。但是，在所有高校中，985 重点大学的旅游管理类招生，无论是招生的学校数，还是学生数量都不是很大。相比之下，2015 年国际高等教育研究机构 Quacquarelli Symonds 发布的《QS 世界大学学科排名》前 100 的学校中，有 17 所高校开设了相关专业的本科或硕士、博士学位教育项目。究其原因，中国大学的学科评估是以一级学科为对象进行的，因此各个大学普遍重视一级学科的建设，而旅游管理因是二级学科而不被重视。

（2）经过几十年的发展，旅游已成为具有一定的共同理论基础及研究领域相对一致的学科集合，国内外对旅游是否已经成为一个学科尚有不同的看法，依笔者的看法，因为第一代旅游研究者都是从其他学科跨过来研究旅游的，"支撑腿在母学科，前进腿在旅游"（保继刚，2013），加之旅游研究的时间不长，尚未形成有共识的、相对核心的共同理论基础。因此，以 Annals of Tourism Research 的创刊主编 Jafar Jafari 教授（人类学背景）为代表的学者认为，旅游是一个各个学科都可以研究的共同领域。但是，近年来，随着 T 代的成长，越来越多的学者开始理性而严肃地探讨旅游研究的学科基本属性问题。讨论旅游是否是一个独立的学科，某种程度也即在回答旅游研究是否存在一个清晰的边界的问题。从应用层面看，旅游及旅游活动所对应和指向的行业是相对清晰的。无论是提供旅游产品和从事旅游服务的大中小旅游企业，还是从事旅游规划或政策制订的各个旅游管理部门，可以看出，旅游业是国民经济中的一个重要组成，也是一个相对完整的系统。从学科发展历史看，对应旅游开发和旅游经济发展的需要，早期的旅游研究主要借鉴的是经济学、管理学、地理学等学科的知识，随着旅游研究的"社会科学"转向（Airey，2011），更多的学科融合进来关注旅游现象，包括社会学、人类学、伦理学、法学等。在借鉴其他学科知识进行旅游研究的同时，旅游领域也逐渐形成了自己的核心概念和理论。比如，早期 Richard Butler（1981）提出的"旅游地生命周期"理论、谢彦君（2013）提出的非日常"旅游体验"、张凌云（2013）提出的"非惯常环境"等。近些年，更有学者从更为本体的哲学角度探讨旅游世界的本质及旅游意义（杨振之，2014；马凌等，2015），这些都为旅游学科建立自己共同的理论和认识论基础提供了条件。

随着旅游学科和旅游研究的更加成熟，旅游向其他传统基础学科也形成了一定的知识输出，比如，旅游经济学、旅游地理学、旅游社会学、旅游人类学等专业领域方向的建立。这些方向不仅仅是"旅游＋经济学""旅游＋地理学""旅游＋社会学"等的概念，在学科融合的背后，可以看到，这些传统学科的学者在旅游研究中找到了极大的热情和创新力，推进了原有学科的发展，也确立了一个个新的专业方向。比如旅游社会学对旅游与现代性的讨论、旅游人类学从主客关系出发探讨目的地社会文化变迁、旅游地理学探讨旅游驱动下的城市化以及旅游背景下复杂的人地关系等，都已形成了以"旅游"为核心影响变量的独立学科理论。

从旅游研究的国际影响看，全世界都在关注中国的旅游现象，中国学者在国际上的影响力正在上升。如果在国内将旅游管理建设为一级学科，加大投入，中国旅游研究极有可能成为在全球有重大话语地位的学科。由此，无论是适应国家战略的需要，还是旅游业快速发展的需要，无论是突破学科发展的瓶颈，还是满足旅游人才质量和数量的需求，旅游学科的升级以及旅游教育和旅游研究的持续健康发展都是迫在眉睫的任务和使命。

引自：保继刚. 建设旅游管理一级学科，加快旅游人才培养［J］. 旅游学刊，2015，30（9）：1-2.（引用时稍有修改）

第二章　旅游发展的历史

学习引导

　　本章的学习，要求学生了解远古迁徙、中外古代旅游、近代旅游和现代旅游的发展历程，熟悉各阶段的时间划分和现代旅游发展的现状，掌握近代旅游的特点以及现代旅游发展的背景。

思政元素

　　（1）使学生全面了解中国旅游的发展历史，让学生树立历史唯物主义世界观，坚定中国文化自信，树立正确的人生观、世界观和价值观。

　　（2）中国近代旅游的繁荣发展，有力地证明了旅游的发展与国家实力密切相关。这部分的内容能够增强学生的民族自豪感和自信心，帮助学生树立报效祖国、为祖国繁荣富强而努力奋斗的决心。

　　（3）以旅游人物、旅游事迹为载体融入思政教育元素，例如分享中国古代旅行家徐霞客人生故事，介绍徐霞客的旅游生活，让学生从中感悟徐霞客热爱祖国、敬业奉献、科学探索、吃苦耐劳、积极乐观的伟大精神。

第一节　旅行活动的产生

　　人类的旅游活动古已有之，绵延数千年而不衰。只要我们潜心考察一下旅游发展的历史，就会发现旅游其实是从早期旅行演化而来，是社会生产力水平达到一定标准后产生的一种社会需求，真正意义上的旅游应该是基于客观物质基础和主观外游愿望的旅行。旅游概念的形成显然要晚于旅游的产生，据考证，"旅游"一词在我国始见于南朝梁诗人沈约所作的

《悲哉行》一诗，诗中"旅游媚年春，年春媚游人"的佳句描写的就是时人出游、春光明媚的良辰美景；而西方 tourism 一词的出现比我国晚了1300 多年，直至 1811 年出版的《牛津词典》中才首次列入该词条。那么，旅游的起源到底可以追溯至何时？旅游的发展历程又是怎样的呢？

一、远古迁徙

回首人类的创生史，自"人猿相揖别"后，人类便进入了原始社会的早期阶段——旧石器时代，为了求取生存，他们的生活围绕着果腹和蔽体而展开，其所能简便、大量、直接利用的自然物，只有坚硬的石块。在近百万年实践的启发下，他们逐渐学会了运用碰砧、敲击、刮削等方法对石块进行简单加工，使之成为实用的工具。这一时期，人们生产活动的主要门类是采集和渔猎，《韩非子·五蠹》记载的"古者丈夫不耕，草木之实足食也；妇人不织，禽兽之皮足衣也"，正是当时人们的生活写照，由于生产工具落后和生产力低下，人类的生存无时无处不处于饥寒交迫和自然灾难侵袭的威胁之中。

进入新石器时代，人们制造石器的工艺得到很大改善，磨制的精致石器和发明的弓箭、陶器较大程度地提高了生产效率，畜牧业和原始农业的形成和发展引起了第一次社会大分工。即使这样，人们依然还是在生存的边缘挣扎，其劳动所得除了供自己食用之外，几乎没有什么剩余。受社会经济条件的制约，人们生产活动和社会活动都只能限制在自己所属的氏族部落的地域范围之内。由此可见，到新石器时代中期为止，人类尚无到非常住地之外旅行的意识和需求。

需要指出的是，没有旅行的意识和需求并不等于当时的人们没有进行过跨区域的流动。事实上，由于气候、天灾等自然因素对生活环境的破坏，以及战争等人为因素的威胁，人们从一个地方转移到另一个地方的迁徙活动是频繁发生的，但是这些迁徙活动具有强烈的被迫性和求生性色彩，与现今意义上的旅行有着本质区别，仅仅只能看作物理学意义上的"位移"。

二、社会分工与劳动剩余的出现

在早期人类历史上曾出现过三次社会大分工，这三次社会大分工对当时的社会进步和时代发展都起过重要推动作用。每一次大分工都促进了劳动组织的进步，提高了劳动生产率，推动了历史的车轮滚滚向前。

新石器时代，生产工具的改进对社会进步起了极大的推动作用，出现了人类历史上第一次社会大分工，即畜牧业和农业的分工。这个时候游牧部落和农业部落之间的产品交换现象进入了萌芽阶段，不过人们的劳动所得除了自己食用之外，仍然几乎没有什么剩余，交换并不普及，人们活动范围还是在部落内部，或者是相邻部落之间。一直到新石器时代中期，人类还没有有意识地自愿外出旅行的需要。

第二次社会大分工是手工业与畜牧业和农业的分离，发生在新石器时代的晚期。当时，金属工具的问世大大提高了劳动生产效率，农业和畜牧业也都有了较快的发展。这个时候，出现了衣服缝制、独木舟制造等行业，陶器制作也从手工捏制转变为轮制，冶金、建筑、运输等制造方面也跟着开始发展，生产技术和生产率得以极大提高。劳动剩余的数量和种类大大增加，很多产品的生产就是为了交换，交换本身成为一种重要的社会职能，日常生活用品的制作也由原来的自给自足性质转变成为交换而制作的性质。

第三次社会大分工是商业从农业、畜牧业和手工业中分离出来，大致发生在原始社会瓦解和奴隶制社会形成时期。这时，青铜技术已经在人们的生产生活中广泛应用，生产力水平又有了很大提高。因而为交换而生产的技术和条件大大优于以前各个时期，不同产品的交换地域范围不断扩大，从而产生了长途异地交换的需要。

我们可以这样认为，在原始社会的早期，在没有交换和剩余物出现的时候，人们既没有出游的物质基础，也没有外出旅行的愿望，人们外出的个别性、被迫性与现代意义上的旅游是大相径庭的。三次社会大分工促进了社会生产力的发展，为人们外出旅行奠定了必要的客观条件，更重要的是商品经济的发展使不同产品交换的地域范围不断扩大，出于贸易交往的需要，人们产生了外出旅行的主观动机。

三、人类旅行的出现

（一）交通工具的发明

交通工具在旅游发展史上，拥有举足轻重的地位。没有交通工具的不断改进，旅游活动就不可能发生，更谈不上发展和壮大。早在远古社会，人们就知道把树枝、芦苇、竹竿等捆绑在一起用于渡河，或用兽皮做成皮筏，在水上漂行。我国古代造船术的发展起步于原始社会的新石器时代，从"伏羲始乘桴"（《淮南子·物原》）和伏羲氏"刳木为舟"（《周易·系辞》）等传说来看，当时最早的船只——筏和独木舟已经问世。商代已能制造木板船，轻巧的木板船无论载重还是行驶都优于独木舟，这种木板船就是后来木船的雏形。除了会制造单体木船外，那时还能制造由两艘船体连接而成的舫（"舫，并舟也。"《说文》）。在奴隶制社会，舫的大小成为奴隶主身份和地位的标志。车的出现比木船要晚得多，而且过程也十分曲折。早期人类在陆地上搬运重物，使用的是"橇"。传说中的橇就是后来车的前身，据历史记载，公元前 5000 年前后，北欧人已经使用鹿拉式雪橇，公元前 3500 年，美索不达米亚平原已经有牛拉的雪橇。在历史上，把圆木和橇结合在一起形成车，是一项非常重大且又意义深远的技术发明。我国的造车历史可以上溯到大约 4600 年前的黄帝时代，据说那时已经开始造车。4000 年前的大禹时代，奚仲在车前加了马，使车跑得更快。在公元前 16 世纪至公元前 8 世纪的商代，已经能够造出十分精美的一辕、一衡、两轭、一舆的两轮马车，用青铜做车轴。到了周代，已经知道用油脂作为车轴的润滑剂可以减少车轴的磨损以利于长途行驶。交通工具的发明和改善为以后的古代旅行活动提供了必要的条件，是旅行活动出现的前提。

（二）交通设施的改善

人类进入奴隶社会后，社会生产的各行业之间、体力劳动和脑力劳动之间有了进一步的分工，从而促进了生产力的提高以及社会的发展和繁荣，客观上也为旅行提供了便利的物质条件。公元前 300 年，波斯帝国修建了长 2000 公里的"御道"，并设有百多外驿站，此外，还修建了自巴比伦城到大夏和印度边境的道路。由于交通便利，商人、游人络绎不绝。古罗马帝国政府以首都罗马为中心，在全国境内修筑了许多宽阔的大道，虽然这些道路网络的兴建是出于政治、军事需要，但是在客观上也为人们沿路旅行活动提供了方便。罗马帝国的政府还在道路沿途设置了驿站，最初是为了供政府公务人员途中休息，后来也开始接待往来的民间旅客。随着旅行者的增多，很多私人旅店也因此而发展起来，这些旅行设施的发展，反过来也推动了旅行人数的增加。中国自周朝以后，在经济生活中已经非常注意交通设施的建设了。

（三）商人开创了外出旅行的先河

在奴隶制鼎盛的商代，生产工具和生产技术的进步促使生产效率空前提高，从而促成了商代奴隶制经济的繁荣。剩余产品越来越多，以交换为目的的生产，规模越来越大，商代的远地产品交换已经存在。例如贝产于东海海滨，商代以贝为货币，所以商人来往于东海与内地间；玉出自西域，商代雕琢玉器时，所用的石料就是从那里运来的。随着人类社会远地产品交换的发生，商人的足迹东至渤海、南到江浙川、北达陕甘宁甚至新疆，他们货贩天下。商人的空间流动，是真正意义上的人类有意识的外出活动。因此，人类旅行的起源并不是消遣和度假，而是由产品交换而促发的一种经济活动，商人开创了外出旅行的先河。从整个世界范围来看，人类有意识的外出旅行活动也是始于原始社会末期、奴隶制社会初期，是有了剩余产品和交换之后，随着商人的出现而出现的。

第二节　奴隶社会的旅行发展

迁徙和旅行都不是人类纯粹意义上的旅游，旅游是人们处于闲暇状态中在异地进行的游览观赏行为，主要目的是满足精神文化的需求。鉴于商品交换在原始社会向奴隶制社会过渡中所发挥的作用，早期的商务旅行显然也是以一种独特的方式在某种意义上促进了社会的进步和发展。反过来，随着奴隶制社会剩余产品和私有制度的出现，在物质上、社会制度上，旅游的发展也都获得了更加便利的条件。奴隶制国家的发展与繁荣，客观上为旅行的发展提供了物质、政治等多方面的条件。公元前3200年前后，在尼罗河畔，古埃及形成了政治、军事统一的强大国家。同时，两河流域在公元前2300年前后，印度在公元前1000年前后，中国在公元前2100年前后，先后都建立了统一的奴隶制国家。国家在政治、军事、经济上统一，社会秩序相对稳定，空间移动的基本条件越来越完备，为旅行活动的发展创造了条件。到了罗马时代，旅行已朝着多样化方向发展，进入了一个新的、特定阶段的全盛时期。

一、古罗马的旅行

在古罗马帝国强盛时期，其疆域空前庞大，北部边界达现在的英国、德国、奥地利、匈牙利和罗马尼亚，东边到西亚的幼发拉底河，南面包括非洲的埃及和苏丹北部，西边濒临大西洋。地中海变成了罗马帝国的"内湖"，海上运输十分发达。特别值得一提的是，罗马政府在全国境内修建了许多宽阔的大道，甚至曾经有一句谚语"条条大道通罗马"，形容其城市间道路网络的状况。这种全国道路网络的兴建，虽然是出于政治和军事上的目的，但是客观上也为人们沿路旅行提供了方便。罗马帝国时期的旅店也是在沿途由政府设置的驿站的基础上发展起来的。设置这些驿站的最初目的是供政府公务人员中途歇脚，后来也开始接待来往的旅客。随着过往旅行者人数的不断增多，官方又在沿途开设官办的旅店，更多的私人旅店也因此发展起来。这些旅行基本设施的发展，又反过来进一步推动了旅行人数的增加。到公元5世纪，随着罗马帝国的衰败、社会秩序的动荡，罗马帝国内部贸易数量缩小，商务旅行者数量急剧减少；道路无人管理，日渐毁坏；沿途匪盗横生，安全条件不复存在。这样，罗马帝国的旅行基本条件逐渐消失，旅行开始萎缩。

二、古希腊的旅行

公元前5世纪，希腊的奴隶制度高度发展，宗教、公务、贸易、考察旅行者络绎不绝。其中，宗教旅行的发展最为突出。古希腊的提洛岛、特尔斐和奥林匹斯山是当时世界著名的宗教圣地。在建有宙斯神庙的奥林匹亚，名为"奥林匹亚庆典"的节庆是最负盛名的盛典。在宙斯神大祭之日，前来参加者不绝于道。这种活动一直持续到今天，发展成了现代的奥林匹克运动会。当时的奥林匹亚庆典是一种纯粹的宗教活动，但是它促进了周围剧院的建立和宗教旅行的发展。从某种意义上讲，也许这就是我们现代体育旅游最早期的雏形。

三、中国奴隶制社会的旅行

中国奴隶社会的建立在世界上属于较早的，比一般西方国家要早得多。在奴隶制鼎盛时期的商代，生产工具和生产技术的进步及新的社会分工使得生产效率空前提高，剩余劳动产品的增加和以交换为目的的商品生产的扩大，加之商人阶级对生产和流通的促进，使商品经济得到很大程度的发展。夏、商、周的旅游主要是帝王巡游、政治旅行和商旅活动。帝王巡游，一般叫巡狩（或叫"游豫"），大都将与农业密切相关的政治活动和游乐相结合。如西周时代的周穆王，他那"欲肆其心，周行天下，将皆必有车辙马迹"的远游理想，使他"西征成功"，开了中国与西方交流的先河。到了东周，礼崩乐坏，王纲解体，各大诸侯国不断进行争霸战争，大批周天子身旁的文化人也纷纷投奔诸侯，从此，中国出现了"士"阶层。由于诸侯争霸，知识分子也东奔西顾，游走不暇。而时代也给没落贵族和普通平民（主要是知识分子）提供了"朝为布衣、夕为卿相"的社会条件，因此，出现了人数众多的市民阶层的旅游队伍。当然，这一时期的旅游主要不是为了游览审美，欣赏娱乐，而是为了审时度势，致身卿相。

这一时期的商旅活动也十分活跃。商代是中国奴隶制商品经济繁荣时期，商人的足迹"已经走遍了他们所知道的世界"（翦伯赞《中国史纲》）。到了春秋时期，商贾已被统治者正式承认为"四民"（士、农、工、商）之一。到了战国时期，中国古代的商品经济有了突飞猛进的发展，远程贸易的商务旅行已十分盛行。

在我国奴隶制社会中，以消遣为目的的旅行主要表现为奴隶主阶级的享乐旅行。当时，生产力的发展所带来的劳动剩余被奴隶主占有。这些劳动剩余除用于奴隶主的祭祀活动外，其余的则供奴隶主及其家庭生活享用，其中包括供其外出巡视和游历时挥霍的剩余物。也就是说，这种以消遣为目的的旅行，只限于以天子为代表的少数奴隶主。

四、早期旅行产生的原因

综观中外旅行产生的过程和早期旅行的主要发展情况，早期旅行产生的主要原因有以下几个方面。

（1）生产力的发展。原始社会的人类不可能进行除生存以外的其他活动。直到原始社会末期，随着生产力的发展、产品交换的需要，旅行才可能随之出现。同时，人们在旅行的过程中所需要的衣、食、住、行等条件也一定要在生产力水平发展到一定阶段才能得到必要的满足。由此可见，生产力的发展是旅行产生的第一个基本要素。

（2）私有制度的出现。在私有制度下，人们有了可以部分地选择自己的生活方式的自由，不同的生活方式便在这样的情况下逐步走进人们的生活。而且，由于剩余产品属于私人所有，人们可以按照自己喜欢的方式对剩余产品进行消费，这自然包括进行旅行。也就是说，私有制度的出现保证了人们可以进行旅行活动的选择权利。

（3）商品交换的需要。剩余产品出现后，人们对于部分剩余产品需要进行交换，才能够得到人们需要的物质产品或货币，而这种交换通常都通过跨地域的空间转移进行，因此旅行有了其产生的必要性。另一方面，国家间的政治性交流、宗教的出现和传播等都使得人们的旅行成为必须。

（4）科学技术的进步。车马舟楫的发明为人们进行旅行提供了交通上的便利，使旅行的可行性成倍增加。技术的进步成为旅行发展的一个重要客观原因。

（5）国家的形成和统一。奴隶制社会出现后，世界各地先后建立起统一的国家，交通道路、语言文字、货币、度量衡等都获得了一定程度的统一，为旅行的开展提供了良好的客观环境。国家建立后，政治上、军事上的稳定也使得旅行的客观环境更加安全。在安全可以得到一定程度的保证后，人们的旅行意愿也自然得到了更大程度的鼓励，从而促进了旅行的发展。

第三节　封建社会的旅游发展

封建社会制度的建立，加快了社会经济文化活动的节奏，促进了社会物质文明和精神文明的发展，也使古代旅游从帝王将相等特权阶级的专属活动逐渐"降落民间"，成为一种较为普遍的社会现象。

一、中国封建社会的旅游

中国的封建社会长达两千多年。据西方学者研究认为，在世界科技发明中，有100多项世界第一出自中国，而且其中大都发明于中国的封建时期。中国比西方较早进入封建王朝时期，生产技术的发展和社会经济的繁荣为当时旅游的发展增添了新的物质基础。

秦汉时期是中国统一中央集权封建国家初创和发展的时期。秦皇汉武不仅在中国政治、文化史上留下了丰功伟绩，在中国旅游史上同样也留下了亮丽的一页。战国时代，诸侯割据，"田畴异亩、车涂异轨、律令异法、衣冠异制、言语异声、文字异形"，秦始皇统一中国后，力扫众"异"，建立了统一的文化，其在位期间，曾多次派出大臣、方士四处考察，前往名山大川举行祭祀活动以求"长生之药"。秦始皇周游全国，开创了我国封建帝王巡游的基本范式。汉武帝也痴迷于"长生之术"，热衷于对泰山的封禅和祭祀活动；为了建立与西域各国的友好邦交，共御匈奴，他两度派遣张骞出使西域，从而开拓了著名的"丝绸之路"。汉代的科学技术、文学、史学也有很大发展，"读万卷书，行万里路"成了许多矢志求学以期"入世"之士的行事准则。西汉著名文学家、史学家司马迁就是学术考察旅游的杰出代表。

魏晋南北朝时期对中国山水诗歌、游记等旅游文学创作的兴起和中国旅游历史都有着特殊的意义。西晋末年，王朝黑暗，天下大乱，民族矛盾和阶级矛盾尖锐复杂，是中国封建社会的大分裂和民族大融合时期。残酷的政治权力斗争，使一些上层人物不得不考虑保全自身，远离是非。大部分知识分子产生了消极遁世的思想，无心仕途，而把注意力转向大自然，走上寄情山水、饱览自然风光，以追求适意娱情的漫游道路。魏晋间嵇康、阮籍等七人因不满时政而纵酒悠游于竹林之中。东晋末年的陶渊明主动辞官而退隐田园，并写出《桃花源记》。南朝谢灵运被罢官以后也"壮志郁不用""泄为山水诗"，从此遨游山水，并注重对山水作审美评价，成为我国山水诗的鼻祖。这一时期，因天下分裂，南北对峙，故交通受阻，旅游活动绝大多数是短途的；但也有不畏艰险的远游旅行家，如为了到印度学佛求法而陆去海返的东晋僧人法显，为国家考察水道的郦道元，即是著名的代表人物。法显所著《佛国经》和郦道元所著《水经注》都是千古不朽的名著，对于以后旅游文学创作的繁荣起到先导作用。

隋唐时期是中国历史上的隆盛时代，也是国际交往日益密切的时期。其时，无论是国内旅游，还是国际旅游都极为活跃。隋炀帝下令开凿京杭大运河，供其由水路赴扬州观赏琼花，运河同时也成为南北水路交通的大动脉，极大地方便了运输、商贸和旅游。隋唐科举取士制度的推行，使得书生、士人远游蔚然成风，王勃、李白、杜甫、岑参、张籍、柳宗元等人都是当时杰出的诗人、文学家和旅游家，如王勃的《滕王阁序》和柳宗元的《永州八记》在游记文学中占有重要的地位。这一时期宗教活动得到朝廷的大力支持，玄奘西行求经、鉴真东渡扬法，以及日本、朝鲜和中国佛教徒之间的频繁交往将宗教旅游推向一个新的高潮。大唐文化的灿烂对外域世界形成了强烈的旅游吸引，来华的外国使者、商人、学者、僧侣络绎不绝，如日本曾先后16次遣使来唐进行修学旅游。强盛、深厚的唐文化不仅深刻影响和改变了东亚诸国的文化面貌，而且将其光辉辐射西方世界，唐帝国又以宏大的气魄开辟了由南中国海经印度洋到非洲的"陶瓷之路"，沿着这条通道，中国陶瓷像流水一样从海路流到海外。

宋元时期是我国封建社会继续发展的时期。科学技术、文学、医学等都有显著的成就，尤其是指南针的发明并应用于航海，继而传至西方，对促进各国航海事业的发展及加强与西方各国的贸易、旅游交往作出了重大贡献。元朝著名航海家汪大渊亲自考察南海诸国，并著《岛夷志略》一书，为研究元朝南海交通史提供了可靠的资料。宋、元时期，旅游文学和旅游理论都有了比唐代更大的发展，出现了许多著名旅行家，如范仲淹、苏轼、陆游和范成大等，他们写的《岳阳楼记》《石钟山记》《赤壁赋》《入蜀记》和《吴船录》等都是千古流传的旅游名篇。

明清时期的旅游活动兴旺不衰，持续发展，较之唐、宋时期更普遍重视对自然山水景观的鉴赏和旅游经验的总结，尤其是明朝的国内科学考察旅行极盛，学术著作成就不凡。杰出的旅行家郑和、徐霞客，医药学家李时珍分别留下宝贵的航海资料、千古不朽的游记和医药名著。清朝前期出现的"康乾盛世"，在很大程度上促进了旅游的普及。康熙曾多次出京微服私访，乾隆更是七下江南，留下不少传说佳话。至清朝中叶以后，随着西方文化的入侵，中国人的旅游观念逐渐发生变化。

二、中国封建社会的旅游特点

从整个世界看来，中国封建社会的旅游活动具有一定的先进性，表现出鲜明的特点。

（1）旅游发展较为成熟，旅游理论与实践密切相关。《古今图书集成》中记载江南地区发达的旅游景象时写道："吴人好游，以有游地、有游具、有游伴也。"这里的"游地"，大致相当于现代旅游学意义上的"旅游资源"这个概念，说明当时的旅游者在出游前对旅游地、旅游路线已经有了选择意识；"游具"包括交通工具和旅游者所携带的旅游器具，是旅游活动实现的载体和前提；"游伴"是指旅游过程中的伴侣，其中除了志同道合的友人之外，很大一部分是能歌善舞、能说会道的清客，他们在陪伴达官贵人登览解颐时，往往扮演着现代旅游业中"导游"的角色。可见，当时的旅游者非常讲究旅游质量，他们在旅游实践过程中十分注重总结经验。

（2）出境旅游相对滞后于入境旅游。封建社会时期，幅员辽阔、物产丰富、政治安定、文化灿烂、科技先进的中华大地吸引着外国人艳羡的目光，强烈地激发着他们亲身到访和体验的愿望；出于心理上的"文化自信"，那时的中国人普遍认为华夏四方之外皆为蛮夷之邦，因此很少有人愿意离开祖国，远足他乡。因此，在数量比例上，来华旅游者人数众多，而出国旅游者相对较少。

（3）旅游活动内容丰富，形式多样。西方的中世纪社会，除了宗教朝圣、经商和探险旅游之外，娱乐性、享受性旅游受到严重压抑。与之形成对比，中国封建时期则具有相对开放的旅游氛围，旅游活动在各个阶层都得以实现，帝王巡游、官吏宦游、买卖商游、士人漫游、侠客壮游、学者学游、僧道云游、市民踏青等不一而足，形成了独具一格的旅游风尚。

三、世界封建社会的旅游

公元7—8世纪，阿拉伯帝国臻于极盛。帝国以首都巴格达为中心，广修驿道、密置驿站，各驿站备有马、骡和骆驼，陆上交通运输空前发达。伊斯兰教取得合法地位后，规定了朝觐制度，要求每一个有能力的穆斯林生平都要作一次朝觐旅行。朝觐期间，各地信徒云集圣地麦加，举行大朝拜典礼，各方商人、艺人也会聚于此，或推销商品或献艺演出，驿传局还专门编写了旅行指南为远来者服务，由此推动了宗教旅游的规模化发展。这一时期，以求知求学为主的修学、考察旅游也是受到鼓励的，穆罕默德教导信徒们"学问虽远在中国，亦当求之"。苏莱曼、马苏第和巴图塔是这类旅游活动的典型代表。苏莱曼曾到过印度、中国等地经商，著有《苏莱曼游记》，书中记录了他到中国所经海洋岛屿及当时阿拉伯商人聚居地广州的风土人情；马苏第被称为阿拉伯的希罗多德，曾游历埃及、巴基斯坦、印度、斯里兰卡、中国等地，在其遗著《金色草原》中，他多次提到中国，十分推崇中国的民间技艺；巴图塔被认为是中世纪最伟大的旅行家，在外旅行长达38年之久，约在1345年至1346年来到中国，著有《亚洲非洲旅行记》，记载了中国的城市、商埠、物产和风俗等。

到了11世纪时，西欧加快了封建化和城市化进程，众多工商业者离开乡村，纷纷聚集于城堡、寺庙附近和交通路口等处，工商业城市日渐形成。威尼斯、热那亚是当时著名的从事国际贸易的商业城市，过往客商在食、宿、行等方面的需求使客栈、旅馆随之兴起，从而在客观上促进了商务旅游的发展。

13世纪以后，西欧城市开始复兴，中产阶级迅速成长，外交旅游发展起来。公元1275年，意大利著名旅行家马可·波罗随其父、叔经两河流域，越过伊朗高原和帕米尔高原来到中国，得到元世祖忽必烈的信任，先后任职长达17年，曾到过新疆、甘肃、内蒙古、山西、陕西、四川、西藏、云南、山东、江苏、浙江、福建等十几个地区，并受命出使菲律宾、缅甸、越南等国进行外交访问。公元1295年，他离开中国，从海路经苏门答腊、印度等地返国。在其著名的《马可·波罗游记》中，他盛赞东方的富庶，并以中国为重点，记述了其在中亚、西亚、东南亚等地区许多国家的见闻。

15世纪中后期，西方资本主义开始萌芽，航海技术的突破性发展大大刺激了海上强国对外扩张的愿望，由此而进入了地理大发现时代。意大利航海家哥伦布，于1492年奉西班牙统治者之命，横渡大西洋，到达巴哈马群岛、古巴、海地；在以后的三次远航中，发现了新大陆，开辟了由欧洲到美洲的新航线。1497 年，葡萄牙人达·伽马奉葡王之命向东远航，他率领的船队于次年发现了非洲南端好望角，开辟了通往印度的海上航行新路线。1519 年，麦哲伦率 5 艘大船、265 名船员西行，到 1522 年成功完成绕地球一周的环球旅行，证明了地圆说。这些彪炳千秋的航海旅行，兼有探险和考察旅游的性质。

16 世纪中叶以后直至 18 世纪，旅游活动又有了新的发展。1562 年，因为一位名叫威廉·特纳的医生出版了一部医学保健的著作，谈到英格兰、德国和意大利的天然温泉对于身体的各种痛症有很好的疗效，一时间人们对温泉浴趋之若鹜，不仅当时现有的温泉顷刻间闻名全国，而且还促使人们主动外出去各地寻找温泉，形成了一股温泉旅游的热潮。

四、世界封建社会时期的旅游特点

世界封建社会时期的旅游发展在旅游者、旅游交通和旅游范围以及旅游性质等方面表现出以下一些特点。

从旅游者方面看，数量有限，分布集中。有能力进行消遣享乐旅游的多为帝王、贵族、官僚、地主等统治阶级及其附庸阶层人士，一般劳动者由于受到政治和经济上的双重压迫，被排除在旅游的行列之外。

从旅游交通和范围方面看，落后的交通工具限制了人们的旅游活动范围。人们外出主要依靠以自然力、人力、畜力为主的车船，即使到了 19 世纪上半叶，最高级的交通工具还只是四轮马车和大型船只。因此，类似于今天的洲际旅游和国际旅游是很难发生的，只有极个别的探险家，用毕生的精力和不怕牺牲的精神，才开创出长途国际旅游的先例。

从旅游性质方面看，非经济目的的旅游活动虽然有了新的发展，但这一时期中商务旅游仍居于主导支配地位，宗教旅游和探险旅游也占有相当大比重。

第四节　近代旅游和旅游业的开端

一、近代旅游产生的基础

到了 19 世纪，出于消遣目的而外出观光度假的旅游者在人数规模上大量增加，逐渐超过商务旅游成为主流，从而使旅游活动具有较为普遍的社会意义。这种突破性的发展和欧美地区当时发生的产业革命是分不开的，正是产业革命促进了古代旅游向近代旅游的历史性转化。

产业革命是指资本主义机器大工业代替工场手工业的过程，是资本主义政治经济发展的必然产物。18 世纪 60 年代，资本主义最为发达的英国率先开始了产业革命的进程，至 19 世纪 30 年代基本完成；美、法、德、日等资本主义国家的产业革命也随后在 19 世纪内相继完成。这场浩大的产业革命引起了一系列重大的社会经济变革，给人类的旅游活动带来结构性的冲击，同时宣告了近代旅游的款款而来。

（一）近代旅游产生的精神基础

产业革命加速了城市化进程，改变了人们的工作环境，人们工作与生活地点的重心由农村转移到城市，原有的那种随农时变化而忙闲有致的多样化农业劳动被城市中枯燥、重复、单一的机器化大生产劳动所取代，继而派生出大量的诸如紧张、忙碌、懈怠等"城市文明病"症候群。城市中高压的程式化生活使人们普遍产生强烈的"返璞侧真、回归自然"的出游愿望。广大城市居民的这种崇尚自然，为了调适身心而主动要求利用节假日旅游的心理为近代旅游的产生打下了良好的精神基础。

（二）近代旅游产生的经济基础

产业革命带来了阶级关系的新变化，促进了社会财富总量的大幅度增加，并使其分配呈现出新的形态。工业资产阶级迅速崛起并打破了生产财富向封建贵族和地主阶级单向流动的格局，他们在财富分配中所占的份额随着自身人数的增加而越来越大，经济实力的增强使他们得以更多地参加旅游活动，从而使旅游享乐化倾向也渐趋明显。

（三）近代旅游产生的技术基础

产业革命促发了科学技术的重大革新与进步，尤其是蒸汽机技术在交通运输中的应用，使大规模的人员流动成为可能。1776 年，詹姆斯·瓦特制造出第一台有实用价值的蒸汽机，以后又经过一系列重大改进，使之成为"万能的原动机"，这一技术很快便被用于开发和制造新式的交通运输工具，首先是以蒸汽机为动力的轮船开始问世，进入 19 世纪，蒸汽动力轮船运输逐渐普及。紧接着铁路运输出现，1830 年第一条铁路客运路线（从利物浦至曼彻斯特）的开通，标志着旅游发展进程中"铁路时期"的到来。首先在英国，然后在欧洲的其他国家和北美，铁路客运服务迅速发展起来，各地的铁路建设如火如荼：1835 年，整个欧洲的铁路长度还只有673 英里，1845 年增至 8235 英里，1855 年增至 35185 英里，1865 年增至

75882 英里，1875 年增至 142494 英里，到 1885 年则增至 195835 英里，这些数字变化显示出欧洲铁路的革命性扩展。铁路运输具有费用低、速度快、运行距离远和运力高的优势，很快就成为人们外出旅行首选的交通方式。因此，产业革命在带来交通运输技术进步和工具革新的同时，也为近代旅游的大发展打下了坚实的技术基础。

二、近代旅游发展概况

铁路运输最初的目的是运送货物，其次是为当时乘马车旅行的乘客提供快捷、高效的交通运输服务。后来，铁路部门开始承运短途郊游乘客，并在特殊活动期间提供廉价郊游车票。肯伯尔·库克（Kemball Cook）在他的书中提到，1838 年英国德比郡赛马日这天，铁路部门专门做广告宣传将有 8 辆火车从九榆树站发出，结果前来乘车的旅客多达 5000 余人，令铁路当局措手不及。

1841 年 7 月 5 日，英国人托马斯·库克（Thomas Cook）利用包租火车的方式组织了 570 人从莱斯特前往洛赫伯勒参加当地的禁酒大会，往返 24 英里。在这次活动中，托马斯·库克不仅联系铁路局以每人 1 先令的低廉票价发售了来回车票，还亲自随团全程陪同照顾，得到广大旅客的普遍好评。与以往利用火车作团体旅游不同的是，托马斯·库克提供了含交通、住宿等服务在内的包价旅游产品。此次活动的成功使颇具商业智慧的托马斯·库克萌生了强烈的旅行代理意识，经过几年的实践和准备，他于 1845 年正式创办了世界上第一家旅行社——托马斯·库克旅行社（即现今的通济隆旅行社），这标志着世界近代旅游业的开端。旅行社的第一次业务是 1845 年 8 月 4 日组织的莱斯特至利物浦之行，有 350 人参加了这次旅游活动，事前托马斯·库克亲自考察了线路，确定了沿途游览地点，并安排好食宿事宜，同时还编发了《利物浦之行手册》，这成为早期的旅游指南。次年，又有 350 人加入了他组织的苏格兰之旅，旅游团所到之处受到热烈欢迎，自此，托马斯·库克声名大噪，其旅游业务发展迅猛。1851 年，他仅从约克郡一地就组织 16.5 万人参观了在伦敦水晶宫举行的第一次世界博览会。不久，他组织的旅游活动又跨越了国界和洲界。1855 年，50 万英国游客通过该旅行社的组织前往法国巴黎。1865 年，美国也留下了他组织的旅游者的脚印。同年，"托马斯·库克父子公司"成立，旅游业务全面拓展。1872 年，其组织的 9 位不同国籍的旅游者所进行的第一次环球旅行获得巨大成功，为旅行社带来良好的国际声誉。随后，旅行社开始了

"滚雪球式"的全球扩张，其业务范围遍及欧、美、亚、澳、非各洲。托马斯·库克以其卓绝的贡献被誉为"世界旅游业之父"。

几乎是紧随着托马斯·库克旅游公司发展的脚步，许多运输公司察觉到组织旅游所带来的巨额利润，纷纷涉足旅游业，将其作为一门副业或是一种辅助性服务。伦敦的皮克福茨公司、迪恩公司和道森公司都是先经营货运而后兼营旅游业务的。在美国旅游业的成长过程中，出现了一家叫作维尔斯·法戈的公司，它是美国运通公司的前身，最初经营黄金运输和长途客运业务，后来进入旅游经营者的行列中。此后，欧洲和世界其他国家也相继成立了许多旅游组织，法国和德国都于 1890 年成立了观光俱乐部；日本于 1893 年设立了专为接待外宾的"喜宾会"；意大利旅行社成立于 1927 年；两年后，苏联国际旅行社成立。到了 20 世纪初，托马斯·库克旅游公司、美国运通公司和比利时铁路卧车公司成为世界旅游代理业的三大公司。

近代旅游的大众化与规模化倾向促进了度假区和旅游饭店的发展，也使许多现代营销方式崭露头角。英国的朴次茅斯等新城镇在短短几年的时间内就从小渔村迅速成长为游客聚集的旅游目的地。日趋增长的需求使德国的矿泉疗养胜地得以发展并一直深受人们欢迎。海滨度假的热潮促进了地中海旅游中心的发展，其中著名的有法国的尼斯和戛纳。在世界其他地方也兴起了众多专供人们旅游的休闲度假地。大型旅游饭店的数量在大城市和度假地铁路沿线的终点地区迅速增加，逐渐取代原有的驿站、客店而成为旅游住宿业的支柱。

1908 年，斯塔特勒在美国纽约的布法罗建造了第一座商业饭店，他将饭店的 300 间客房都配备了标准壁橱和浴室，在浴室里安装了穿衣镜和毛巾钩，铺设了通向每一间客房的供排水、暖气和输电线的管道，并在每间客房安装了电话和床头灯，提供客用文具纸张，这些开创性措施在当今仍是商业饭店的基本模式。商业饭店在 20 世纪初得到迅速发展，逐渐成为一种行业。

三、中国近代旅游的开端

（一）鸦片战争后的中国旅行

1840 年，中国与外部世界隔绝的大门终于被英国暴力打破，中国成为外国冒险家的乐园、传教士的理想活动空间、商人梦寐以求的赚钱市场和学者的游学宝地。他们来中国办商号、建教堂、盖别墅，足迹遍及中国。

在外来文化的影响下，中国人有了"出洋"旅游的机会。绝大多数人，尤其是读书人，面对完全陌生的外部世界，仍然是犹豫茫然的，只有极少数人开始了"行抵绝域，详悉各国风土人情"的旅游，这成为近代旅游走出国门、走向世界的开端。近代中国终于有了旅游欧美的第一个官方旅游团和外交访问团。

近代中国第一个由清政府派遣，亲自去接触和了解西方文化的官方旅行代表团是同治五年（1866 年）由斌椿父子率领的同文馆学生一行 5 人，向导是在中国担任"总税务司"的英国人赫德。他们历时近 4 个月，足迹遍及欧洲 10 个国家，这次旅行活动为以后的知识分子游学旅游、商业经营交流旅游和一些官方交流开启了先河。1868 年，志刚一行历时 3 年，游历了欧美 11 个国家并且写下了《初使泰西记》，较详细地向中国人介绍了泰西国家的风景名胜及游览情况，并记录了首次亲历的种种感受，为中国旅游走向世界开辟了道路，提供了经验，树立了榜样。

随之而来的是知识界学习西方文化的游学之旅。吴中才子王韬率先游历了欧洲部分国家与日本，李圭"环游地球"一周。1872 年幼童游学美国，掀起了官费游学欧美以及自费游东西洋的热潮。近代的士大夫也在开放与闭关锁国的斗争中，在官方与私人游历及游学的推动下，行动起来，先后有郭嵩焘、黄遵宪等宦游东西洋，也有康有为、梁启超等向西方学习先进科技之游，还有孙中山为振兴中华，向西方寻求治理方略等的出游。

（二）中国旅行社的创立

进入 20 世纪，英、美等国的通济隆、运通等旅游公司进入我国，为来华旅游者和出国考察、求学的中国人办理旅行业务，许多外国旅游公司也相继在上海等地设立代办机构，包揽了中国的旅游业务。陈光甫创办了第一家中国人自己的旅行社，陈光甫出身贫寒，幼年在镇江某钱庄当学徒，为人勤奋好学，深为老板赏识，老板以女许配，并送他到美国攻读金融学。在一次昆明之行中，陈先生受到冷遇，这促使他下决心创办自己的旅行社。经过一段时间的酝酿，1923 年 8 月 15 日，其正式成立了上海商业储备银行旅行部。1927 年 6 月 1 日，陈先生将旅行部从银行中独立出来，正式打出了"中国旅行社"的招牌，这家旅行社由中国人经营，业务范围涵盖非常广，几乎涉及现代旅行社业务的所有领域。

旅行社设立七部一处，分别是运输部、车务部、航务部、出版部、会计部、出纳部、稽核部、文书处。1931—1937 年，业务发展迅速，旅行分社发展到45所，在人口稠密、交通要冲之地还增设支社、办事处，极大地方便了人们出游，还带来了一种新的生活方式，可谓开化了风气。中国旅行社最早以代售火车票、轮船票为重要业务，取信于社会后，扩大到了行、住、食、游、娱等很多方面，事无巨细，有求必应，主要有以下几个方面：代售海陆空客运票，代办铁路货运业务以及代办出国留学游历业务，承办铁路客车餐茶业务，代理代办邮政、电报、保险、鲜花等业务。随着中国旅行社业务的发展，凡是遇到困难之事，人们首先想到的是找中国旅行社想办法。于是，给外地的亲人朋友送鲜花，去外地接人并陪伴来上海等业务也纷纷找上门来，中国旅行社尽全力服务，从不推诿，充分显示了中国旅行社的敬业精神和服务精神。中国旅行社创办了《旅行杂志》，开创了现代旅游书刊出版的先例，为中国旅游业的进一步发展奠定了理论、文化基础并得到中外名人的致函称道。1927年春季，中国旅行社正式创刊了《旅行杂志》（季刊），茅盾、费孝通等一代名家都曾经为之撰稿，这一时期，杂志的学术气息特别浓；《西南文化专号》二册，由李济深题签，对西南各省的民族学、人文地理学、动物学、语言学、社会学、考古学的探讨和研究作出了卓有价值的贡献。

（三）饭店（旅馆）的建立和发展

旅馆建设是发展旅游的物质基础之一。1927年中国旅行社独立时，就开始酝酿建设旅馆，1931年中国旅行社沈阳分社将分社未加利用的楼上布置为客房，供有关人员住宿，大受赞扬，在全国得以推广。1935年8月1日，中国旅行社建设的最大的招待所——首都饭店在南京开业，共有客房46间（套），均设有洗澡设备，另外餐厅、礼堂、大客厅、会客室、网球场等一应俱全，并且重金聘用外籍专家管理，是当时最高级的饭店。之后，中国旅行社在全国范围内规模大的城市、交通枢纽地区都设立了旅馆。在风景区，也设立了简洁的客房，以方便游人。中国旅行社及其分社在大都市和风景区设立的饭店、招待所标志着现代旅游饭店业的正式建立，并为其他旅游宾馆、饭店的建立树立了榜样。

第五节　现代旅游活动与旅游业

现代旅游是旅游发展史上的概念。在中国历史中，人们通常将五四运动发生的1919年作为中国历史进入现代的起点。但是，旅游学界认为第二次世界大战以后，特别是 20 世纪 60 年代以来，世界政治形势呈现出相对稳定的状态，各国积极发展科技与经济，社会生产力逐渐恢复并取得长足发展，人民生活水平大幅提高，旅游发展步入现代旅游时期。这一时期实际上相当于中国历史中的"当代"。尽管如此，由于在术语上约定俗成，现代旅游通常是指第二次世界大战结束以来，迅速普及于世界各地的社会化旅游活动。

一、现代旅游发展的背景

战后的旅游活动之所以得以迅速发展，其原因是多方面的，既有需求的拉动作用，又有供给的推动作用；既有外部的环境因素，又有内在的机制因素。归纳而言，主要体现在以下几点。

第一，国际形势的和平稳定。二战后，"和平与发展"成为世界主题，全世界随之进入经济竞争和科技竞争的新时代，这为现代旅游的发展提供了必要的前提和保证。

第二，全球人口的迅速增长。战后初期，世界人口约 25 亿人。到 20 世纪 60 年代末，这一数字已迅速飙升至 36 亿，增幅高达 44%。到 20 世纪 90 年代，世界人口总数突破 50 亿，与战后初期相比翻了一番。世界人口基数的不断扩大为战后大众旅游人数的增加奠定了基础。

第三，世界经济的稳步发展。为了医治第二次世界大战所带来的战争创伤，各国在战后都致力于经济的恢复与发展，许多军事技术被开发为民用技术并为旅游业所利用。经济全面大发展的直接结果是人民收入水平的提高和支付能力的增强，这为现代旅游的发展提供了良好的物质前提。

第四，交通工具的多元应用。近代旅游时期，火车和轮船是人们外出旅游最主要的交通方式，到了现代旅游时期，汽车和飞机以其方便、快捷的优势迎头赶上，使旅游交通运输呈现出各种交通工具多元并用的新格局。尤其是民航运输的发展扩大了人们的旅游空间、提高了旅行效率，使人们有机会在较短的时间内作较长距离的旅行，如国际、洲际乃至环球旅游。此外，以上这些交通工具在性能和数量上的进步，也减少了人们旅游中交通运输的费用。

第五，城市化进程的加快。战后以来，世界城市化的规模和速度达到了空前的水平。第二次世界大战后，随着许多国家工业化的发展和社会经济的转型，城市化的进程也普遍加快。乡村人口在很多国家中都出现了明显的下降。这些国家绝大多数人口居住在城市，绝大多数劳动者从事单调乏味的重复性工作，这使得人们日益要求摆脱身心压力。城市环境的喧嚣和生活、工作的快节奏，使人们迫切向往到大自然中去放松自己紧绷的神经和疲惫的身体，于是，旅游度假自然成为人们最佳的选择。这一情况成为战后旅游需求规模迅速增长的重要社会心理原因之一。

第六，生产自动化程度的提高。随着科学技术的进步，大量发明创造应用于生产实践，极大地提高了各产业生产过程中的自动化程度和生产效率。劳动时间的缩短使人们的自由时间相对有所增长，也使普通劳动者有了更多的带薪假期，这就为人们开展闲暇活动，特别是外出旅游提供了时间上的保证。

第七，国际交流的日益频繁。战后世界各国不仅注重本国各项事业的发展，与其他国家或地区在社会、文化、经济等各方面的联系也不断加强，各种内容和形式的交流活动日渐频繁，有力地推动了文化旅游、商务旅游、会展旅游等各种专题旅游的发展。同时，全民文化素质和审美素质的普遍提升，刺激了人们走出国门、跨越洲界去感受与体验外部世界的好奇心和求知欲，这是战后国际旅游兴起的重要原因之一。

第八，各国政府的重视与支持。战后很多国家的政府都看到了旅游发展在增加外汇收入、扩大货币回笼等方面的社会价值，为了更多地吸引旅游者尤其是国际旅游者，纷纷出台各种倾斜政策和多项鼓励措施，如放宽出入境限制、简化边境通关手续、参与旅游资源开发、组织旅游宣传推介等。许多国家还对假期制度做了利于旅游发展的政令性调整，在很大程度上促进了假日旅游的大发展。

二、现代旅游发展的现状

大众化旅游时代的到来，使旅游业一跃成为全球经济产业阵营中最具活力的排头兵。一个显见的事实是：旅游业在众多国家和地区已经逐渐实现了由"新兴产业"向"支柱产业"的跨越。

战后至今近 80 年时间，世界旅游的发展发生了前所未有的巨大变化。总体来说，现代旅游已成为一种日常的民众性群体社会活动，旅游的主体——旅游者广泛遍布于社会各阶层，区域或边远地区旅游的局限性逐渐在消失，旅游的组织方式、经营方式等众多领域都产生了深刻的变革。

从时间和空间的不同维度宏观地看，世界旅游业体现出两大基本特征：历时的持续增长和区域的不平衡发展。

（一）历时的持续增长

虽然世界旅游业在战后经受过多次世界性经济萧条和局部战争的冲击，但从大的时间跨度上历时地看，其仍表现出长盛不衰的走势，强劲的增长势头和持续的增长能力是有目共睹的。世界旅游组织的研究报告表明，1992 年，国际旅游业以年流量 5 亿人次，年消费 3000 亿美元，就业人数 1.2 亿人的规模，正式宣告旅游业超出石油、汽车、钢铁等传统工业，成为世界上的第一大产业。在战后到 20 世纪末的半个多世纪中，国际旅游活动从战后初期 1950 年的约 0.25 亿人次，发展到 2019 年的约 15 亿人次，增长了近 60 倍，国际旅游收入也由 1950 年的约 21 亿美元升至 2000 年的约 9.2 万亿美元，增长了近 4380 倍。

（二）区域的不平衡发展

发展潜力和发展速度的不同导致世界旅游业在各地区间的具体情况有所不同，欧美是世界经济最为发达的地区，其旅游业发展水平相应遥遥领先于其他地区。单从世界旅游组织公布的 2019 年全球国际旅游收入的分类数据来看，其中一半被欧洲收入囊中，占比 50.8%，亚洲和太平洋地区占 24.89%，美洲的收入占 15.06%，非洲占 4.87%，中东占 4.37%。当然，这种区域间发展不平衡的局面是在动态变化的，综观 20 世纪 90 年代以来世界旅游业发展的历程，整个国际旅游市场呈现出以下几个明显趋势：

一是欧洲在世界国际旅游收入格局中占据较大份额，并继续对世界国际旅游收入起决定性作用，亚太地区表现不俗、增长较快。

二是世界国际旅游接待人数指标中，增长速度最快的是亚太地区。2019 年，其年接待人数的总量增长已超过美洲，跃居世界接待人数总量增长的第二位，其增长速度远远高于世界平均水平。

三是从世界各地区接待设施来看，尽管欧洲绝对领先，但其在世界总接待能力份额中的比重不断下降，年均增长率仅为 1.9%；而东亚太地区的年均增长率则高达 12.9%，其比重已由 1980 年的 5% 上升到 1997 年的近 25%。

以上现状和趋势表明，欧洲在以后很长一段时间内仍将占据世界旅游市场的主导地位，但其优势地位随着其他地区的慢慢崛起将渐趋式微。东亚太地区异军突起，增长势头尤为引人注目。

三、中国的现代旅游

中国的现代旅游是指新中国成立以来的旅游历史。这时期，中国旅游业的发展大约经历了以下两个阶段。

（一）政治接待阶段

这一阶段是从 1949—1977 年，这一阶段可分为以下几个时期。

1. 创业时期（1949—1955）

新中国成立初期，为适应国内侨眷出境探亲和接待归国华侨探亲旅游的需要，华侨服务社诞生在厦门市。此后，在福建、广东侨乡地区的一些口岸城市陆续成立了华侨服务社并扩大到了全国。华侨服务社的创建和发展是新中国旅游服务的开端，是中国式旅游通道的一部分。1952 年 10 月在北京召开的"亚洲及太平洋区域和平会议"，37 个国家的 367 位代表应邀参加。这次会议在国际上产生了很大反响，来华公务出差、旅游的外宾不断增加，周恩来总理提议成立中国国际旅行社。1953 年 8 月组建了"中国国际旅行总社"，当时的任务主要是承办政府各单位和群众团体有关外宾的招待工作。当时采取的是行政管理，不强调经济核算和经济效益，没有作为一项产业来发展。

2. 开拓时期（1956—1966）

20 世纪 50 年代后期，来华自费旅游者逐渐增加，为了加强对旅游业的管理和领导，1964 年 7 月 22 日中国旅行游览事业管理局在北京正式成立，属国务院直属机构。国务院明确规定，发展我国旅游业的方针和目的首先是学习各国人民的长处，宣传我国社会主义的建设成就，加强和促进同各国人民之间的友好往来和相互了解；其次才是增加外汇收入。中国旅行游览事业管理局的成立标志着我国旅游业已步入了新的开拓时期。

3. 坎坷时期（1967—1977）

20 世纪 60 年代中期，世界上大众旅游迅速兴起，世界旅游业朝气蓬勃，空前发展，成为新兴的发展最强劲的产业之一，而我国刚刚起步的旅游业却被严重冲击，被迫进入步履艰难的停滞阶段。那时候，我国一些旅游机构、组织被撤销，每年来我国访问者只有几百人，其萧条景象不言而喻。1971 年，毛泽东主席对中国旅行游览事业管理局的接待计划做出了批示："人数可略增加。"同年 3 月，周恩来总理亲自部署召开了全国旅游工作会议，提出旅游工作的方针是"宣传自己，了解别人"，周总理指示在经济上旅游业的收入应略有盈余。这次会议是一次十分重要的会议，从此，我国旅游业开始出现了转机。美国总统尼克松和日本首相田中来我国访问，为我国旅游业的恢复和发展提供了有利的国际环境。1973 年中国华侨旅行总社恢复，并于 1974 年更名为中国旅行社总社，我国旅游业（国际入境旅游业）逐渐走出了困境。这一阶段，我国发展旅游业的目的仍然以政治接待为主，更确切地说，是以入境旅游为主。

（二）全面发展阶段

这一时期从1978年至今。党的十一届三中全会以后，随着党和国家的工作重心的转移，改革开放的深入和发展，社会主义市场经济的提出和确立，社会生产力的迅速发展，人民生活有了较大改善，这为我国公民进行旅游和国内旅游业的发展奠定了基础。另一方面，随着我国经济的发展，对外交往的频繁增加了外汇的需求，于是，旅游业作为经济创汇的重要部门和对外开放的媒介日益受到重视，作为国民经济各部门中最具发展活力和潜力的产业，旅游业进入了全面发展的新阶段。

本章案例

徐霞客单靠"穷游"走遍了半个中国？
读他的游记，事实没那么简单

1613年5月19日，明代旅行家徐霞客开始游历大山名川。从22岁结婚度蜜月开始，他便踏上了旅途。28岁之前的旅行，属于随性而游，想去哪就去哪。28岁之后，则带目的性而游，哪好玩他去哪。这不是今天许多人穷尽一生、孜孜追求的生活吗？在距今三四百年前的明朝，没有飞机高铁，只有车马徒步，这位最著名的"驴友"便过上了这种生活，足迹遍布整个中国。

除了"驴友"的身份，徐霞客还是一位勤快的"博主"，古代旅游险阻重重，可是他每日坚持"更新旅游日志"，最终给我们留下名震中外的《徐霞客游记》，让后人可通过文字，一览当时的地道风物。徐霞客54年的生涯里，他先后游历十六个省——东到浙江的普陀山，西到云南的腾冲，南到广西南宁一带，北至河北蓟县的盘山。

一、第一次出游

22岁的徐霞客结婚后，携爱妻许氏从家乡江阴出发，乘舟经京杭大运河入太湖，太湖登眺东、西洞庭山，访西山灵威丈人遗迹林屋洞（道教第九洞天），在林屋洞游览了无锡惠山"天下第二泉"、听松坊和寄畅园，这段游历，徐霞客用了五六年时间，是全凭兴趣的"自由行"，没有留下游记。临行前，母亲特意为他缝制了一顶"远游冠"，并激励儿子说："身为男子，志在天下，天下者，山川也；羁留家园，一如篱中小鸡，车辕小马。"这是徐霞客游历生活的第一阶段。

二、第二次出游

他游历的第二阶段为29岁至48岁，历时20年，游览了黄山、嵩山、五台山、华山、恒山等诸名山。

明万历四十一年（1613），28岁的徐霞客偕江阴莲舟和尚于3月出发，开展了舟车劳顿之旅，其中，以温州攀登雁荡山的经历最为惊悚。徐霞客想起古书上说，雁荡山顶有个大湖，就非要爬到山顶去看看。当他艰难地爬到山顶时，只见山脊笔直，简直无处下脚，这里怎么会有湖呢？可是，徐霞客仍不肯罢休，他仔细观察悬崖，发现下面有个小小的平台，就用一条长长的布带子系在悬崖顶上的一块岩石上，然后抓住布带子而下，下着下着，带子断了。幸好他机敏地抓住了一块凸出的岩石，不然就掉下深渊，粉身碎骨。徐霞客把断了的带子接起来，又费力地向上攀缘，终于爬上了崖顶。

徐霞客1616年和1618年两度登临黄山，其感叹道："薄海内外无如徽之黄山，登黄山天下无山，观止矣！"20世纪初，安徽黄山市歙县人汪鞠卣将此归纳引申为"五岳归来不看山，黄山归来不看岳"的名句。

徐霞客每次都与母亲约定，在春草初萌时出游，在秋叶染霜时归来，20年间，其足迹遍天下而无不如期而返。每次归来，他都以琪花、瑶草、碧藕、雪桃之类作为礼物送给母亲，并为母亲讲各种奇闻轶事，徐母听后也感到很新奇愉快，并鼓励儿子要不畏艰险，继续前进。

三、第三次出游

"小徐"已成"老徐"，51的徐霞客，仍执着地想要奔向远方。这一次，他去了浙江、江苏、湖广和云贵等地，主要集中在西南地区，一直到了中缅交界的腾越（今云南腾冲）。在湘江游玩的一个晚上，正当大家尽兴后回去休息时，突然四周杀声起，一群强盗窜上船来，一时火炬乱晃，刀光剑影交错，人人措手不及。这时，只见一个人矫健地跳入水中逆流而行，躲进了别的船里。

这个跳水的人，年约五十开外，身材修长，看上去精力旺盛，行动敏捷，他就是徐霞客。这次遇盗，混乱逃生时，徐霞客的好友艾行可落水身亡，仆人顾行身中四刀受重伤，好友静闻和尚失踪，这对徐霞客打击很大。后 55 岁的他，在云南染上重病，被人送回江阴老家。

徐霞客填补了古代王朝的一段地理空白。中国古人受腐儒教育，认为"父母在不远游"，在当时，"远游"背后总有点不务正业的意思。然而，在一本畅销历史小说《明朝那些事儿》中，最后介绍的一位人物不是崇祯皇帝，而是徐霞客，作者石悦这样写道："这就是我想通过徐霞客所表达的，足以藐视所有王侯将相，最完美的结束语：成功只有一个——按照自己的方式，去度过人生。"

引自：中国国家地理地道风物.徐霞客单靠"穷游"走遍了半个中国？读他的游记，事实没那么简单.[EB/OL].（2023-10-14）（2018-12-27） https：//www. toutiao. com/article/66388957　01671559683/?upstream_biz＝toutiao_pc&source＝m_redirect.（引用时稍有修改）

第三章　旅游活动的性质和特征

学习引导

旅游活动是旅游学的基础理论问题。本章主要讲解旅游活动的类型、旅游活动的性质、旅游活动的特征。通过本章的学习，学生应熟悉基于不同划分标准旅游活动的分类，重点是国内旅游、国际旅游、团体旅游和散客旅游；掌握旅游活动的审美性、享受性、异地性、暂时性和综合性，理解旅游活动的根本属性是社会文化性。

思政元素

（1）从旅游活动的根本属性是社会文化性的角度，帮助学生理解旅游是让旅游者从日常生活中解脱出来的一种手段，是一种暂时或短期性的特殊生活方式。为大众追求美好生活提供服务，既是旅游服务提供者和管理者的工作，也是历史赋予旅游从业者的神圣使命。

（2）让学生认识到旅游活动是一种综合性的审美活动，旅游活动使旅游者享受到休闲的欢娱，体验生活的美好，有助于消除负面情绪，使旅游者更加热爱生活，乐于奉献，关爱身边的人。

第一节　旅游活动的类型

随着当代社会经济的发展，世界各地参加旅游活动的人数越来越多，旅游活动的地域范围越来越广，旅游活动的类型也多种多样。因此，无论是在旅游理论研究方面还是在旅游业的经营方面，都需要对人们的旅游活动进行必要的类型划分，以便根据需要去分析和认识不同类型旅游活动的特点。

一、划分标准

对于旅游活动的类型（通常简称旅游的类型或种类），实际上并无统一的划分标准。由于人们往往根据自己的研究目的，在不同的情况下，选用不同的划分标准，因而所划分出来的旅游类型也是结果各异。根据人们常用的旅游类型的提法，可归纳出下列划分标准。

按地理范围划分，如：国内旅游、国际旅游、洲际旅游、环球旅游等。

按旅行距离划分，如：远程旅游、近程旅游。

按外出旅游的目的归属划分，如：消遣旅游、事务旅游（包括商务旅游、公务旅游和会议旅游）、个人和家庭事务旅游（主要指探亲访友旅游和求学旅游）。

按组织形式划分，如：团体旅游、散客旅游。20 世纪 60 年代以来，国际旅游中团体旅游比重较大。但是近年来，散客出游比重日渐提高，在一些发达国家，即使是团体旅游，也改变了过去那种单一集体统一行动的形式，部分人要求集体出发，就地分散灵活活动，以适应个人需求。

按计价方式划分，如：包价旅游、非包价旅游。

按年龄特征划分，如：儿童旅游、青年旅游、中年旅游、老年旅游等。据世界旅游组织专家分析，目前有两种年龄段人群的旅游动向值得重视：一是老年人的旅游市场，美国和加拿大 55 岁以上的人占人口的近三分之一，欧洲有四分之一的人超过 60 岁，日本有 1000 多万人到退休年龄。我国的老年群体规模也日益增大，据统计，目前 60 岁以上者已占总人口的11％。另一个是青少年旅游市场，特别是欧美各国的中学生把是否出国旅游视为一种进步或骄傲的资本。

按费用来源划分，如：自费旅游、公费旅游（包括带薪奖励旅游）。带薪奖励旅游者的费用是由国家、公司或企业支出的。

按旅行方式划分，如：航空旅游、铁路旅游、汽车旅游、游船旅游等。

按活动内容划分，如：观光旅游、民俗旅游、考古旅游、会议旅游、文化旅游，以及形形色色的专项旅游或特殊兴趣旅游。

显而易见，应用任何一种标准所划分出来的任何一种旅游类型都会同时与其他标准划分出来的类型发生交叉或联系。所以，划分类型本身只是一种手段而不是目的。在旅游类型划分方面，了解有哪些常用的划分标准是必要的，但更重要的是如何根据自己的研究需要去选用恰当的划分标准以及针对所划分出来的旅游类型去分析其需求特点和行为特点，否则也就失去了对旅游活动进行类型划分的意义。

对于上面列举的各类旅游活动，我们在此略去其特点分析，以免同其他章节的相关内容重复。在本节内容中，我们将重点讨论有关国际旅游和国内旅游这两种类型旅游活动的基本知识。

二、国际旅游

国际旅游是指跨国开展的旅游活动，即一个国家的居民跨越国界到另一个或几个国家去访问的旅游活动。

按照在旅游目的国停留时间的长短，国际旅游活动划分为过夜的国际旅游和不过夜的国际一日游。在很多国家的国际入境旅游人次统计中，一般都不包括国际一日游人次，但是这些国际一日游游客在目的地的消费很难从当地的国际旅游收入中分出，所以在所有国家的国际旅游收入统计中，既包括过夜旅游者的消费，也包括当日往返的一日游游客在该国的消费。在一些相互接壤的国家，这种国际一日游游客也是很重要的市场，例如美国与加拿大，荷兰与德国，新加坡和马来西亚，等等。

国际旅游还可以根据游客的流向分为两种情况。一种是其他国家或地区的居民来本国旅游，称为国际入境旅游（简称入境旅游）。另一种情况则是本国居民离开本国到境外其他国家或地区去旅游，称为出境旅游或出国旅游。也就是说，国际旅游既包括国际来访的入境旅游，也包括本国居民的出境旅游或出国旅游。

另外，需要特别说明的是，在我国，对出入境旅游的界定存在特殊情况。从严格意义上讲，无论是港澳台地区的居民前来大陆地区旅游，还是大陆地区居民赴港澳台地区访问，都不应属国际旅游。但是目前，台湾同祖国尚未统一，香港、澳门虽已回归，但作为特别行政区实行高度自治，港澳台同胞来大陆旅游时须交付外币且这些外汇收入对大陆地区有经济意义，所以迄今为止，港澳台同胞来大陆地区旅游仍被视为入境旅游。出于类似原因，我国大陆地区的居民前往港澳台地区访问亦被列为出境旅游。虽然近些年来，我国有关部门在港澳台同胞来大陆旅游问题上避开了"国际"一词而采用了"海外"的说法，但在对外宣传中，例如在《中国旅游统计年鉴》中，"海外"游客的英译实际仍表述为"国际"游客，海外来华旅游在含义上则是来中国大陆旅游。

三、国内旅游

国内旅游是指人们在居住国境内开展的旅游活动，通常是一个国家的居民离开自己的长住地到本国境内其他地方去进行的旅游活动。但根据世界旅游组织（UNWTO）的解释，并不属于居民的长住性外国人在所在国境内进行的旅游活动亦属国内旅游。

同国际旅游活动的类型划分相类似，国内旅游活动也可根据在目的地的停留时间，划分为过夜旅游和不过夜的一日游。至于国内一日游活动是否纳入国内旅游统计之中，各国的做法不一，这与各国自己对国内旅游者的定义和统计口径有关。

四、国际旅游和国内旅游的比较

国际旅游与国内旅游之间最根本的差别在于是否跨越国界。除此之外，两者还有以下一些具体的差别。

第一，从消费程度方面看，国内旅游消费一般较低，而国际旅游消费通常较高。

第二，从逗留时间方面看，国内旅游者在旅游地区的逗留时间一般较短，而国际旅游者在旅游接待国的逗留时间一般比国内旅游长。

第三，从便利程度上看，国内旅游一般很少存在语言障碍，而且不需要办理什么手续；而国际旅游大都会有语言障碍问题，而且必须办理各种旅行手续，例如出入境证件（护照与签证）、海关的报关与验关、卫生检疫、货币兑换、机动车辆入境手续等。

第四，从经济作用方面看，国内旅游消费只是促使国内财富在地区间的重新分配，其总量并不增加（假定不考虑这些消费对有关生产部门的刺激）；而国际旅游则是国际旅游者将其在本国的所得收入用于在旅游接待国消费，所以造成国家之间的财富转移。对旅游接待国经济来说，来访国际旅游者的消费构成一种外来的经济"注入"。此外，旅游接待国还可将其从中获得的旅游外汇净收入用于弥补国际收支逆差。

正是由于国内旅游消费比国际旅游低，所需时间相对较短，也不需办理繁杂的手续，所以国内旅游需求一般先于国际旅游需求。国内旅游需求一般层次较低，所以国内旅游业比较容易发展。各国的旅游发展实际情况也证明，旅游活动发展的普遍规律之一便是由近及远地渐进发展，国内旅游的发展总是先于国际旅游（出境旅游）的发展。但是，这并不意味着一个国家或地区国内旅游业的发展总是先于国际旅游业的发展，两者之间的优先性选择最终取决于有关需求市场的发育程度。

由于国内旅游业不能创造外汇收入等，大多数国家的政府在政策导向上都偏重于支持本国国际入境旅游业的发展。

但是旅游业毕竟是市场导向的产业，尽管国内旅游业往往不像国际旅游业那样受到国家的重视，但国内旅游市场需求的庞大规模仍推动着国内旅游业的蓬勃发展。在当今全世界旅游活动中，国内旅游一直占据着很大的比重。据世界旅游组织估算，在每年全世界旅游总人次中，国内旅游约占 90％以上。即使在一些旅游发达国家，国内旅游也占绝大比重。例如在最近几年中，美国每年出国旅游人次与国内旅游人次之比大约为 1：20。有人解释说美国国内旅游所占比重较大的原因是美国地域辽阔，但在国土面积较小的旅游发达国家中，国内旅游的比重一般也都大于国际旅游的比重。说明国土面积并不是制约国内旅游、国际旅游比重的决定性因素。例如在距欧洲大陆很近、出国旅游较方便的英国，其 20 世纪 80 年代中期每年的国内旅游人次也占全国当年出游人次总量的 86％。

第二节　旅游活动的性质

要讨论旅游活动的性质，我们首先要对"性质"一词做一明确的界定。在我国语言中，所谓性质是指一种事物区别于其他事物的根本属性。因此，旅游活动的性质也就是指旅游活动区别于人类其他活动的根本属性。目前很多西方国家的旅游学者在其研究题目中也冠有"nature tourism"的字样，但是这类研究中所涉及的"nature"实际上往往指的是旅游发展的"基本概况和特点"，与我们本节所讨论的旅游活动的性质并非同一概念。

旅游活动有众多的类型，例如，按访问目的划分，便可以分为消遣旅游、商务旅游以及个人或家庭事务旅游三大类。要将所有这些类型的旅游活动用同一个属性去归纳，即使不是不可能，至少也未免牵强。因此，本节对旅游活动性质的探讨主要是针对在现代旅游活动中占绝大多数的消遣旅游而言。

一、旅游现象的表现

我们可以从观察旅游活动所反映的现象入手，在分析这些现象表现出来的特点的基础上，进而深入考察现象背后的本质属性。

旅游活动是在具体的社会环境中发生和进行的。由于旅游者在旅游过程中要同这一环境中的许多方面接触和打交道，这一环境中的几乎一切现象都程度不同地表现于旅游者的旅游活动之中，因而旅游活动也就成了社会环境中多种现象的综合体现。

首先，旅游活动是社会现象的一种体现。旅游乃是人的活动，特别是就构成现代旅游活动重要组成部分的消遣旅游而言，旅游乃是人的重要的休闲活动。闲暇则是生产力发展到一定阶段而产生的社会现象。此外，旅游者在旅游活动中势必要同东道社会的居民进行接触。彼此互为旅游市场的国家或地区之间也会因旅游活动的开展而出现人员交流，这些民间接触和交往也属一种社会现象。上述分析说明，作为人类闲暇活动的重要内容，旅游活动实为社会现象的一种体现。

其次，旅游活动又是一种文化现象。旅游者是依赖于一种社会文化背景而产生的。一个人要能成为旅游者，除了要有经济支付能力和足够的闲暇时间之外，还必须有外出旅游的需求和欲望。后者属于文化因素，即足以使旅游者产生旅游动机的文化背景，其既包括旅游者本人的文化素质，也包括足以吸引旅游者的目的地的社会文化环境，旅游者外出旅游的重要目的之一便是体验异乡风情。因此这种社会文化背景为人们外出旅游创造了必要条件。另外，不论旅游者出于何种动机而外出旅游，也不论其属于何种类型的旅游者，都不可避免地要接触东道国或地区社会的文化，例如东道国或地区社会的民族历史、生活方式、风俗习惯、文学艺术、服装和饮食等，旅游者自觉或不自觉地都会耳闻目睹这些方面的有关内容，同时也会以自己表现出来的本国、本民族或本地区的文化影响东道国或地区社会的居民。

再次，旅游活动还带有经济活动的色彩。在现代旅游活动中，几乎所有旅游者的食、住、行、游、购、娱都需要借助和使用各类旅游企业提供的产品和服务。旅游者同旅游企业之间这种需求和供给的关系，是一种经济关系。此外，旅游活动的开展，无论对客源国还是对东道国家或地区的经济均有不同程度的直接或间接的客观影响，从而也使旅游活动带有经济活动的色彩。

最后，旅游活动是一项涉及政治的社会现象。一方面，在现代国际交往中，旅游素有"民间外交"的美称，国际旅游的开展不仅有助于改善和提高旅游接待国在国外的形象，还可以增进国家间的了解，消除偏见和误解，从而有助于缓和与消除国家间的紧张局势，有助于推进世界和平。此外，由于国际旅游活动的开展要跨越国界，因而需要办理护照、签证等出入境手续，这些又使旅游活动涉及政治方面的问题。

二、旅游活动的根本属性

上面的简要分析表明，旅游活动涉及现代社会生活的众多层面，从而是多种现象的综合体现。也正是出于旅游现象表现出来的这种多面性，长期以来人们对旅游活动性质的认识还容易混淆。

以往人们分析旅游活动的性质时，往往主要强调其具有经济属性。形成这种判断的原因有三：一是人们在表述上没有将旅游活动和旅游业明确地区分开来，而是含混地通用旅游一词。在英语旅游文献中，旅游（tourism）一词既可以用以指旅游活动，也可以用以指旅游业。究竟何指，须视具体的语境而定：如果不了解或不注意这一点，这种一词多义的现象就难免造成人们对旅游活动性质认识上的不统一，但在多数情况下，它所造成的并非真正的分歧，而是对有关表述的误解。二是对旅游活动的主体认识不清。例如一部分研究者主张旅游活动不仅包括旅游者的活动，还包括旅游业的活动，也就是将旅游业也看作旅游活动的主体。而旅游业各企业从事的活动属于经济活动，因此很容易认为旅游活动具有经济属性。但是，正如我们前面所分析的，旅游活动的主体是旅游者，旅游活动指的是作为旅游者的人的活动，而旅游业则是旅游者借以实现其旅游活动的媒介和手段。三是由于在旅游的全过程中都离不开旅游者的消费行为。但实际上，经济对于旅游只是一种外部支持条件，而不是内在的本质构成。并且，如果仅仅因为旅游活动中贯穿着消费就把旅游活动的性质归纳为经济活动，那么人类其他活动中又有多少不存在消费行为，又有多少是不属于经济属性的活动？因而这种归纳不仅不能体现旅游活动最根本的性质，也不能将旅游活动同人类其他活动区别开来。

在明确了旅游活动与旅游业表述上的不同，并且确定了旅游活动的主体是旅游者之后，我们可以借助辩证逻辑推理的方法来探讨旅游活动的性质。辩证逻辑认为，一个矛盾体的性质，是由矛盾的主要方面的性质所决定的。旅游活动也是一个矛盾体，其中旅游者是旅游活动的主体，也就是矛盾的主要方面。因此作为矛盾体的旅游活动，其性质取决于旅游者活动的性质而不取决于旅游业活动的性质。从经济学的观点来看，构成经济性质的行为、活动和现象，只有一个限定条件，那就是只有以营利为目的的行为、活动和现象才具有经济性质。进行消遣旅游的旅游者在从事旅游活动时购买旅游产品不是为了转卖营利，而是为了求得精神或物质上的满足，所以在旅游过程中旅游者的行为、活动和现象都不具有经济属性。

同样，虽然旅游活动也涉及政治方面的问题，但不论是哪种类型的旅游活动，几乎没有哪一个通常意义上的旅游者是出于政治方面的目的而外出旅游的。就我们本节中主要讨论的消遣旅游活动而言，虽然人们活动的目的不尽相同，活动动机隐蔽而复杂，活动形式和内容也多种多样，但这些活动都有一个共同点，即都属闲暇活动，都是旅游者借以使自己从日常生活中解脱出来的一种手段，都属于一种暂时或短期性的特殊生活方式。而无论是作为旅游者从事的闲暇活动，还是生活方式，都隶属于社会文化范畴。

根据上面的分析，我们可以认为，现代旅游活动是一项以不同地域间的人员流动为特征，涉及经济和政治等许多方面的社会文化活动。换言之，现代旅游活动的根本属性在于它的社会文化性。

第三节 旅游活动的特征

旅游作为人类社会的一项重要活动，有其本身的基本特征：审美性、享受性、异地性、暂时性、综合性。

一、审美性

旅游是一种综合性的审美活动，它集自然美、艺术美、生活美为一体，熔风光、文物、古迹、建筑、雕刻、绘画、书法、音乐、戏剧、风情、美食于一炉，可以满足人们多种多样的审美情趣。而且旅游活动本身就是一种审美的社会实践，是一种生动形象、自然具体的审美教育活动。审美性贯穿旅游活动的各个要素。从旅游主体看，审美追求是旅游者普遍的旅游动机之一。旅游者的旅游形式和内容可能会千差万别，但有一个共同点就是为了陶冶情操、愉悦身心，获得美的享受。旅游活动的食、住、行、游、购、娱等每一个环节都能给旅游者以美感。从旅游客体看，旅游资源是美的载体。旅游资源同其他资源的区别，就是在于它有着美学的特征，具有观赏价值。旅游资源蕴涵着丰富的自然美、社会美和艺术美，对旅游者产生极大的吸引力。从旅游媒体看，旅游业是创造美和生产美的行业。旅游业不同于一般产业，它生产以服务为核心的综合性产品，通过生产和提供美的景观、美的商品、美的艺术、美的服务，以满足旅游者的高层次的物质文化需求——审美需求。

二、享受性

旅游需要是人们对物质生活需要得到基本满足之后产生的，一种追求高层次享受的精神需要。"求新、求乐"是旅游者心理的共性。旅游的目的各种各样，但其基本目的是游览、消遣和娱乐。人们往往把旅游当成一种短期的特殊的生活方式来享受——游览名山大川、欣赏文物古迹、体验风土人情、享受优质服务，最终达到的是高层次的物质和精神享受。在日常的社会生活中，人们在工作之余和劳动之余也会有休息和享受的时间，参加诸如观光、游览、体育健身、看电影、听音乐、访友、下饭馆等活动。旅游活动的享受性是把这些休闲活动的精华集中起来，再次展现在旅游者的面前，使其在较短的时间内充分享受到休闲的欢娱性。

三、异地性

旅游是人们离开自己的常住地去异国他乡访问的活动，可见旅游是在异地环境中实现的。每个人都生活在一定的时间和空间，这一定的时间和空间既是人们认识客观世界的基础，也是其认识客观世界的限制。一方面，出于"求新、求乐"的心理动机，人们借助旅游以开阔眼界，增长知识，这是旅游异地性产生的主观基础；而另一方面，由于对旅游者产生吸引力的旅游资源，与旅游目的地的时空环境紧密相连，具有地理上不可移动的特点，旅游者只有克服空间障碍，离开其常住地前往旅游目的地才能实现旅游活动，这是旅游异地性产生的客观前提。一个地区的异地性越强，其对旅游者产生的吸引力就越大。

四、暂时性

旅游在时间上的特点，就是人们前往旅游目的地，并在那里做短期停留的访问活动。这种短期停留有别于移民性的永久居留，表现为旅游的暂时性。对于大多数旅游者而言，旅游是其利用社会工作之余的闲暇时间所从事的活动。其动机或是为了恢复体力、愉悦身心，或是为了扩大眼界，增长见识，但不论出于何种动机的旅游都是一种短期的生活方式。因为闲暇时间只是人全部时间构成中的一小部分，而休闲娱乐也只是人们在工作之余才能从事的活动，旅游是人们暂时性的行为。

五、综合性

旅游已经成为现代人社会生活的基本而必要的组成部分。由于旅游规模日益扩大，旅游成为一种非常广泛的社会现象，旅游者和目的地居民之间形成大规模群体性的社会交往，引发了一系列社会文化问题；而随着旅游规模扩大，各种借以运营的商机也随之产生，旅游业也应运而生，并为旅游者提供各种物质条件和旅游服务，引发一系列社会经济问题；旅游目的地政府出于政治、经济和社会动机的考虑，都对旅游予以充分关注。目前世界上许多国家都把推动旅游活动，开发和发展旅游业纳入本国社会经济发展内容之中。所以，旅游已不仅仅是旅游者离开常住地前往异地的旅行和访问活动，而且是有广泛和深刻影响的综合性社会现象，这种综合性表现为旅游者、旅游企业、目的地政府以及目的地居民彼此之间所产生的错综复杂的关系。

✎ 本章案例

有腔调的年轻人，都在上海"城市考古"

"你知不知道'城市考古'？2020至2021年，上海有腔调的年轻人，都热衷于玩这个。至于剧本杀，都是一帮幼稚肤浅的小孩玩的。"面对我的提问，城市考古领队函子毫不掩饰她的鄙视链。

这几年，城市考古成为年轻人一种新潮、小众的深度旅行方式，他们往往是小型的"民间组织"，每个组织里面都有1～2个类似资深导游的KOL领队，定期组织活动。队友们跟随领队在城市漫步，深入城市纹理，他们不仅仅是欣赏外在的风景，而是像一个个城市考古学家一样，试图从文化和历史层面，了解街道和建筑背后鲜为人知的陈年旧闻。

一、城市考古正在流行

所谓城市考古，又叫城市行走，即"CityWalk"。据说最早发源于伦敦，伦敦有一条著名的追踪开膛手杰克的夜游路线。城市行走这种概念的兴趣是源于"像当地人一样旅行"（travel as local）的理念，通常会有一个行家带队，带领大家体验城市街道，了解城市文化历史背景，或者品尝美味小吃。

还有一种说法，城市考古发源于日本，俗称"路上观察学"。它开始于 20 世纪 30 年代，起初由日本艺术家倡导，有反对消费主义的倾向。

"城市考古"在欧洲、日本等国的城市兴起，近年来慢慢在国内大城市流行开来。最近这两年，城市考古流行于中国一些城市，上海具备天然的基因和生态，它衍生的心理动因，或许既包含着年轻人对于生活工作的这座城市迅速发展变化的关注，也有对于城市历史文化的想象和怀旧。

函子告诉我，据她了解，现在上海有十几家这样的城市考古民间组织，从 2018 年开始，已经举行了几百场"城市考古"活动，还在此基础上开展了一系列城市专题讲座、参与图书策划与编写、摄制城市纪录片等相关的活动。她个人认为，城市考古其实就是有文化的"压马路"和解密城市的"背面"，它是一种融学习和旅行的城市探索，会让人上瘾。

函子说，城市考古是一种新潮、小众的深度旅行方式，通常由 1~2 位领队精心策划路线和主题，带着 10~20 人的小团队，以观察体验历史、文化、建筑等为目的，在城市中漫步休闲。

城市考古的名字其实更像一个文化 IP，它的本质是"考现学"。"考现学"一词来源于日本艺术家金和次郎的《考现学是什么》，书中解释道："我们这些同道都把对当代时尚风俗和世态的持续关注作为研究态度和方法，而这样的整体工作被我们称为考现学。"

简单来说，考现学就是对现在现实的考古，以考古的精神面对浮于地面的事物。但可能"考现学"这个专业名词对于大多数人来说是陌生的，城市考古的说法会比较容易被接受。

城市考古设计的路线多是散落在城市隐秘的角落，这些被挖掘出来的看似普通的街道和弄堂，其实隐藏着有趣的历史故事。领队要做的就是有文化地"压马路"，告诉你的队友们城市背后并不为众人熟知的故事、历史、人文、传奇等。

函子说，在上海众多城市考古团队里，有一条特别受欢迎的线路叫作外滩背面。外滩是个人人都知道的景点，它几乎是上海永远不会褪色的一张名片。但是这条线路恰恰不是考察探索那些具有标志性建筑的景点，而是来到外滩的背面——另一个外滩，其历史的深度、广度及所呈现出的多样性完全不逊于世俗中看到的外滩。

上海作为一个金融中心，它的金融体系需要满足不同社会面的经济需要，所以历史上很多中资及外资的银行总部都分布在外滩的背面。从跨国银行到商业银行再到钱庄等，这些个等级关系反映到上海的地理位置上，就是外滩A/B面。一个完整的世界格局体系在上海城市空间里有着非常完美的投射，而这里面蕴含的历史信息比单单看外滩的高大上建筑要丰富得多。但很多人只看到了外滩的A面，却不知晓外滩的B面也值得探究。

二、哪些人热衷城市考古

函子认为，据她了解，城市考古虽然是2018年左右来到上海，但是成为风尚就是这两年。受疫情影响，境外旅游受到限制，境内周边游、本地游逐渐成为风尚，更多的年轻人开始重新了解生活和工作多年的城市。

由于大家对城市探索的欲望逐渐提高，马蜂窝、携程等平台也开始推出了不少城市漫步的项目，其中包括外滩、城隍庙、新天地等经典旅游项目，也有武康路、愚园路、新华路、杨浦滨江等新晋网红街区，还有一大会址、四行仓库等红色线路。

城市漫步的主要参与者是20～40岁的中青年游客群体。他们将武康路看作近年来上海街拍的圣地，随处可见的brunch餐厅和各种网红冰激凌店，还有那个在电影《喜欢你》里，金城武和周冬雨坐在阳台上看浪漫夕阳的武康大楼。2021年五一期间因为悬挂一个巨型的粉红色蝴蝶结，而成为网红景点的阳台也是武康路上的西班牙风格历史建筑。

有趣的是，这种打着城市漫步旗号的精品团，其实是看准了人们的从众心理。一场所谓的深度半日游结束之后，无数年轻人收获满满美照，而那些城市探索也不过是商业世界打造出来的城市景观。或许大名鼎鼎的设计师邬达克并不知道，他在1929年设计的西班牙风格独立式花园住宅，会因为偶然间挂上的蝴蝶结而另类走红。

回到城市考古组织，函子认为，它们在这波漫步风潮中是一个"甘于寂寞"的独特群体。在所有城市考古的路线中，都避开了武康路、武康大楼那些名胜景点。发起人认为这些网红街区的旁边或者反面几条路，同样也是值得考究的，就像前文中提到的外滩背面。每个月，城市考古团队都会搭配几条热门路线和几条冷门路线发布在他们的公众号上，然而很多冷门的路线，同样吸引到不少参与者。

函子表示，热衷于城市考古的大都是一些真正有腔调的在上海工作或者生活的年轻人，他们拥有自己的独立判断和文化品位，他们也有社交目的，希望通过组织找到有趣的灵魂。

当然，这些活动参与者也有上海本地的四五十岁中年人，他们说着地道的上海话，努力寻找旧时记忆，并为新的发现感慨不已；也有二三十岁的来上海工作的外地人，他们或许疲于工作中的效率崇拜而想回归到现实生活中，去尝试真正地融入上海；还有一些年轻的家长，带着孩子来感受历史变化所带来的城市风景现象。

这群新兴的旅游群体和小众的旅行方式，表明现代文化消费现象的不断纵深——从网红地打卡和吃喝玩乐的同质化城市探索，进入文化消费的一个新的阶段。

三、上海，为何能成为考古胜地

迪耶·萨迪奇在《城市的语言》中写道："当一个城市真正呈现出充满戏剧性变化的新形式时，能在何种程度上保持原有的精髓才是衡量它成功与否的标准。"上海，无疑是充满这种魅力的成功城市。

在中国所有城市中，上海无疑是一座最有故事的城市，历史的褶皱俯拾皆是。作为国家历史文化名城的上海，拥有历年公布的3435处各种保护等级的不可移动文物，拥有自1989年以来先后五次公布的1058处优秀历史建筑。2003年，《上海市历史文化风貌区和优秀历史建筑保护条例》确定了44个历史文化风貌区，其中12个位于中心城区。2007年，又确定了中心城12个风貌区内的风貌保护道路共计144条，其中一类风貌保护道路有64条，它们被称为"64条永不拓宽的马路"。

近代以来，上海是全世界最复杂、最迷人的城市研究样本，且没有之一。

弄堂口的光，过街楼的影，石库门头上的雕花，墙角落里的流言，从一个人的影像志也可以"考古"，关于一座城在一个时代度过了怎样的流年光景。看似很感性的话题，实则牵涉城市更新、人口迁移、边缘人群等诸多社会层面的讨论。

在一位城市考古发起人分享的关于南京路的老照片之中，一名身穿苏格兰服饰的士兵买下了一份街边报贩的报纸，并津津有味地看了起来。而背景中中英双语的电车站牌和时髦的百货大楼门面，无不告诉着人家，上海作为"东方之巴黎，西方之纽约"，绝非浪得虚名。

上海的历史或许并没有像中国很多古都一样源远流长，1000 年前的历史，看西安；150 年前的历史，看北京；但若看近现代的中国历史，上海是一个无法绕开的城市。它的文化脱胎于中华文化，是和欧美文化混合的一种新生的文化。上海的标签太多了，"江南园林""旗袍文化""中国电影发祥地""海派西点""世界持续运营最久之无轨电车线路电车业""上海航线时代"。整个世界的格局体系投射在上海的城市空间中，这是国内其他城市无法展现的。

上海这座神奇的城市，不仅可以从历史的角度去探索，也可以去寻找它的民间风情。城市考古团队设计的路线里，有着大家所熟知的巨型石库门，其实那背后隐藏着最后的棕绷匠、最后的白铁铺、最老的照相馆等许多不为人知的百年老店，或许在明年考古的时候，这些老店会成为参与者们的最后一瞥。而在百年繁华的杨浦区，城市考古者们所探索的是记忆中工业辉煌时期的市井空间，通过对东区污水处理厂、杨树浦电厂、密丰绒线厂、国棉十七厂的多元化的城市空间的探索，真正去了解老弄堂里原住民的生活方式。

所有这些，为上海的城市考古提供了丰厚的土壤，让现代都市人产生了一种城市乡愁式的精神回归，正如上海一位城市考古的发起人徐明所说："物理全球化的时代永远过去了，取而代之的是虚拟的全球化。如果断裂与剧变是当下时代的主题，那么回归历史与文化则是我们对抗的手段。"

四、各地城市如何发掘城市考古

除了上海，中国其他各地城市，有没有"城市考古"的市场？如何引导？个人认为，需要从 3 个方面营造我们的城市魅力。

（一）保留原住民的历史之根

城市的历史是由生活其中的居民创造的。城市考古团队喜欢挖掘市井故事，从小人物的命运去投射历史的变迁与时代的起伏。他们在探索街区文化的过程中，始终保持着对普通人生活方式的敬意。这些有着宝贵生活经历以及见证了都市极速变化的当地居民，某种层面是一种"非物质遗产"，或许，才是城市考古真正的价值取向所在。

我们发现，虽然现在很多地方政府开展了一系列历史建筑保护活化工程，即将很多建筑和弄堂都留存了下来，但遗憾的是，很多居民都被迁走了。原住民的离开，意味着生活之脉断了，城市自然没有考古价值，一砖一瓦可以保留，但弄堂里的民风无处可寻，就如同无源之水，空中楼阁。

所以，城市考古一定要尽可能地保留原住民的历史之根，才能像上海一样，每一栋房子，每一个建筑，哪怕是市井弄堂，都有浓厚的生活气息，有让人探究的欲望。

（二）寻找稀缺的文化内核

城市考古，如何避免"千城一面"，也是值得注意的一个重要课题。全中国找不到第二个上海，但是全中国有很多相似的城市。之所以会出现某种同质化，这其实在于很多城市在高速发展的基础上，失去了属于城市原本的稀缺文化内核，失去了城市所独有的IP。

很多城市在快速发展进程中，把能拆的都拆了，为了寻求某种平衡，另造一条所谓的古街区，其实已经失去了"历史名城"的价值。但也有一些城市，比如天津、济南、广州，他们的城市肌理还留存完好，和上海一样，包括建筑、特殊遗存、历史风貌依然保持着某种文化定力。这样的城市，往往有发展城市考古的潜质。

你原来以为那里只有一棵树，走近一看才发现深藏着一个森林。这种惊喜，是很多美好城市值得去珍惜的。

（三）探究城市更新商业伦理

城市考古，并不意味着只有"古"，并不是让你去做真正的考古专家，城市考古和城市现代商业文明并不冲突。

上海愚园的改造就是一个不错的例子，你可以把那里看成一个考古街区，那里的每一栋房子都有故事，你也可以在那边享受到现代人该有的商业文明。

乌镇陈向宏曾经表述他的"小镇理想"：我们旅游目的地小镇要做的是什么？就是满足旅行者两方面的要求，我们要做一个跟他平时生活空间有很大差别性的"壳"，再在这个小镇里面装满他熟悉的离不开的生活、商业业态。

旅游、生活，从来和商业、消费是不冲突的，关键是场景如何设计，以一个工匠，以一个极客的态度去主动引导、搭建，或许能让城市变得更有机，更有魅力。城市更新其实是一个城市可持续性地进行"新陈代谢"的过程，除了对建筑物理空间的旧改外，城市更新还包含经济、社区、产业、文化等的综合优化与升级。

综上，城市考古或许是现代都市人的一种旅游休闲觉醒的新生活方式。现代都市，随着以制造业为代表的传统工业从城市中心撤离或衰竭，以历史魅力、文化创意和休闲娱乐为主的新兴产业和休闲方式逐渐兴起，这种改变的背后，是城市给我们带来的归属感、文化认同以及更好的商业文明。

引自：空间探秘. 有腔调的年轻人，都在上海"城市考古" ［EB/OL］. （2023 - 06 - 15） （2021 - 09 - 09） https：//travel. ifeng. com/c/89OEiL1lE0l. （引用时稍有修改）

第四章　旅游者

学习引导

本章围绕旅游活动的主体——旅游者展开。学生须掌握旅游者定义、类型和特点，熟悉旅游者产生的主客观条件，掌握影响旅游需求的因素，了解旅游需求的时间和空间特征，旅游需求预测的定性和定量方法。

思政元素

（1）旅游活动的主体即旅游者，是旅游过程中一切活动的实施者。旅游者素质的高低决定了旅游者在旅游活动中的行为表现，将影响我国旅游业的发展以及社会主义道德法治建设。教学中可引导学生了解不文明旅游的具体表现和影响，提出加强文明旅游的措施与建议，增强学生文明旅游意识。

（2）让学生学习国家文明旅游相关政策及法规知识，提高自身的旅游文明素质。

第一节　旅游者的概念与界定

一、旅游者的定义

根据旅游者流动范围的不同，旅游者常常被分为国际旅游者和国内旅游者。

（一）国际旅游者定义

"旅游者"一词最早见于 1811 年英国的《牛津词典》，英文是"tourist"，本意是"以观光游览为目的的外来旅客"。英国人奥格威尔在 1933 年出版的《旅游活动》一书中，从经济角度将"旅游者"定义为：

"从经济目的来看，旅游者是指具备两个条件的人：第一，离开自己的久居地到外面任何地方去，时间不超过一年；第二，离开久居地期间，把他们的钱花在他们到的地方，而不是在其所到的地方去挣钱。"

1937 年，国际联盟专家统计委员会对"国际旅游者"或"外国旅游者"作出规定："旅游者就是离开自己的驻在国，到另一个国家访问至少 24 小时的人。"该委员会特别界定下列情况为旅游者：

（1）为了消遣、娱乐、家庭事务，包括为了健康方面的目的而进行出国旅行的人；

（2）为参加国际会议而出国旅行的人；

（3）为商务原因而出国旅行的人；

（4）在航海环游途中停靠，即使停留时间不足 24 小时的人。

根据委员会建议，下列人员不属于旅游者：

（1）去某国就业谋职者，不管是否订有合同；

（2）到国外定居者；

（3）到国外学习，寄宿在学校的学生和青年人；

（4）住在边境的居民及定居者，越过边界到邻国去工作的人；

（5）临时过境而不停留的旅行者，即使在境内超过 24 小时。

1963 年，在罗马举行了联合国旅行和旅游会议，又对上述定义作了修改和补充。出于统计工作的需要，会议提出采用"游客"（visitor）这一总体概念，然后把游客划分为两大类（一类是旅游者，或称过夜旅游者，即 tourist；另一类则是游览者，或称不过夜的当日往返旅游者，即 excursionist），并继续承认国际联盟专家统计委员会规定的不属于旅游者的五种人。具体定义如下：游客是指除为获得有报酬职业以外，基于任何原因到一个不是自己常住国家去访问的人，游客包括过夜旅游者和当日往返旅游者，过夜旅游者是指在访问国至少逗留 24 小时的人，其旅行目的可属于下列之一：闲暇的消磨（包括娱乐、度假、保健、学习和运动等），商业业务、探亲访友、公务出差、出席会议等。当日往返旅游者是指在访问国停留不足 24 小时的人（包括航海环游的旅客）。

1967 年联合国统计委员会的专家研究小组采纳了罗马会议对游客下的定义。1968 年该委员会与国际官方旅游组织联盟（世界旅游组织前身）都通过了这个定义。1970 年欧洲经济与发展组织委员会也采纳了这个定义。

1976 年联合国统计委员会第 19 次会议又通过了关于国际旅游者暂时性准则方案，对国际旅游者做出了更为明确的规定，认为国际旅游者可分为：一是从外国到某特定国访问的人（来自外国旅游者），二是从某特定国去国外访问的人（出国旅游者）。

目前，虽然各国在旅游统计，特别是在对入境旅游人次的统计方面，存在方法、途径的不同，进而影响到对罗马定义遵循的严格程度，但世界各国基本上都对这一定义表示赞同。由于罗马定义讲的是国际旅游，因而可以认为，对于国际旅游者，目前世界上已经有了原则上公认的定义。

（二）国内旅游者定义

对于国内旅游者的定义问题，目前人们的看法远还没有统一，因此出现了各种定义。以下是具有代表性的几种定义。

1. 国际旅游组织的定义

国际旅游组织对于国内旅游者的划分与国际游客所做的划分类似，国内游客也被区分为国内旅游者和国内一日游游客。国内旅游者是指在本国某一目的地旅行超过 24 小时而少于 1 年的人，其目的是休闲、度假、运动、商务、会议、学习、探亲访友、健康和宗教等。国内一日游游客是指基于以上任一目的并在目的地逗留不足 24 小时的人。

2. 加拿大定义

国内旅游者指到离开其所居住社区边界至少 50 英里以外的地方去旅行的人。

3. 美国定义

1973 年美国国家旅游资源评审委员会提出的定义：旅游者是为了出差、消遣、个人事物或者出于工作上下班之外的其他原因而离家外出旅行至少 50 英里（单程）的人，而不管是否当日返回。

美国人口统计局在其五年一度的《国民旅游调查》中也规定：一次旅游是指"一个人外出到某地其往返路程至少为 100 英里"。

下列情况不属于旅游：

（1）火车、飞机、货运卡车、长途汽车和船舶的驾驶及乘务人员的工作旅行；

（2）因上下班而往返于某地的旅行；

（3）学生上学或旅学的日常旅行。

二、我国对旅游者的界定

（一）我国对来华入境旅游者的统计口径

随着 1978 年我国对外开放政策的实施和接待入境旅游的发展，旅游统计工作也开始着手进行，国家统计局和国家旅游局也曾对应纳入旅游者统计范围的境外来访人员作过一系列的解释和规定。目前，我国在来华旅游人次统计方面，对有关术语的使用及其现行解释如下：

（1）海外游客：指来我国大陆参观旅行、探亲、访友、休养、贸易、业务、体育、宗教活动、参加会议等的外国人、华侨、港澳台同胞；

（2）外国人：指非我国国籍的人，加入外籍的中国血统华人亦包括在内；

（3）华侨：指持有中国护照，但侨居外国的中国同胞；

（4）港澳台同胞：指居住在我国香港、澳门和台湾地区的中国同胞。

我国国家统计局的上述规定，实际上也是从入境者的定居地和来访目的等方面，来区分其是否应列为来华旅游者，因而这些规定同罗马会议和世界旅游组织对国际游客的定义内容基本相符。

我国国家旅游局在《2001 中国旅游统计年鉴》中从不同范畴，对来华游客的概念进行了解释，进一步完善了国家统计局的规定。

游客：指任何为休闲、娱乐、观光、度假、探亲访友、就医疗养、购物、参加会议或从事经济、文化、体育、宗教活动，离开常住国（或常住地）到其他国家（或地方），其连续停留时间不超过 12 个月，并且在其他国家（或地方）的主要目的不是通过所从事的活动获取报酬的人。

游客不包括因工作或学习在两地有规律往返的人。

根据在我国大陆访问期间停留时间的差别，海外游客分为两类：

（1）海外旅游者：指入境游客中，在我国旅游住宿设施内至少停留一夜的外国人、华侨、港澳台同胞，即过夜的海外游客。

（2）海外一日游游客：指那些未在我国大陆旅游住宿设施内过夜，而是当日往返的海外游客，即不过夜的海外游客。

我国旅游统计中还规定，下列入境来访人员不属于海外游客：

（1）应邀来华访问的政府部长以上官员及其随行人员；

（2）外国驻华使领馆官员、外交人员以及随行的家庭服务人员和受赡养者；

（3）常驻我国一年以上的外国专家、留学生、记者、商务机构人员等；

（4）乘坐国际航班过境不需要通过护照检查进入我国口岸的中转旅客；

（5）边境地区往来的边民；

（6）回内地（大陆）定居的港澳台同胞；

（7）已在我国定居的外国人和原已出境又返回在我国定居的外国侨民；

（8）归国的我国出国人员。

（二）我国国内旅游统计中的有关规定

我国关于国内旅游者的规定同世界旅游组织的规定基本相同，不同的是：

（1）我国规定人们离开常住地到国内其他地区访问的停留时间最长不超过 6 个月，而世界旅游组织规定的是 12 个月以内；

（2）我国明确规定国内旅游者包括在我国常住 1 年以上的外国人、华侨和港澳台同胞，而世界旅游组织只原则规定，国内常住人员到另一地方的旅游不受国籍限制；

（3）在不包括在国内旅游者的人员中，我国还明确规定下述人员不属于国内旅游者：到各地巡视工作的部级以上领导干部、驻外地办事机构的临时人员、调遣的武装人员、到外地学习的学生、到基层锻炼的干部、到境内其他地方定居的人员和无固定居住地的无业游民。

我国关于国内一日游游客的规定与世界旅游组织的规定在基本内容上也是相同的，不同的是：

（1）同国内旅游者一样，我国对国内一日游游客的规定也包括在我国境内常住 1 年以上的外国人、华侨和港澳台同胞，而世界旅游组织对此原则上不作限制；

（2）我国还明确规定了国内一日游游客离开常住地到其他地方旅行的距离为 10 公里以上，停留的时间应超过 6 小时，但是不足 24 小时，而世界旅游组织对此未作出具体规定。

第二节　旅游者的产生条件

旅游是一种比较特殊的消费行为，旅游消费者的产生因而有别于一般商品的消费者。旅游行为的实现是外部旅游条件和旅游者内部心理因素共同作用的结果，旅游者的产生既取决于其所具有的客观条件，又取决于其本人的主观条件。

一、旅游者产生的客观条件

（一）收入水平

社会生产力日益发展，社会物质生活日益丰富和完善，人们在生存需要基本得到满足之后，对生活享受的需要、自我发展的需要提出了更高的要求。而旅游正是满足人们享受需要、自我发展需要的一种行为方式。社会生活各个领域的科学化和现代化又为旅游的扩大和延伸提供了可能。所以，现代旅游作为一种达几十亿人次规模的群体行为，完全是社会生产高度发展和社会生活科学化的必然结果。随着物质生活的不断提高，旅游比重还会相应增大。

国民生产总值增大，国民总收入的增加，居民可以"自由支配的实际收入"不断增多。这一收入的花费有两种选择：一是高档耐用消费品，二是旅游消费。由于工业发达，高档耐用消费品如电冰箱、洗衣机、电视机、漂亮而又结实的汽车等已达到饱和状态，人们可以将自己的结余款项用于旅游消费。

就业机会增加，职业妇女迅速增加，双职工家庭越来越普遍，故家庭收入有所增加，这是构成旅游客源的重要条件。据有关统计表明，我国平均每个家庭消费支出的变化总趋势是食品费用支出占比逐步减少，杂费支出占比逐步增加，如旅游、教育、交通等。

从需求方面来看，一个人能否产生对旅游的需要或者能否成为旅游者，取决于多种社会经济因素的影响，旅游发展的历史证明，旅游者形成的首要客观因素是个人收入水平。

就旅游者个人而言，其经济收入是旅游者形成的重要客观因素。一个人的收入水平，或者更确切一点说，其家庭收入水平和富裕程度，决定着他是否能实现旅游以及消费水平的高低。所以，家庭收入达到一定的水平乃是实现旅游的前提之一，也是实现旅游的重要物质基础。然而，一个家庭的收入并非全部都可以用于旅游，所以，决定一个人能否实现旅游的家庭收入水平，实际上是指家庭的可支配收入，或者确切说，应该是家庭可自由支配的收入。可支配收入和可自由支配收入是两个不同的概念。可支配收入是扣除全部纳税后的收入。可自由支配收入或者称为可随意支配收入是扣除全部纳税和社会消费以及日常生活消费部分之后所余下的收入部分。故而准确地说，旅游者形成的最直接因素是家庭或个人的可自由支配收入。很多研究表明，当一个家庭的收入尚不足以购买基本必需品时，该家庭很少会外出旅游。然而一旦这个家庭的收入水平超过这一临界点，该家庭用于旅游的消费便会迅速增加。

总之，收入水平意味着支付能力，它影响着一个人能否成为旅游者，影响着旅游者的消费水平及其消费构成，并且还会影响到旅游者对旅游目的地及旅行方式的选择等。所以，收入水平是影响旅游需求的最重要的经济因素。

（二）余暇时间

在影响人们能否外出旅游的客观因素中，余暇时间也占有重要的比重，是实现旅游活动的又一个必要条件。

何谓余暇时间？这首先要从人生的时间构成说起。在现代社会生活中，人生时间可分为以下 5 个部分：

（1）法定的就业工作时间，例如我国实行的八小时工作制；

（2）必要的附加工作时间，例如必要的加班加点，必要的第二种职业工作时间等；

（3）用于满足生理需要的生活时间，例如吃饭、睡觉、家务等；

（4）必需的社会活动时间，例如出席必要的社交约会，学校召开的学生家长会等；

（5）余暇时间，亦称自由时间或者可随意支配的时间。

根据上述时间构成，我们可以将全部时间划分为两大类，即工作时间和非工作时间。同时亦可将人在这些不同时间内的活动划分为必须的限制性活动和自由的随意性活动两大类。

从事休闲活动的余暇时间虽属非工作时间，但并不等于非工作时间以外的时间。法国社会学家杜马兹迪埃对余暇时间有科学的解释："所谓余暇时间，就是个人从工作岗位、家庭、社会义务中解脱出来的时间，为了休息、为了消遣，或为了培养与谋生无关的智能以及为了自发地参加社会活动和自由发挥创造力的随心所欲活动的总称。"这个定义说明，余暇时间非只可用于娱乐，而是随心所欲的可自由支配的时间，因而也可用于读书、学习和消遣性的劳动。可以认为，余暇时间是在日常工作、学习、生活及其他必要时间之外，可用以自由支配、从事消遣娱乐或自己乐于从事的任何其他事情的时间。

余暇时间的分布情况可划分为以下几种情况。

（1）每日余暇，这部分余暇很零散，虽可用于娱乐和休息，但不可用于旅游。

（2）每周余暇，即周末工休时间。我国现在实行每周五日工作制，周末假日为两天，但由于假日分散，难以用于外出进行长距离的旅游。在经济发达的工业化国家中，例如美国，有关法案规定每年有四次为期三天的周末假日。加拿大和法国的某些地区也已经实行或准备实行全年每周三天休假的规定。由于这些国家的交通条件便利，所以不少人成为周末时间外出旅游度假的受益者。

（3）公共假日，即人们通常所说的节假日。各国公共假日的多寡不一，大都与各国民族传统节日的多少有关。我国法定的公共假日包括：元旦假期、春节假期、清明节假期、劳动节假期、端午节假期、中秋节假期、国庆节假期。西方国家最典型的公共假日是圣诞节和复活节。由于节日期间假期较长，故往往是家庭外出旅游度假的高峰时期。

3. 其他条件

一定的收入水平和足够的余暇时间是实现旅游活动的两个最重要的客观条件，但是并非全部条件。事实上，一个人能否外出旅游，还要受到其他客观因素的影响和制约。这些因素可以分为两类。

一类是来自社会方面的因素，如社会的科技发展水平。众所周知，交通运输技术的发展极大地缩短了旅行，特别是长途旅行的时空距离，从而使得更多的人可以在余暇时外出旅游，因此交通运输技术在一定程度上推动了现代旅游的快速发展。而社会的科技发展水平，在某种程度上也决定了人们在一定时期内旅游的极限范围。社会政治方面的因素也会影响到旅游活动的实现。政府的外交政策和外交状况如何，往往可以决定出境旅游的可能性。政府对待旅游的态度，以及一国或地区的政局是动荡不安还是和平稳定，都可以成为影响旅游活动的因素。类似的因素还有很多，由于并非本章讨论的重点，在此就不一一列举了。

还有一类影响因素就是旅游者的个人因素。人口统计因素，如年龄、性别、种族、教育程度等都可能影响到一个人的旅游活动的实现，但具体分析起来，只有两个因素是真正独立起作用的。首先是一个人的身体状况。参阅我国历年来的旅游统计年鉴可以发现，每一时期的来华入境旅游者中，处于20～45岁这一年龄段的人在旅游者的总数中为最多。而就一般意义而言，老年人，特别是65岁以上的老年人在外出旅游者中所占比例则不高。老年人外出旅游比例偏小的原因之一是伴随年龄而来的身体状况问题。许多老年人是由于体力不支或行动不便，才不能参加旅游活动的。而年轻人年富力强，身体状况良好，当然没有这一方面的限制。值得注意的是，随着人们生活水平的提高、医疗和保健技术的发展，人类平均寿命也在增长。当今老年人的身体能力状况与二三十年前的处于同一年龄阶段的老年人相比，已经有了显著的提高。进入 20 世纪 90 年代后，老年人参加旅游活动的比例不断增长，已经形成了旅游业中令人瞩目的重要的市场组成部分，这一点就是明证。其次，一个人的家庭状况也是主要的个人方面的影响因素。很多调查情况表明，家中有 4 岁以下婴幼儿的家庭外出旅游的可能性很小。这一方面是由于婴幼儿需要特别的照顾；另一方面也是因为外出旅行时，也很不容易找到适合婴幼儿生活所需要的特殊接待设施。因此，一个人所处的生命周期阶段或者说一个人所处的家庭人口状况构成了影响其旅游需求的客观因素之一。

综上所述，一个人的身体能力状况、家庭状况、收入水平和余暇时间一起构成了影响旅游需求的个人方面的客观因素。当然，如果从它们在促成一个人成为旅游者所起的作用来看，这 4 个因素又是相互联系、相互作用，缺一不可的。最后需要说明的是，同国内外旅游研究领域内的普遍做法一样，本节主要对决定个人旅游需求的有关客观因素进行讨论，针对的是非差旅型旅游需求。至于以商务旅游为代表的各种差旅型的事务旅游，从根本上说是工作需要而产生的活动，因此这种性质的旅游需求与上述决定因素之间不存在必然的联系。

二、旅游者产生的主观条件

当一个人还没有外出旅游的主观愿望时，即使拥有足够的可自由支配收入和余暇时间，也不会成为一个旅游者，只有当他确认旅游是一种合理而值得消费的活动时，才会把钱和时间投放到旅游市场中去。旅游者产生的主观条件，就是旅游动机。

（一）旅游动机的概念

旅游行为的产生依赖于主客观条件的同时满足。当人们的闲暇时间和可随意支配的经济收入达到了一定的水平，当人们具备了健康良好的身体能力和既没牵挂又没拖累的家庭人口状况，也就具备了旅游行为产生的客观条件。此时，若再具备了促使旅游行为产生的主观条件，人们才会进行现实的旅游活动。而促使旅游行为产生的主观条件，通常被称为旅游动机。

动机是推动和维持个体行为，并将此行为导向某一目标，以满足个体一定需要的意图、愿望。动机是人们从事某种行为活动的内部驱动力，是人的行为的内在直接原因。旅游动机是人们对旅游的主观设计，如希望到什么地方去旅游，要求哪种方式的旅游，想通过旅游活动满足何种需求，达到何种目的等。旅游动机是推动人们进行旅游活动的内部驱动力，是激励旅行游览的主观愿望和要求，是满足旅游需求的内在考虑。

（二）旅游动机的分类

旅游动机的分类至今尚不统一，这是由于旅游需要决定了旅游动机，而社会发展使得旅游需要日趋多样，旅游动机也随之复杂多样。

日本学者田中喜一将旅游动机归为四类：心情的动机、身体的动机、精神的动机和经济的动机。不同的动机反映了不同的需求。（表 4 - 1）

表 4 - 1　旅游动机分类

心情的动机	身体的动机	精神的动机	经济的动机
思乡之心	治疗需求	知识的需求	购物目的
交际之心	保养需求	见闻的需求	商务目的
信仰之心	运动需求	欢乐的需求	—

美国学者罗伯特·麦金托什也将旅游动机分作四类：身体健康的动机、文化动机、交际动机和地位与声望的动机。

身体健康的动机包括休息、运动、游戏、治疗等动机。这一类动机的特点是以身体的活动来消除紧张和不安。

文化动机即了解和欣赏异地文化、艺术、风俗、语言和宗教等动机。这些动机表现出了一种求知的欲望。

交际动机包括在异地结识新的朋友，探亲访友，摆脱日常工作、家庭事务等动机。这种动机常常表现出对熟悉的东西的厌倦和反感，逃避现实和免除压力的欲望。

地位和声望的动机包括考察、交流、会议以及从事个人的兴趣所进行的研究等。它的特点是在进行旅游活动的交往中搞好人际关系，满足其自尊，如被承认、被注意、能施展其才能，及取得成就和为人类作贡献的需要。

（三）旅游动机的影响因素

旅游动机是促使人们成为旅游者的内部因素，是影响个人旅游需求的主观因素，主要受到个人的个性心理因素和个人背景因素的影响。

个性心理因素是影响旅游动机的首要因素。美国学者斯坦利·C. 帕洛格通过研究数千名美国人的个性心理特点，建立了呈正态分布的人格类型分布图（图 4-1）。

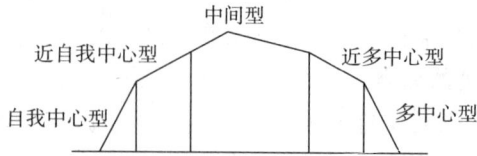

图 4-1　人格类型分布图

（转引自 Mc Intosh & Goelder. TOURISM [M] ..GRIDPUB Iishing Inc,
Co Iumbus, ohio, 1984：p178.）

帕洛格提出的五种人格类型是自我中心型、近自我中心型、中间型、近多中心型和多中心型。自我中心型者的特点是思想谨小慎微，多忧多虑，不爱冒险；行为上表现为喜安逸、好轻松，活动最小，喜欢熟悉的气氛和活动。与自我中心型相反，另一个极端类型是多中心型。属于多中心型的人，其特点是思想开朗，兴趣广泛多变；行为上表现为喜新奇，好冒险，活动量大，不愿随大流，喜欢与不同文化背景的人相处。除了这两个极端类型之外，中间型属表现特点不明显的混合型。"近自我中心型""近多中心型"则分别属于两个极端类型与中间型之间略倾向于各极端特点的过渡类型。

在旅行行为上，越是接近多中心型的人，其外出旅游的可能性越大。多中心型者与自我中心型者相比，在旅游过程中求新、求异性强，旅游冒险性大。多中心型者往往是新旅游地的开拓者。

个人背景因素同样是旅游动机的决定性因素之一。个人的年龄、性别、职业和文化修养等，直接影响到其旅游动机水平的高低。

首先，不同年龄的人，其所处的生活环境不同，所扮演的生活角色不同，社会化程度也有差异，在心理上和行为上有众多不同。青年人心理可变性强，乐于接受新事物、新思想，具有较强的旅游动机，对任何类型的旅游都充满向往。人到中年，所承受的社会、家庭、个人心理压力较大，对安定舒适生活的要求日益强烈。通常会选择外出旅游度假的旅游方式，并希望能够利用旅游巩固自己的身份地位，或彻底放松自己，增进身心健康。

其次，不同性别的人旅游行为也不同。男性外出旅游多数出于探索求知和体验新奇事物的动机，女性旅游多是出于购物、娱乐的目的。

再次，从事不同职业的人，在工作性质和经济收入方面差异很大，从而具有不同水平的旅游动机。从事某些职业的人，工作性质要求他们经常出差，工作和广义的旅游结合在一起，旅游的机会和经历较多，因此，比从事其他职业的人有更高的旅游动机。

最后，受教育水平决定了个人的文化修养，影响旅游动机。受教育水平高的人，乐于从事探险旅游，喜欢新奇；受教育水平低的人，喜欢从事大众旅游方式，易产生不安全感。

以上所讨论的是影响旅游动机的主观因素，而上节中所阐述的影响个人旅游需求的客观外界因素如个人的可随意支配收入、闲暇时间、家庭负担状况、客源地的经济发展水平、旅游价格和汇率等，也会影响旅游动机的形成。只有在个人因素和客观外界因素同时具备的情况下，人们才能成为旅游者，实现现实的旅游活动。

第三节　旅游需求

一、影响旅游需求的因素

需求是指消费者在某一特定时空内，在某一价格水平时，愿意而且能够购买的商品量或劳务量。旅游需求是指在一定时期内，一定价格上，旅游者愿意而且能够购买的旅游产品或旅游服务的数量。

影响旅游需求的因素可分为 3 个方面：一是收入水平和闲暇时间，二是人口状况，三是受教育水平，四是旅游目的地的供给状况，五是旅游产品价格和货币汇率。

（一）收入水平和闲暇时间

收入水平和闲暇时间是影响旅游需求的基本因素。个人或家庭收入中扣除全部的纳税和社会消费以及衣、食、住、行等日常生活必须消费部分之后所余下的收入部分为可自由支配收入。这部分收入的高低直接影响旅游需求的大小。闲暇时间对于旅游需求的影响体现在它是旅游需求产生的必要条件，不可缺少。没有足够的闲暇时间，便产生不了旅游需求。

（二）人口状况

总人口、人口的城市化程度以及人口的年龄、性别、职业结构等同样影响着旅游需求。总人口的增减会影响旅游需求的大小。从实际情况看，二战以来，旅游需求的迅速增长与世界人口的不断增长是分不开的。

由于城市居民远离大自然，生活单调重复，承受着来自各方面的压力，故他们的旅游需求较之农村居民强烈。而且城市居民收入水平上的优势和城市便捷的交通条件使得城市居民较之农村居民容易产生旅游需求。

不同年龄的人，旅游需求存在差异。青年人较活跃，外出旅游、探索新事物的愿望强烈，但经济上的不独立性会阻碍其现实旅游需求的实现。中年人往往有稳定的工作和收入，待子女独立后家庭生活周期处于空巢阶段时，旅游需求趋高。随着人们生活水平的提高和医疗条件的改善，老年人健康状况得到提高，此时收入水平和闲暇时间已不再是旅游需求的障碍了，旅游需求大，是一个被普遍看好的"银色市场"。

从总体上看，性别结构对于旅游需求的影响主要表现在：男性旅游者的数量大于女性旅游者。这与男性有更多的公务外出机会有关。

职业不同、收入及闲暇时间不同，旅游需求也不同。一般情况下，专业人员、中高级管理人员、企业家、教师及自由职业者出游可能性大。

（三）受教育水平

受教育水平越高，对外面世界的陌生感较小，渴望见识了解外界事物的愿望越强烈，旅游需求越大，越愿意牺牲部分物质享受，通过旅游获得精神上的满足。

西安碑林和华山客的受教育程度调查可以充分说明受教育程度影响到旅游者对不同旅游地的需求情况（吴必虎等，1997）。西安碑林和华山是两个相距不远的高等级旅游地，但一个是历史文化旅游地，另一个是山岳型旅游地，二者相比，碑林的游客的受教育水平高于华山游客（图 4 - 2）。碑林游客中，大专以上文化程度的游客就占到 67％以上，而华山游客大专以上文化程度的游客所占比例为 47％。两地其余层次都是自上而下依次递减，但华山游客大专以下各文化程度的比例都高于西安碑林，说明碑林游客的受教育程度总体上高于华山，而且这些游客出游前受报刊书籍介绍的影响的比例也较高，为 24％。

（四）旅游目的地的供给状况

旅游目的地旅游资源吸引力的强弱、基础设施的完善程度和景点的可进入性会影响旅游需求。

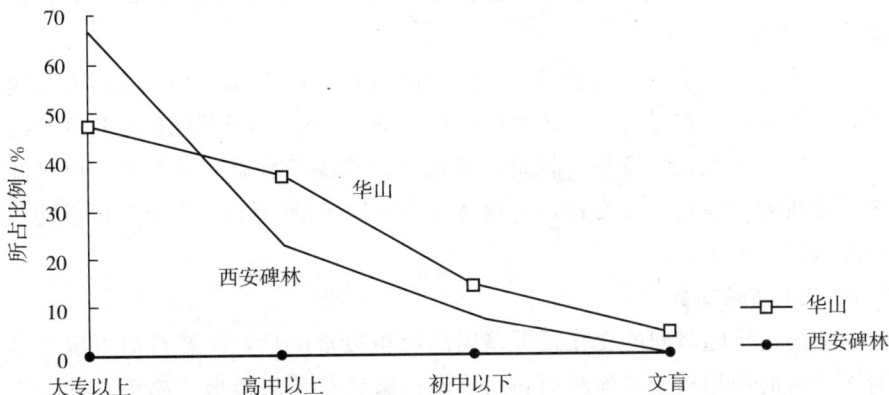

图 4 - 2　西安碑林和华山游客的受教育程度

(引自吴必虎，唐俊雅，黄安民，等.中国城市居民旅游目的地选择行为研究 ［J］.
地理学报，1997，52（2）：97 - 103.)

旅游资源吸引力越强，基础设施越完善，交通条件越好，旅游需求越大，反之亦然。

（五）旅游产品价格和货币汇率

在其他条件不变的情况下，旅游产品价格与旅游需求呈反比关系。旅游产品价格上升，旅游需求下降；反之，旅游产品价格下降，旅游需求上升。货币汇率是国际旅游过程中影响国际旅游需求的重要因素。在其他条件不变的情况下，汇率下降，旅游需求增加；反之旅游需求减少。

影响旅游需求的因素除了上述主要因素外，还包括旅游目的地国家或地区的通货膨胀程度、旅游目的地国家政府及当地居民对发展旅游的态度等因素。

二、旅游需求的时间特征

旅游需求在时间上会随着时间的变化而剧烈变化，在某些时段旅游需求比较集中。季节性（时间）强度指数和高峰指数是衡量旅游需求时间分布稳定性程度的指标。

（一）季节性（时间）强度指数

旅游需求的时间分布集中性是由旅游的季节性所引起的，可以用季节性（时间）强度指数 R 来定量分析。其计算公式为：

$$R = \sqrt{\sum_{i=1}^{12} (x_i - 8.33)^2 / 12}$$

式中，R 为旅游需求的时间分布强度指数，x_i 为各月游客量占全年的比重。

R 值越接近于零，旅游需求时间分配越均匀；R 值越大，时间变动越大，旅游淡旺季差异越大。还可以将此式中 12 个月换成其他任何长度的时段，相应的系数也要变换。因此，R 值不仅取决于旅游需求变化，而且随选择分析的时段长短而变化，它较适用于不同年份（时段）的比较和不同旅游地（设施）的比较。

（二）高峰指数

旅游需求随时间的变化还可以用高峰指数来度量，高峰指数可以度量游客某一时期相对于其他时期利用旅游设施游览某旅游地的趋势。其计算公式为：

$$P_n = \frac{V_1 - V_n}{(n-1)V_1} \times 100$$

式中为高峰指数，V_1 为最繁忙时期的游客数，V_n 为在第 n 个时期内的游客数。N 为参照时段（1＝最繁忙时期）。

当游客量在所有时期都相同时，P_n 等于 0；当游客量集中于某些时期时，P_n 值会很大。n 的值，即用于与最繁忙时期比较的那一时期，在很大程度上是选择的结果，选择工作依靠现在资料、研究目的和研究经验。

三、旅游需求的空间特征

旅游需求的空间分布结构主要指旅游者的地理来源和强度，其显著特征是其集中性，可以用地理集中指数来定量分析。其计算公式为：

$$G = 100 \times \sqrt{\sum_{i=1}^{n} \left(\frac{x_i}{T}\right)^2}$$

其中 G 为客源地的地理集中指数；x_i 为第 i 个客源地的游客数量；T 为旅游地接待游客总量；n 为客源地总数。

游客来源越少越集中，G 值越接近 100；G 值越小，则客源地越多越分散。对于任何一个旅游地来说，G 值适中为妥。因为当 G 值很大时，游客来源过于集中，易受到客源地（国）社会、经济、政治等变化的冲击，旅游经营的稳定性差；G 值很小时，游客来源过于分散，不利于主要客源市场的确定，给旅游宣传、旅游服务带来困难进而影响旅游效益。

四、旅游需求预测

旅游需求的预测方法从总体上看可分为定性预测方法与定量预测方法两大类。

(一) 定性预测方法

定性预测方法相对而言简单易行，对资料数据的精确度要求较低，但不能提供精确的预测结果，而且受预测者个人水平的影响较大。主要包括旅游者意图调查法和专家意见法。

1. 旅游者意图调查法

旅游者意图调查法，即向潜在旅游者了解预测期内旅游意图的方法。常用于对于长途、耗用时间长，以及花费较高的旅游项目的需求预测。

2. 专家意见法

专家意见法，主要有专家会议法和特尔菲法。专家会议法是指旅游需求预测人员邀请有关专家开会，对预测问题进行研讨，并得出结果的预测方法。该方法有利于意见交流和相互启发。

特尔菲法是旅游需求预测人员以信函方式征询多位专家的意见，并以匿名的方式将收集到的意见全部反馈给多位专家，请其再进行预测，如此反复几次，使最终结果趋向一致。

利用特尔菲法进行预测的成功与否取决于研究者问卷的设计和所选专家的合格程度。此外，还应尽量避免在预测过程中部分专家中途退出对预测结果产生的不利影响。在预测所需的历史资料或数据不够充分的情况下，或是预测过程中需要相当程度的主观判断时，常用特尔菲法预测事物的发展。

(二) 定量分析方法

定量分析方法主要有趋势外推预测法、结构模型预测法和仿真模型预测法等。

1. 趋势外推预测法

趋势外推预测法是依据一系列历史资料推测未来形势的方法，包括图形预测法、简单回归模型预测法、幂函数模型预测法及时间序列模型预测法等。

简单回归模型预测即一元线性回归预测，是最简单最常用的趋势外推数学方法。其模型为：

$$y = a + bx$$

其中 y 为因变量；x 为自变量；a 为常数项；b 为 y 对 x 的回归系数。

　　时间序列模型预测法指通过不同的时间记录的一系列观测值，分析这些序列值变化的性质，找出变量的变化特征，以此来预测时间序列的未来值的方法。常用的水平时间序列模型有一次滑动平均模型和一次指数平滑模型。常用的线性趋势模型有线性回归模型，二次滑动平均模型和三次指数平滑模型和一次平滑模型。常用的非线性趋势模型有二次回归模型和三次指数平滑模型。常用的季节时间序列模型有季节性水平模型、季节性交乘趋势模型、季节性迭加趋势模型和三角函数模型等。

　　2. 结构模型预测法

　　结构模型的建立依赖于旅游需求与一系列原因变量（如价格、收入、距离等）之间关系的确定。确定关系后可以利用原因变量的未来估计值对旅游需求的未来情形做出预测，其中引力模型应用较多。引力模型是牛顿引力定律的类推应用，其计算公式为：

$$T_{ij} = G \times \frac{P_i A_j}{D_{ij}^b}$$

　　T_{ij} 为客源地 i 与目的地 j 之间旅行次数的某种量度；P_i 为客源地 i 人口规模、财富或旅行倾向的量度；A_j 为目的地 j 吸引力或容量某种量度；D_{ij} 为客源地 i 与目的地 j 之间的距离；G、b 为经验参数。

　　该模型的缺点是缺乏足够的理论基础，而更多的是自然定律的类推运用，而且无预测上限的限制。但该模型有大量修正的余地，加入时间限制条件及其他影响需求的因素后，可更加具有逻辑性。

　　3. 仿真模型预测法

　　仿真模型是旅游需求预测中最复杂的一种方法。比较典型的仿真模型是由趋势外推模型和结构模型结合而成的一组更综合的系统方程。系统动力学是建立仿真模型的一种有效方法。周曼殊（1987）将系统动力学应用于旅游业系统自组织研究就是其中一例。

第四节　旅游者的类型及特点

　　在旅游研究和实际工作中，经常需要根据研究和工作的目的，将旅游者按不同的标准划分为不同的类型，而且，不同类型的旅游者，其需求特点也各有差异。

一、旅游者的类型

旅游者的类型划分常常是与旅游活动的类型划分联系在一起的。有何种类型的旅游活动，就有何种类型的旅游者。因此，同旅游活动的划分一样，旅游者的类型划分也没有恒定的标准。常用的旅游者类型划分方法主要有以下几种：

（1）按旅游目的划分，如：观光型旅游者、娱乐消遣型旅游者、文化知识型旅游者、公务型旅游者、医疗保健型旅游者等；

（2）按地理范围划分，如：国内旅游者、国际旅游者、洲际旅游者、环球旅游者等；

（3）按消费水平划分，如：经济型旅游者、标准型旅游者、豪华型旅游者；

（4）按组织形式划分，如：团体旅游者、散客旅游者、自助旅游者；

（5）按计价方式划分，如：全包价旅游者、半包价旅游者、非包价旅游者。

显而易见，依照不同标准划分的旅游者类型，彼此之间互有交叉。在实际研究和工作过程中，有时需要采取两种或两种以上的标准同时对旅游者进行细分。值得一提的是，划分旅游者类型只是为一定的研究目的服务的手段，并非单纯为了划分而划分，这种划分应该是出于实际需求而进行的。

二、旅游者的特点

不论运用哪一种标准来划分旅游者的类型，都可以发现不同类型的旅游者所表现出的特点差异很大。下面仅对按旅游目的划分的各种类型的旅游者的特点稍作说明。

（一）观光型旅游者的特点

观光型旅游者以游览观赏异国他乡的名胜古迹、风土人情等为主要目的，同时还可以与购物、娱乐、考察、业务等相结合，是最普通、最常见的旅游者类型，也是我国目前旅游者类型的主体。其特点为：希望通过游览观赏异国他乡的自然景观和人文景观增长见识、开阔视野、陶冶情操，获得新、奇、异、美、特的感受；在旅游地逗留时间较短、花费较少，对旅游景点特色和价格比较敏感。

（二）娱乐消遣型旅游者的特点

娱乐消遣型旅游者以松弛精神、享受临时变换环境所带来的欢娱为主要目的。由于娱乐消遣旅游可以调节人们的生活节奏，摆脱紧张工作带来的烦恼，该种类型的旅游者正在增多。在发达国家的所有旅游者中，娱乐消遣型旅游者所占比重最大。其特点是：追求娱乐、消遣和观赏享受；对旅游产品的质量、旅游安全和价格比较敏感；外出季节性较强，几乎都选择旅游景点地区最好的季节，利用带薪假期外出旅游。

（三）文化知识型旅游者的特点

文化知识旅游是一种旨在观察社会、体验民族风俗、丰富历史文化积累、增长知识的旅游形式。文化知识型旅游者的主要目的是通过文化知识旅游达到积极的休息和娱乐，同时获得知识的启迪和充实。其特点是：具有较高的文化素养，较强的求知欲；具有某种专长或特殊兴趣，乐于与人切磋交流；对导游的基础文化知识有较高的要求，对日程安排的周密性和旅游线路的科学性比较敏感。

（四）公务型旅游者的特点

公务型旅游者是根据工作需要，以贸易合作、商务洽谈、出席有关会议、进行科学文化交流或举办展览会等为主要目的，在完成公务的前提下进行参观游览等活动的旅游者。其特点是：有一定的身份和地位，对旅游产品和服务质量要求较高；费用主要由团体的公费开支，支付能力较强，对价格不大敏感；因为公务在身，对旅游目的地和旅游时间没有太多选择余地；人数相对较少。

（五）医疗保健型旅游者的特点

医疗保健型旅游主要有疗养旅游、温泉旅游、森林旅游、体育保健旅游、气功专修旅游等形式。医疗保健型旅游者的主要目的是通过参加有益于身体和心理健康的旅游活动，治疗某些慢性疾病、消除疲劳。其特点是：有较高的收入、较多的余暇时间；保持健康或恢复健康的欲望较强；对旅游项目中保健、康体、医疗等功能比较敏感；中老年人比重较大，停留时间较长。

本章案例

康养产业与旅游产业融合发展的现状及前景

在"健康中国"的战略背景下，健康新产业、新业态、新模式涌现并外延扩大。因康养产业具有关联性强、覆盖领域广的特征，极易与文化事业、旅游产业、绿色农业融合创新，迸发出新的生机活力。

健康产业已成为全球热点，将成为继 IT 产业之后的全球"财富第五波"。目前，"健康才是真刚需"的理念逐渐成为被全年龄层人群接纳的大健康概念，相关产业在后疫情时代得到高度关注。康养文旅真正被世人聚焦关注。根据数据预计，到 2030 年我国康养产业，市场消费需求将达到 16 万亿元。

一、康养旅游概况

康养旅游，从字面意思来看，康养包括了健康和养生两方面含义，它的相关概念最早可追溯到 1946 年世界卫生组织在纽约召开的国际卫生会议，这个会议为全世界健康运动的开端。

我国自古以来就是养生大国，"彭祖传说""华佗五禽戏""道教性命双修"等，无不反映了中华民族对生命的尊重和健康长寿的渴望。近年来，我国老龄化进程加速，老年群体对美好生活的需求也更加旺盛。"新冠"肺炎疫情深刻影响了人们对健康生活、休闲养生的认知，康养旅游的价值逐渐得到关注。据统计，2022 年我国 60 岁及以上人口达到 2.1 亿人，康养旅游市场的未来发展空间巨大。

二、健康产业首次被定位为国民经济的支柱产业

中共中央、国务院于 2016 年 10 月 25 日印发并实施《"健康中国 2030"规划纲要》。《"健康中国 2030"规划纲要》是目前推进健康中国建设的行动纲领。中国大健康产业正步入黄金期，健康服务业已被国际经济学界确定为"无限广阔的兆亿产业"。康养产业将迎来前所未有的发展契机。

"十四五"以来，康养旅游产业的政策支持力度达到新高峰。2021 年 6 月，文化和旅游部发布的《"十四五"文化和旅游发展规划》明确指出，发展康养旅游，推动国家康养旅游示范基地建设。

产业融合本质是催生新经济、新业态，达到经济升级、提速的目标。康养产业发展重在产业融合，产业融合不是简单的产业的加合，而是催生新业态、建立新体系。如"地产开发＋康养＋旅游"就是要整合土地、气候、生态环境及人文资源，让一个规划空间产生多产业的价值，同时产业间相互促进，达到消费升级、产业升级的目标。

三、发展趋势

（1）康养产业互融共生性强。当前，康养产业与旅游业、医疗产业等诸多产业深度融合，呈现多种模式多元开发的状态。

（2）康养产业市场更加细分。一方面，医疗康复传统模式产业化、规模化、专业化发展，另一方面，在当前消费多元化的影响下，社区养老模式、母婴康复模式、农村集体养老模式等小众细分市场康养产业也逐渐发展。

（3）关注全年龄康养产品。除针对银发养老客群的养生养老产品外，针对儿童群体、母婴群体、中青年人群等不同年龄段的系列康养产品不断发展。

（4）康养产业服务更加专业化、便捷化。如养老服务模式中，除传统养老机构、养老院形式外，日间照料中心、居家社区养老服务机构、延续护理机构等服务类型成为趋势。

四、未来展望

发展康养产业，是提升人民健康水平和生活幸福感的重要基础，是应对中国社会结构新变化、人口老龄化挑战的长久之计。国人对于生命长度、丰度和自由度的不懈追求，赋予"康养"更多精神文化内涵，给予康养产业更多内涵融合和产业外延的可能性。

（一）康养产业将是高附加值产业

康养产业是涵盖文化、旅游、医疗等诸多业态的备受国民关注的新兴产业，随着旅居康养、医疗旅游、社区养老等多元模式的发展及以房养老、信用消费、疗养复合信托等新模式的出现，康养产业将会成为多元消费并存、产业链条化、产品创新化、资本社会化、智慧引领化的高附加值产业。

（二）农村集体养老模式将是未来康养产业的重要布局

要将农村养老纳入乡村振兴战略中通盘考虑谋划。首先，要放开养老服务市场，实行政策兜底养老，加大医疗设置供给和医疗养老服务保障。其次，推动自上而下的政府推广向自下而上的"自发机制"转变，充分调动乡村村民自身力量，挖掘创新居家养老、互助养老、以地养老、"如老乡亲"养老等养老服务供给方式。同时，要关注老年人家庭，引导青年就业、落实义务教育，阻断贫困代际转移。

（三）专业化养老服务和长期照护的养老项目将是健康养老模式的有效突破点

当前，我国康养产业深耕社区养老模式，国内高端养老地产的兴起主要源于地产行业升级，总体呈现养老地产化。

随着养老地产竞争加剧，未来竞争内容将转向专业化养老服务本质，地产行业特征将会向延长后产业链中单一地产节点的专业化转变，地产租赁回报模式将转向基于多元服务的更具选择更富弹性的利润群。

基于服务内涵本身和服务对象，面向普通老年人的日常照料和面向高龄或疾病老年人的专业化长期照料，将成为养老服务模式的专业化服务重点。

引自：康养产业或将替代地产成为中国第一产业 [EB/OL]．（2023 - 07 - 08）（2022 - 04 - 30）https：//mp．weixin．qq．com/s/anTf05iCu4qzG wzx8Brrdw．（引用时稍有改动）

第五章　旅游资源

学习引导

在旅游活动的三大要素中，旅游资源是旅游活动的客体。旅游资源的数量和质量是吸引旅游者、激发旅游者动机的直接因素，决定一个国家和地区旅游业的生存和发展。旅游资源是满足旅游者旅游愿望的客观存在，是旅游活动得以实施的客体。学生须掌握旅游资源的定义，熟悉旅游资源的特点以及旅游资源的开发与保护的问题。

思政元素

（1）引入"两山理论"，解读习近平生态文明思想内涵，让学生树立"绿水青山就是金山银山"的理念，保护旅游资源，不过度开发旅游资源。

（2）推荐学生观看《航拍中国》《国家宝藏》《我在故宫修文物》等央视优秀旅游类节目，通过节目介绍展示中国自然、人文旅游资源，激发学生爱国主义精神，培养学生旅游审美意识和能力。

旅游资源是实现旅游活动的基本要素之一，现代旅游学研究把旅游资源作为旅游活动的客体。旅游资源是旅游业建立和发展的前提，旅游资源的数量、等级以及旅游资源的组合状况等，对一个国家或一个地区的旅游业发展具有直接的影响。正确认识合理开发利用旅游资源，使之成为富有吸引力的旅游目的地、旅游吸引物，是旅游业经营者的首要任务之一。

第一节　旅游资源的概念和分类

一、旅游资源的概念

旅游资源是资源的一种，一般泛指人们在旅行游览过程中所感兴趣的各类事物，如国情民俗、山水风光、历史文化和各种物产等。但是，若要给旅游资源下一个比较科学的定义，却并非易事。多年来许多学者对此作了建设性探讨，各方观点既有共同性，也存在差异性。在旅游研究中常被引用的定义有以下所列。

（1）"旅游资源是指对旅游者具有吸引力的自然存在和历史文化遗产，以及直接用于旅游目的的人工创造物。"（保继刚、楚义芳、彭华：《旅游地理学》，高等教育出版社，1993年版，第52页。）

（2）"旅游资源是指在自然界或人类社会中凡能对旅游产生吸引向性、有可能被用来规划开发成旅游消费对象的各种事与物（因素）的总和。"（苏文才、孙文昌：《旅游资源学》，高等教育出版社，1998年版，第2页。）

（3）"凡能激发旅游者的旅游动机，为旅游业所利用，并由此产生经济效益与社会效益的现象和事物均称为旅游资源。"（马勇：《旅游学概论》，高等教育出版社，1998年版，第83页。）

（4）"旅游资源是经过人们开发，并在特定时空范围内被利用的，对旅游者具有吸引力的自然界和社会界的客观存在。"（刘伟、朱五槐：《旅游学》，广东旅游出版社，1999年版，第67页。）

（5）"旅游资源是指客观存在于一定地域空间并因其所具有的审美和愉悦价值而使旅游者为之向往的自然存在、历史文化遗产或社会现象。"（谢彦君：《基础旅游学》，中国旅游出版社，1999年版，第64-65页。）

（6）"旅游资源是指特定地理环境（自然环境和社会环境）中，能够激发人们的旅游动机并产生旅游活动的各种因素的综合。"（肖星、严汀平：《旅游资源与开发》，中国旅游出版社，2000年版，第6页。）

（7）"凡是能够造就对旅游者具有吸引力环境的自然事物、文化事物、社会事物或其他任何客观事物，都可构成旅游资源。"（李天元：《旅游学》，高等教育出版社，2002年版，第64页。）

经过对比研究后，可以发现以上这些定义至少有三个共同点：第一，旅游资源既包括自然界形成的，也包括人类社会创造的，其存在是客观的；第二，旅游资源是与旅游者直接相联系的，它们能激起旅游者的旅游动机，是旅游者旅游活动的对象，能满足旅游者的特定需要；第三，旅游资源是与旅游业直接相联系的，能为旅游业所开发利用，并产生一定的效益。

上述这些要点基本上抓住了旅游资源的本质属性，基于旅游资源在现代旅游活动的三要素理论体系中所具有的结构性功能作用，我们尝试对旅游资源作如下界定：凡是能够激发旅游者旅游动机并促使其实现旅游活动，吸引旅游者前来观光、游览，满足其生理和心理需求的一切自然事物、文化事物、社会事物或其他各种客观事物都可以构成旅游资源。

二、旅游资源的分类

旅游资源内涵丰富，涉及自然、社会和人文多个方面。为了深入认识与研究旅游资源，以便更好地予以开发利用，更大限度地满足旅游者的需求和取得良好效益，必须对旅游资源进行科学分类。学者们从不同的角度、依据不同的标准，对旅游资源进行分类的结果也有所不同。

（1）按旅游资源的性质和成因划分，可分为自然旅游资源（气候天象、地文景观、水域风光、生物景观等）和人文旅游资源（文物古迹、文化艺术、民俗风情、城乡风貌等）。

（2）按旅游资源的利用程度划分，可分为现实旅游资源和潜在旅游资源。

（3）按旅游资源的利用方式和效果划分，可分为游览鉴赏型旅游资源（自然风光、园林建筑等）、知识型旅游资源（文物古迹、博物展览等）、体验型旅游资源（民俗节庆、宗教仪式等）和康乐型旅游资源（度假疗养、康复保健等）。

（4）按旅游资源的可持续利用潜力划分，可分为可再生型旅游资源和不可再生型旅游资源。

（5）按旅游资源的吸引级别划分，可分为世界级旅游资源、国家级旅游资源、省级旅游资源和市（县）级旅游资源。

（6）按旅游资源的变动状态划分，可分为稳定类旅游资源（包括长久稳定型，如宗教圣地、古建筑、山岳江湖；相对稳定型，如瀑布、冰川、小型地貌景观等）、可变类旅游资源（包括规律变化型，如泉水、候鸟、云雾等；不规则变化型，如海市蜃楼、现代建筑风貌等）。

（7）按旅游资源的属性划分，可分为物质型旅游资源和非物质型旅游资源。

（8）按旅游资源的生成背景划分，可分为天然赋存型旅游资源和人工创造型旅游资源。

（9）按旅游资源的结构划分，可分为旅游景观资源（自然旅游景观资源、人文旅游景观资源、社会民俗资源）和旅游经营资源（旅游用品工业资源、旅游食用资源、旅游人才资源等）。

上述各种分类系统，均有各自的特点和功能。不管应用哪一种分类方法，都是为了理论研究和实践工作更好地开展。

1990 年，国家旅游局资源开发司和中国科学院地理研究所联合编制了"中国旅游资源普查分类表"，在这一分类方案中旅游资源被分为两级、八大类、108 种基本类型，其中前四大类属于自然旅游资源，后四大类属于人文旅游资源。

其后的 1992 年，国家旅游局资源开发司和中国科学院地理研究所对上表进行了进一步规范化，并推出《中国旅游资源普查规范（试行稿）》，根据性态分类原则、指标控制原则和不包容性原则，提出了旅游资源普查分类结构。该《规范》指出，旅游资源由"类"和"基本类型"组成，全部基本类型共有 74 种，归为 6 大类：地文景观类（13 种）、水域风光类（7种）、生物景观类（6 种）、古迹与建筑类（32 种）、消闲求知健身类（11种）、购物类（5 种）。

1997 年，新拟定的旅游资源分类系统修订方案在旅游资源种类数量上较 1992 年的《中国旅游资源普查规范（试行稿）》增加较多，且将其分类层次扩充为三层，其中景系（大类）有 3 个，即自然景系、人文景系和服务景系；景类（类）由 6 个增加为 10 个；景型（基本类型）由 74 个增加到 95 个。

国标《旅游资源分类、调查与评价》（GBT18972—2003）在 1992 年出版的《中国旅游资源普查规范》（试行稿）的基础上，明确界定了旅游资源的类型体系、调查规范和评价方法的实用技术路线，总体上内容全面，技术规范，便于操作，在全国范围内使用了 14 年。

2017 年版的国标《旅游资源分类，调查与评价》（GB/T 18972—2017）在 2003 版的基础上进一步修订，其旅游资源分类方案，是根据旅游资源的特点，将旅游资源进行分类，以便更好地进行旅游资源的调查与评价，更加科学、合理且实际操作性更强。该方案按照自然资源、文化资源、社会经济资源三大类进行分类，并将其进一步细分为自然资源、文化资源、社会经济资源三大类，以及景观资源、活动资源、服务资源、基础设施资源等八大类，其中景观资源包括自然景观资源、人文景观资源、文化景观资源，活动资源包括旅游活动资源、其他活动资源，服务资源包括旅游服务资源、其他服务资源，基础设施资源包括旅游基础设施资源、其他基础设施资源（表5-1）。

表5-1　旅游资源基本类型释义

主类	亚类	基本类型	简要说明
A 地文景观	AA 自然景观综合体	AAA　山丘型景观	山地丘陵内可供观赏游览的整体景观或个别景观
		AAB　台地形景观	山地边缘或山间台地可供游览的整体景观或个别景观
		AAC　沟谷型景观	沟谷内可供观赏游览的整体景观或个体景观
		AAD　滩地型景观	绿平滩地内可供观赏游览的整体景观或个别景观
	AB 地质与构造形迹	ABA　断层景观	地层断裂在地表面形成的景观
		ABB　褶曲景观	地层在各种内力作用下形成的扭曲变形
		ABC　地层剖面	地层中具有科学意义的典型剖面
		ABD　生物化石点	保存在地层中的地质时期的生物遗体、遗骸及活动遗迹的发掘地点
	AC 地表形态	ACA　台丘状地景	台地和丘陵形状的地貌景观
		ACB　峰柱状地景	在山地、丘陵或平地上突起的峰状石体
		ACC　垄岗状地景	构造形迹的控制下长期受溶蚀作用形成的岩溶地貌
		ACD　沟壑与洞穴	由内营力塑造或外营力侵蚀形成的沟谷、劣地以及位于基岩内和岩石表面的天然洞穴
		ACE　奇特与象形山石	形状奇异、拟人怪状的山石或山体
		ACF　岩石圈灾变遗迹	岩石圈自然灾害变动所留下的表面痕迹
	AD 自然标记与自然现象	ADA　奇异自然现象	发生在地表一般还没有合理解释的自然界奇特现象
		ADB　自然标志地	标志特殊地理、自然区域的地点
		ADC　垂直自然带	山地自然景观及其自然要素（主要是地貌、气候、植被、土壤）随海拔呈递变规律的现象

（续表）

主类	亚类	基本类型	简要说明
B 水域 景观	BA　河系	BAA　游憩河段	可供观光游览的河流段落
		BAB　瀑布	河水在经流断层、凹陷等地区时垂直从高空跌落的跌水
		BAC　古河道地段	已经消失的历史河道现存段落
	BB　潮汐	BBA　游憩湖区	湖泊水体的观光游览区与段落
		BBB　潭地	四周有岸的小片水域
		BBC　湿地	天然或人工形成的沼泽地带等带有静止或流动水体的成片浅水区
	BC 地下水	BCA　泉	地下水的天然露头
		BCB　埋藏水体	埋藏于地下的温度适宜、具有矿物元素的地下热水、热汽
	BD 冰雪地	BDA　积雪地	长时间不融化的积雪堆积面
		BDB　现代冰川	现代冰川存留区域
	BE　海面	BEA　游憩海域	可供观光游憩的海上区域
		BEB　涌潮与击浪现象	海上大潮时水涌进现象，及海浪推进时的击岸现象
		BEC　小型岛礁	出现在江海中的小型明礁或暗礁
C 生物 景观	CA 植被景观	CAA　林地	生长在一起的大片树木组成的植物群体
		CAB　独树与丛树	单株或生长在一起的小片树林组成的植物群体
		CAC　草地	以多年生草本植物或小半灌木组成的植物群落构成的地区
		CAD　花卉地	一种或多照顾花卉组成的群体
	CB 野生动植物栖息地	CBA　水生动物栖息地	一种或多种水生动物常年或季节性栖息的地方
		CBB　陆地动物栖息地	一种或多种陆地陆地野生哺乳动物、两栖动物、爬行动物等常年或季节性栖息的地方
		CBC　鸟类栖息地	一种或多种鸟类长期或季节性栖息的地方
		CBD　蝶类栖息地	一种或多种蝶类常年或季节性栖息的地方

（续表）

主类	亚类	基本类型		简要说明
D 天象与气候景观	DA 天象景观	DAA	太空景观观赏地	观察各种日、月、星辰、极光等太空现象的地方
		DAB	地表光现象	发生在地面上的天然或人工现象
	DB 天气与气候现象	DBA	云雾多发区	云雾及雾凇、雨凇出现频率高的地方
		DBB	极端与特殊气候显示地	易出现极端与特殊气候的地区或地点，如风区、雨区、热区、寒区、旱区等典型地点
		DBC	物候景象	各种植物的发芽、展叶、开花、结实、叶变色、落叶等季变现象
E 建筑与设施	EA 人文景观综合体	EAA	社会与商贸活动	进行社会交往活动、商业贸易等活动的场所
		EAB	军事遗址与古战场	古时用于战事的场所、建筑物和设施遗存
		EAC	教学科研实验场所	各类学校和教育单位，开展科学研究的机构和从事工程技术试验场所的观光、研究、实习的地方
		EAD	建设工程与生产地	经济开发工程和实体单位，如工厂、矿区、农田、牧场、林场、茶园、养殖场、加工企业以及各类生产部门的生产区域和生产线。
		EAE	文化活动场所	进行文化活动、展览、科学技术普及的场所
		EAF	康体游乐休闲度假地	具有康乐、健身、休闲、疗养、度假条件的地方
		EAG	宗教与祭祀活动场所	进行宗教、祭祀、礼仪活动场所的地方
		EAH	交通运输场站	用于运输通行的地面场站等
		EAI	纪念地与纪念活动场所	为纪念故人或开展各种宗教祭祀、礼仪活动的场馆或场地

（续表）

主类	亚类	基本类型	简要说明
E 建筑与 设施	EB 实用建筑 与核心 设施	EBA　特色街区	反映某一时代建筑风格，或经营专门特色商品和商业服务的街道
		EBB　特性屋舍	具有观赏游览功能的房屋
		EBC　独立厅、屋、馆	具有观赏游览功的景观建筑
		EBD　独立场、所	具有观赏游览功能的文化、体育场馆的空间场所
		EBE　桥梁	跨越河流、山谷、障碍物或其他交通线而修建的架空通道
		EBF　渠道、运河段落	正在运行的人工开凿水道段落
		EBG　堤坝段落	防水、挡水的构筑物段落
		EBH　港口、渡口与码头	位于江、河、湖、海沿岸进行航运、过渡、商贸、渔业活动的地方
		EBI　洞窟	由水的溶蚀、侵蚀和风蚀作用形成的可进入的地下空间
		EBJ　陵墓	帝王、诸侯陵寝及领袖先烈的坟墓
		EBK　景观农田	具有一定观赏游览功能的农田
		EBL　景观牧场	具有一定观赏游览功能的牧场
		EBM　景观林场	具有一定观赏、游览功能的林场
		EBN　景观养殖场	具有一定观赏、游览功能的养殖场
		EBO　特色店铺	具有一定观赏游览功能的店铺
		EBP　特色市场	具有一定观赏游览功能的市场
	EC 景观与 小品建筑	ECA　形象标志物	能反映某处旅游形象的标志物
		ECB　观景点	用于景观观赏的场所
		ECC　亭、台、楼、阁	供游客休息、乘凉或观景用的建筑
		ECD　书画作	具有一定知名度的书画作品
		ECE　雕塑	用于美化或纪念而雕刻塑造、具有一定寓意、象征或象形的观赏物和纪念物
		ECF　碑林、经幡	雕刻记录文字、经文的群体刻石或多角形石柱

（续表）

主类	亚类	基本类型	简要说明
E 建筑与设施	EC 景观与小品建筑	ECG 牌坊牌楼、影壁	为表彰功勋、科第、德政以及忠孝节义所立的建筑物以及中国传统建筑中用于遮挡视线的墙壁
		ECH 门廊、廊道	门头廊形装饰物，不同于两侧基质的狭长地带
		ECI 塔形建筑	具有纪念、镇物、表明风水和某些实用目的的直立建筑物
		ECJ 景观步道、甬道	用于观光游览行走而砌成的小路
		ECL 水井	用于生活、灌溉用的取水设施
		ECM 喷泉	人造的由地下喷射水至地面的喷水设备
		ECN 堆石	由石头堆砌或填筑形成的景观
F 历史遗迹	FA 物质类文化遗存	FAA 建筑遗迹	具有地方风格和历史色彩的历史建筑遗存
		FAB 可移动文物	历史上各时代重要实物、艺术品、文献、手稿、图书资料、代表性实物等，分为珍贵文物和一般文物
	FB 非物质类文化遗存	FBA 民间文学艺术	民间对社会生活进行形象的概括而创作的文学艺术作品
		FBB 地方习俗	社会文化中长期形成的风尚、礼节、习惯及禁忌等
		FBC 传统服饰装饰	具有地方和民族特色的衣饰
		FBD 传统演艺	民间各种传统表演方式
		FBE 传统医药	当地传统留存的医药制品和治疗方式
		FBF 传统体育赛事	当地定期举行的体育比赛活动
G 旅游购品	GA 农业产品	GAA 种植业产品及制品	具有跨地区声望的当地生产的种植业产品及制品
		GAB 林业产品与制品	具有跨地区声望的当地生产的林业产品及制品
		GAC 畜牧业产品与制品	具有跨地区声望的当地生产的畜牧业产品及制品

（续表）

主类	亚类	基本类型	简要说明
G 旅游购品	GA 农业产品	GAD 水产品制品	具有跨地区声望的当地生产的水产品及制品
		GAE 养殖业产品与制品	具有跨地区声望的养殖业产品及制品
	GB 工业产品	GBA 日用工业品	具有跨地区声望的当地生产的日用工艺品
		GBB 旅游装备产品	具有跨地区声望的养殖产品及制品
	GC 手工工艺品	GCA 文房用品	文房书斋的主要文具
		GCB 织品、染织	纺织及用染色印花织物
		GCC 家具	生活、工作或社会实践中供人们坐、卧或支撑与贮存物品的器具
		GCD 陶瓷	用瓷石、高岭土、石英石、莫来石等烧制而成，外表施有玻璃质釉或彩绘的物器
		GCE 金石雕刻、雕塑制品	用金属、石料或木头等材料雕刻的工艺品
		GCF 金石器	用金属、石料制成的具有观赏价值的器物
		GCG 纸艺与灯艺	以纸材质和灯饰材料为主要材料制成的平面或立体的艺术品
		GCH 画作	具有一定观赏价值的手工画成作品
H 人文活动主类	HA 人事活动记录	HAA 地方人物	当地历史和现代名人
		HAB 地方事件	当地发生过的历史和现代事件
	HB 岁时节令	HBA 宗教活动与庙会	宗教信徒举办的礼仪活动，以及节日或规定日子里在庙会附近或既定地点举行的集合
		HBB 农时节日	当地与农业生产息息相关的传统节日
		HBC 现代节庆	当地定期或不定期的文化、商贸、体育活动

注：如果发现本分类没有包括的基本类型时，使用者可自行增加，增加的基本类型可归入相应亚类，置于最后，最多可增加2个，编号方式为：增加第1个基本类型时，该亚类2位汉语拼音字母＋Z，增加第2个基本类型时，该亚类2位汉语拼音字母＋Y。

三、旅游资源的特点

旅游资源同世界其他各种资源一样，既有其共性的一面，又有其自身所独有的特点。

（一）多样性和综合性

旅游资源是一个内涵非常广泛的集合概念，任何能够对旅游者具有吸引力的因素都可以成为旅游资源。此外，旅游资源在表现形式上也具有多样性的特点，不仅包括地质地貌、气象气候、陆地海洋、动植物等自然旅游资源，而且还涉及经济、文化、宗教、民族、工农业等人文资源。旅游资源的多样性特点是千差万别的旅游需求推动下的产物，因而能够适应旅游市场不断发展的要求。一个地方的旅游资源种类越多，对旅游者的吸引力就越大。

此外，任何一种旅游资源都不是孤立存在的，而是与其他旅游资源相互依存、相互作用，共同形成一个和谐的有机整体。存在于特定地域上的各种各样的旅游资源，正是以一个有机整体来发挥其旅游吸引力，实现其旅游价值的，这就是旅游资源的综合性。一般来讲，一个地区的旅游资源的种类越多，联系越紧密，其生命力就越强，地区整体景观效果就越好，综合开发利用的潜力也就越大。实际上，许多著名的景区正是充分利用其资源多样并且综合特征突出的特点吸引游客的，如桂林山水、杭州西湖、北京名胜古迹等。

（二）区域性

旅游资源总是分布于一定的地域空间，正是由于旅游资源在区域上具有差异分布，所以一地的旅游资源对另一地的旅游者能形成吸引力，从而产生旅游者的空间流动，也就产生了旅游现象。旅游资源的区域分布是由自然地理和人类社会活动的一般规律所决定的，并由此形成了在不同纬度和经度上旅游资源的地带性分布特性，以及在相同经纬度上可能表现出的垂直地带性分布特性。如中国北方与南方地理环境的差异，造成自然景观、人文景观南北特色迥然不同。北方山水浑厚，建筑体型巨大，人的性格粗犷、豪放；南方山清水秀，建筑玲珑剔透，人的性格细腻、灵秀。

（三）时代性

旅游资源的本原在于其具有的可以满足人们旅游审美愉悦和旅游世俗愉悦需要的功能。由于人类的审美能力和愉悦要求是随着社会实践的发展而逐步形成、发展和丰富起来的，因此，在不同的时代，人们对自然和社会的现实存在能否构成旅游资源的价值判断就会表现出极大的差异。旅游资源的时代性的特点概括起来有四点：一是旅游资源随时代的需求而产生、发展，品种数量正在成倍增长；二是随着时代的发展，古代部分旅游资源已经走向淘汰、消失；三是旅游资源因时代的差异而评价不同；四是因时代不同，旅游资源的功能也不同。

（四）垄断性和不可迁移性

旅游资源的可模仿性极差，难以移植或复制，目的地的历史文化遗产和自然旅游资源，都具有因为地理上的不可移动而为该地所垄断的特点。如我国的长江三峡，桂林山水，九寨沟、黄龙的彩池群等，均无法用人工力量来搬迁或异地再现。尽管许多有关民俗风情的主题园仿制了逼真的诸如竹楼、蒙古包等少数民族的村寨或居室，但其缺乏地域背景、周边环境与民族习俗的依托，在游客的视域中，真假分明，从而失去了原有的意义和魅力。那些历史感强的资源，更无法离开特定地理环境和历史背景，否则将失去其本身的历史价值与观赏价值。

（五）永续性和不可再生性

永续性是指旅游资源具有可以重复使用的特点。与矿产、森林等自然资源随着人类的不断开采会相应减少不同，旅游者的参观游览所带走的只是印象和观感，而非旅游资源本身。因此，从理论上讲，旅游资源可以长期甚至永远地重复使用下去，这正是形成旅游业投资少、见效快、收益大、利用周期长等一系列优点的重要原因。但是，正如自然生态平衡和文化遗产容易受到破坏一样，旅游资源如果利用和保护不当也会遭到破坏。一项使用过度的有形资源可能被毁坏，甚至不可再生；一项维护不当的无形资源一旦遭到破坏也是短期内难以修复的。这就要求旅游资源的开发必须与保护和管理相始终，必须以科学合理的旅游规划为依据，有序有度地开展。

（六）吸引力的定向性

旅游活动以旅游者在空间上的移动为前提，而旅游资源对旅游者所具有的吸引力，是引发这一空间行为的重要因素。无论是令人陶醉的自然风景和风格独特的古今建筑，还是特色浓郁的民族风情与各具千秋的美味佳肴，都因对旅游者有极强的吸引力而成为重要的旅游资源。必须指出，旅游资源的吸引力在某种程度上涉及主观效用。就某项具体的旅游资源而言，它可能对某些旅游者吸引力颇大，却对另一些旅游者无多大吸引力甚至根本没有吸引力。所以，任何一项旅游资源都具有吸引力定向的特点，只能吸引某些特定的市场，而不可能对整个旅游市场都具有同样大的吸引力。

（七）可创新性

可以想见，人们的兴趣、需要以及时尚潮流都是随着时间的推移和社会的发展不断变化的，它为人造旅游资源的创新提供了必要和可能的空间，例如，观光农业旅游就是为了适应越来越多的人日益强烈的"回归田园"的愿望应运而生的。在那些传统旅游资源比较匮乏的地区，凭借经济实力、根据其特色人为地创造一些新的旅游资源不失为发展旅游业的一条途径，新加坡就是这方面的典型例子之一。此外，以迪士尼乐园为代表的各类主题公园，我国洛阳的牡丹花会和山东潍坊的风筝节等，几乎无一不是这种创新旅游资源。

第二节　旅游资源的开发

一、旅游资源开发的含义

在旅游研究和旅游业实践中，"旅游开发"一词通常是指人们为了发挥、改善和提高旅游资源的吸引力从事的开拓和建设活动。旅游资源的开发一般地说区分为单项开发与多项开发。一般情况下单项开发的情况很少，更多的还是多项开发，即旅游资源的综合性开发。例如，对于一个旅游开放城市来说，旅游资源的开发是一项综合性、全面性的工作。其开发内容不仅涉及对自然和人文景观的选择和布局进行规划，还要对交通、城市基础设施进行规划，甚至会涉及管理等机构的建立、有关人员的培训。因此，旅游资源的开发工作实际上并非局限在对资源本身的开发上，还包括在选定好旅游资源的基础上，为了开发利用这些旅游资源而对与之有关的接待条件进行开发和建设，以便使旅游所在地成为一个有吸引力的旅游环境或接待空间。从这个意义上讲，旅游资源开发同旅游开发在内容上有很多类似之处。

二、旅游资源开发的原因

同工业产品一样，一个以旅游吸引物为核心的旅游点形成之后，都会经历一个由盛到衰的演变过程。这一过程所经历的时间可能很短，也可能很长，须视具体情况分析，但演变总会发生。这一从无到有的逐渐兴旺、然后又逐渐衰退直至很少有人问津的发展过程，被称为该旅游点的生命周期。因此，以某项旅游资源为核心而形成的一个旅游点的生命周期可划分为初创期、成长期、成熟期、衰退期等几个阶段，具体表现为随着时间的推移，该旅游点能够吸引前来的游客人数会出现先是由少至多，经过一段时期之后，又由多逐渐减少，乃至几乎无人问津的情况。

引起这种变化的原因是该处旅游资源的吸引能力的变化。我们已经知道，旅游资源的吸引力在很大程度上是旅游者主观效用的反映。经初次开发后的旅游资源，即旅游点的旅游吸引物由于适应当时游客的需要而吸引力逐渐增大，因而来访的旅游者人数也逐渐增多并形成盛况。但随着时间的进展，供需两方面都可能出现新的变化情况。例如，供给方面可能会出现环境污染或接待能力不足或旅游服务质量下降等情况，这些都会影响旅游资源的吸引力；需求方面则可能因时尚潮流的变化而发生兴趣转移，即旅游者从最初开发后的旅游吸引物那里已经得到了足够的满足，因而希望寻找和觅得新的满足。上述这些情况，特别是需求方面的变化，最终会导致该地旅游资源吸引力的衰减。从理论上讲，以某项旅游资源为核心的旅游点的生命周期终有其完结之时，这只不过是时间早晚的问题。

三、旅游资源开发的目标和内容

对于一个旅游目的地来说，所谓开发旅游资源，实际上就是通过适当的方式把旅游资源及其所在地改造为具有吸引力的旅游环境，从而使旅游资源的吸引力得以发挥、改善和提高的技术经济过程。因此，旅游资源的开发工作并非仅仅局限于旅游资源或旅游景点本身的开辟和建设，更多的是在选定拟开发旅游资源的基础上，对与之有关的接待条件进行开发和建设，以便使旅游资源所在地获得一个有吸引力的旅游环境和活动空间。所以，旅游开发是一项综合性和全面性的工作，其主要内容，除了对各类旅游吸引物进行选择、布局、改善外，还包括旅游供给设施、市政工程、公用事业设施的兴建、管理，接待机构的建立和旅游地工作人员的培训等。因此，严格意义上说，我们所说的"旅游资源开发"就是国际学术界所说的"旅游开发"或"旅游业开发"。

一般来说，旅游资源只有通过开发才能为旅游业所利用，而旅游资源的价值大小直接受到旅游开发是否合理、旅游资源是否充分利用的影响。一些尚未被利用或部分被利用的旅游资源通过开发，可以加强其吸引力的深度和广度，提高其综合使用价值；一些已被利用的旅游资源通过进一步整合和合理开发，可以更加充分地体现其使用价值，扩大旅游地的经营规模和经济水平。

旅游开发的目标可以有多种角度的取向，如旅游开发是为了接待国际旅游者还是国内旅游者，是专题性的旅游开发还是大众化的旅游开发，是供观赏的还是供娱乐的，是面向全国的还是面向本地市场的，这种开发的取向选择与资源本身的"可塑性"有关，也与旅游市场的需求有关。如果旅游开发的目标不明确，就会造成供求脱节，经济效益低下。

旅游资源开发的主要内容可以归纳为以下几点。

（一）搞好重点旅游景区、景点的建设与管理

旅游资源在旅游业中必须经过开发才能被利用，旅游景点和景区就是旅游开发中的一个重要组成部分，旅游景点和景区建设包括两个类型：旅游景区景点的初次建设，旅游景区景点的深入开发建设和改造等。但是，这里说的建设是广义上的概念，不一定指的就是新景点的兴建和传统景点的改建，它还应该包括对旅游资源的保护等方面的内容，以及对游客活动项目、活动形式等软件内容的开发与更新。

（二）提高旅游地的可进入性

在旅游开发研究中，所谓可进入性是指旅游资源所在地同外界（特别是同主要客源市场地区）的交通联系及其内部交通条件的畅通和便利程度。便利的交通条件对于旅游目的地旅游开发的成功至关重要，因为旅游活动具备异地性的特征，旅游者往往要经过漫长的旅途来到旅游地。旅游资源自身的质量再好、品位再高，如果没有便利的交通，其作为旅游吸引物和旅游对象物的应有价值也难以实现。因此，如何合理地安排旅游地的外部和内部交通是旅游开发中的又一个重要内容。这里的交通安排既包括交通线路的设计、旅游交通设施的配套、交通工具的选择等方面，还应当包括有关交通手段运营的合理安排，以陆路交通为例，要有交通运输公司以合理的客运班次开展运营，以方便游客出入旅游目的地。现代旅游者对舒适度和效率的要求越来越高，往往要求旅途所用的时间尽量短而且舒适，旅游的过程相对长而且参与性强。在对旅游交通进行规划时要充分考虑旅游者的这些要求。

（三）建设和完善旅游基础设施和上层设施

关于旅游基础设施（Infrastructure）和旅游上层设施（Superstructure）的概念，目前人们的认识不尽相同，因而所指的内容也有差异。纵观国内外的旅游研究文献，主要有两种划分标准。一种是根据旅游者对有关设施的依赖程度，将旅游者在目的地逗留期间必须依赖和使用旅游接待地区不可缺少的有关设施划为旅游基础设施；将那些对旅游者来说虽然也很重要，但并不是非依赖不可的有关服务设施划为旅游上层设施。

按照这种划分，以饭店为代表的住宿设施被划入旅游基础设施。旅游上层设施则多指影剧院、夜总会、赌场、俱乐部等各种娱乐接待场所。另一种划分标准则是根据有关设施的建设特点，将建于地下和地表的一般公用事业设施划为旅游基础设施，而将建于地上的各种旅游服务设施划分为旅游上层设施。按照这种划分，饭店等住宿设施则被划入旅游上层设施。

根据我国发展旅游业的实践，我们主张将在与旅游有关的各种设施中，凡是其主要使用者为当地居民，但也必须向旅游者提供或者旅游者也必须依赖的有关设施划为旅游基础设施（亦可简称基础设施）。之所以称其为基础设施是因为如果没有这些设施，便没有必要建造饭店等旅游接待设施，如果一定要建造，也不会有客源，因为旅游者来此无法正常生活。这类设施包括：

（1）一般公用事业设施，例如供水系统、排污系统、供电系统、通信系统、道路系统等，以及与此有关的配套设施，如机场、车站、港口码头、停车场、夜间照明设施等。

（2）满足现代社会生活所需要的基本设施或条件。例如银行、商店、食品店、医院、公园、治安管理机构等。对于需原始开发的旅游资源，特别是在待开发的旅游处女地，建设上述基础设施的必要性是显而易见的。

在多数情况下，被开发地区在这方面都有一些原已存在的基础。然而这些原有的基础设施在数量或能力上、布局上大都是在决定发展旅游业之前根据当地人口的需求规模进行设计和建造的。随着外来游客的大量涌入，原有的基础设施很可能出现供应能力不足的问题，因而需要进一步增建和扩建。

旅游上层设施实际上就是我们通常所说的旅游服务设施，即那些虽然也可供当地居民使用，但主要是供外来旅游者使用的服务设施。换言之，如果没有旅游者，这些设施便失去了存在的必要。这类设施主要包括如饭店、旅游问讯中心、旅游商店、某些娱乐场所等。由于这类设施主要供旅游者使用，因此须根据旅游者的需要、生活标准和价值观念来设计建造，并据此提供相应的服务。

（四）能够提供专业服务的工作人员

国际旅游业发展的经验和教训告诉我们，无论是一个旅游目的地还是一个景区或景点，其吸引力的本源虽然在于所拥有的旅游资源，但是旅游服务工作的好坏或质量高低，也会相应地增强或削弱该地对客源市场的吸引力。在存在拥有同类旅游资源的目的地或景区、景点竞争的情况下，员工质量和服务水平是构成竞争力的关键要素。只有培训出一流的员工才能提供一流的服务，而且除必要情况下，旅游目的地需要引进一些关键岗位的管理人员外，更多的管理者也需要利用当地的人力资源自身来解决。因此，抓好专业服务人员的培训有助于提高旅游产品的竞争力。

（五）旅游市场的开拓

旅游资源的开发要取得预期的经济、社会和环境效益就应该注重旅游市场的需求和变化。只有尽力满足旅游市场的需求，自身的利益才能得到满足。因此，旅游开发应该依据本地旅游资源的特色和优势确定其开发的目标市场，有针对性地进行开发和市场营销，努力扩大客源和开拓旅游市场。

四、旅游资源开发的原则

从世界旅游业发展的经验来看，要科学开发合理利用旅游资源，并且在开发中取得良好的经济效益，必须遵循以下原则。

（一）突出个性的原则

旅游资源的开发，应突出个性，充分揭示和发现其本身独有的特色，把各项旅游资源有机地结合起来，形成一个主题，以此来树立当地的旅游形象。有个性、有特色，就容易在旅游者或潜在旅游者心目中造成强烈的意象，就有吸引力，也就有了竞争力。所谓个性突出，是有意识地开发、创造一个有吸引力的形象，具有其特有的风格和形象识别。例如香港以"魅力香港，万象之都"为主题来开发"都市旅游"，突出现代东西文化、中外文化交汇的大都市的个性特征，以国际大都市多姿多彩的风貌展现在游客面前。

突出个性还表现在对有关旅游资源实施开发过程中，特别是对那些属于自然遗产和文化遗产的现存旅游资源，应尽可能做到保持其自然和历史形成的原始风貌。

突出个性更要注意表现民族化、保持传统地方格调，使来访者能够观新赏异，体验异乡风情。英国在旅游开发过程中就非常重视对传统文化的保护并以此来体现民族特色，如伦敦两日一次的白金汉宫皇家卫队换岗仪式，几乎每次都吸引数万乃至数十万游客。

（二）保护自然环境和生态平衡原则

开发旅游资源的目的是利用，但在某种意义上，对某些旅游资源，特别是对自然旅游资源和历史遗产资源来说，开发的本身就意味着一定程度的"破坏"。近年来随着大众旅游的发展，环境问题和生态平衡问题已成为世界各国旅游研究专家们所瞩目的热门课题。人们普遍认为，如果对旅游发展所带来的环境和生态问题熟视无睹，旅游业将失去其继续发展的基础。对此，人们提出了不少这方面的新概念，例如强调维护自然环境的"生态旅游"以及讨论如何能使旅游业延续发展的"健康旅游业"等。这些都说明在开发利用旅游资源的同时，必须着眼于自然环境和生态平衡的维护，不能单纯片面强调开发而不顾及环境的破坏问题。

（三）以市场为导向的原则

旅游资源的开发应以旅游市场的需求变化为依据，以最大限度地满足旅游者的需求为标准。由于旅游者的旅游动机与市场需求经常变化，旅游资源在市场竞争中随时面临着入时或过时，以及扩大或丧失吸引力的问题，因而旅游资源的开发，应注重旅游市场的调查和预测，了解消费者的需求，随着市场的变化而选择开发重点，减少开发的盲目性。

（四）三大效益相统一的原则

旅游开发过程中必须注重三大效益的统一性，即生态效益、社会效益和经济效益的统一，旅游资源开发必须尽力照顾到上面各方面的效益。

首先，开发旅游资源要注意生态效益，不要因开发而破坏山体、水体、植被、树木、水质、空气等。相反，旅游资源的开发，应使山体、水体等更加优美，使植被覆盖率更高，使一些花木得到保护，使水质变得更加清洁，使空气变得更加清新等。不少旅游地或旅游风景区经过开发后，生态环境质量大大提高。新加坡被称为花园城市，又是著名的旅游城市，城市到处可见鲜花争艳，绿树成荫，空气中清香飘荡，使游人倍感舒适和爽快。与此同时，我们也不能忽视，旅游资源开发导致的生态环境恶化的情况也屡见不鲜，一些地方与其说是对旅游资源的开发，不如说是对旅游资源和生态的破坏。

其次，开发旅游资源要注意社会效益，即对社会进步能产生积极影响，包括对人类的智力开发、知识的普及等。如博物馆、展览馆、纪念馆等，作为旅游资源对旅游者都能从不同的方面起到积极有益的作用，能够开发人们的智力，增长人们的历史、文化、科学、民俗、军事等方面的知识，增强人们的爱国主义思想和高尚的道德情操等。凡是能对社会进步产生积极作用的旅游资源应首先开发，而对社会进步不能产生积极作用，甚至会产生消极作用的旅游资源，就不能开发。

最后，开发旅游资源应注意开发者的经济效益。旅游资源是旅游业建立和发展的基础，旅游业既然是一种产业，当然就要关注投入与产出的对比分析，作为旅游投资者，他的投资和经营目标是利润的最大化，如果开发旅游资源不能带来经济效益或经济效益甚微，旅游业就难以发展。我国近些年来，修建了许多人造景点，成功者不少，失败者也很多。成功者游客盈门，收入丰厚；失败者门可罗雀，入不敷出，陷入困境，甚至倒闭。因此，开发旅游资源后如不能带来经济效益，就会难以为继。

（五）注重多样性的原则

旅游资源多样性原则主要是从较大范围和领域的角度着眼，而不是特指某一景区、景点中的旅游资源。在前面的第一点中，我们谈了突出旅游资源的个性问题，与现在所谈的旅游资源的多样性，二者是什么关系呢？旅游资源的多样性，是以各个旅游资源的个性化或者说特色化为基础的。所谓多样性，主要的不是数量多，而是种类多样。多样就是各有特色的旅游资源的聚合。如在一个较大的旅游城市中，有 10 个特色各异的旅游资源不为多，有 3 个特色相同的旅游资源不为少。当然特色相同，也就等于没有特色。如果不是着眼于某一个旅游城市，而着眼于全国、全局，旅游资源就更应多样化，因为在全国范围内有更为丰富的旅游资源。全局的旅游资源的多样化，也要以不同城市、不同地区各具特色的旅游资源为基础，如上海为现代都市城市、杭州为湖水城市、桂林为山水城市、西安为古都城市、苏州为园林城市、香港为购物城市、济南为泉水城市、大连为海滨城市等。正是这些不同风貌城市，才构成了我国旅游资源的多样性。

五、旅游资源开发项目的可行性研究

旅游资源开发项目的可行性研究是在对有关开发项目进行投资决策之前所从事的初步调查研究。可行性研究的目的是为投资决策提供可靠的客观依据。可行性研究结束之后，开发者才能在定性的基础上组织开展实际的规划设计工作。也就是说，在肯定了开发项目的可行性，并根据这一结论做出投资决策之后，下一步的规划和设计工作才会有把握。因为规划设计工作的主要目标是使已经肯定下来的可行性获得最佳实现效果。

（一）开发者的实力和资格

在并非由政府投资开发的情况下，这一内容尤为重要。在我国，旅游资源开发多由各级政府投资进行，因而人们往往不大注意对这方面内容的分析。实际上，即使是由政府投资，也应根据量力而行的原则对当地的经济实力和技术力量进行分析和评价。如果是由某个企业提出开发要求，并且由贷款机构负责有关开发项目的可行性研究，那么了解开发者的经济实力和经营资格就更为必要了。

（二）分析和预测市场需求

主要通过市场调研工作摸清项目开发后的游客来源、客源类型、市场规模、游客的消费水平以及开发地周围一定距离之内有无竞争的同类旅游区或旅游点等。

（三）分析项目开发和经营微观条件

包括劳动力条件、工程技术条件、有关旅游资源本身的条件等。通过分析，列出可供选择的解决办法，并就有关费用进行测算。

（四）分析当地宏观社会经济条件

包括当地居民的生活水平、社会风俗以及基础设施状况等。这一分析的目的是就开发后可能会影响到的更广泛的社会方面进行损益分析。当然，并非所有的可行性研究都需要就可能影响到的社会方面进行全面的损益分析。是否就有关社会影响进行损益分析，视谁对可行性研究结果感兴趣而定。一般地讲，国家和地方政府所需要的这类开发可行性研究报告都应包括较为广泛的损益分析。不包括社会损益分析的可行性研究结果只能说明从微观经济利益上该项目可行，但不能显示该项目开发后的社会效益是否理想。所以，国家和地方政府在考虑开发问题时，目光必须长远而不能只考虑近期经济利益；同时必须眼界开阔，既看到项目开发后的积极结果，也要看到项目开发可能对当地社会经济的副作用。只有充分预测项目开发后所带来的利益和损失，才能做出正确的开发决策。

六、旅游资源的评价

开发旅游资源之前，首先需要对拟开发的旅游资源进行评价。评价的目的是分析其开发价值，以便确定其开发后的吸引方向和开发规模。采用何种评价标准是旅游资源评价工作中的关键性问题。纵观人们对旅游资源的评价，常见评价标准一般有三类。

（一）美学标准

在我国，很多人往往采用美学的标准对旅游资源，特别是对自然景观资源进行评价，根据美学标准评定某项旅游资源质量的高低。也就是说通过分析景观环境与景物的美感特征来评定其观赏价值。以这类标准评价旅游资源有可取之处，特别是某些评价结果有利于对外进行旅游宣传，因而这类评价是十分必要的。但是这种评价结果难免受到评价者的主观影响。由于不同的人有着不同的审美观，所以评价者自认为是美感质量很高的某项景观资源，对于其他一些人，特别是对于来自其他地区或国家的旅游者来说，也许并不具有多大的吸引力。因此单纯采用这一标准评价旅游资源显然是不够的。

（二）社会标准和历史标准

用这类标准对拟开发旅游资源进行评价时，前者主要着眼于该项资源能否表现当地现今的社会发展水平和文化特色，后者则着重强调该项资源能否反映当地过去的历史社会风貌。将这些标准同时用于对某项旅游资源的开发评价，难免会出现意见分歧。例如在郑州黄河游览区的旅游资源开发的评价上，有人在强调黄河文化的同时认为应重点突出其社会成就和发展状况；但也有人认为黄河是中华民族的摇篮，其开发主题应以中华民族历史文明的古代环境色彩为重点。如果单纯以这些标准评价，无论哪一种意见占上风，都很难保证开发后的黄河游览区对客源市场有多大的吸引力。因此，如果只按这类标准评价后的结论进行投资开发，风险很大。

（三）市场标准

采用市场标准对拟开发资源进行评价，要着重于开发后的旅游资源对客源市场的吸引力。这种评价多使用定理分析，能够体现开发工作的经济观点和市场观念。但是严格地讲，采用这种标准进行的评价往往不再只是对旅游资源本身进行评价，而是涉及有关开发项目的投资评价问题。

实际上，对旅游资源进行评价的理想方法是将上述标准结合起来进行综合评价。具体讲便是从市场观念出发，综合考虑美学、社会及历史等评价标准。就发展旅游业而言，这种综合评价应当成为旅游资源评价工作的基本方法。

第三节　旅游资源的保护

一、对旅游资源进行保护的必要性

旅游资源是旅游业存在和发展的根本基础。从理论上讲，旅游资源作为一个国家或地区旅游业的基本资产，如果开发和利用得当，可以用之不

尽，从而可造福子孙万代。但是实际上，人们在资源的开发、利用和管理
等工作中，往往存在着这样或那样的问题，从而很容易使旅游资源遭受破
坏或损坏。这种破坏轻者会造成旅游资源质量的下降，从而影响其原有的
吸引力；重者则有可能导致这些旅游资源遭到损毁，从而危及该地旅游业
的存在基础。

在某种意义上，开发本身就意味着破坏，这是不可否认的客观事实，
但是在根据发展旅游业的需要而必须对旅游资源进行开发的情况下，人们
也完全有可能通过周密的规划和完善的设计将发生危机的可能性减至最
小。我们不能因噎废食，不能为了"保护"这些资源而反对必要的开发，
更不应将"开发"与"保护"对立起来。片面强调旅游业的需要而不顾其
他是不应该的，过分坚持自然主义的观点同样也是不足取的，关键在于对
这些资源要加以利用，为满足人类的需要服务。在这个问题上，开发的目
的是利用，保护的目的也是利用，因此两者之间没有，也不应有根本的冲
突。因此，在任何资源开发之前，都必须认真进行可行性研究，制定保护
资源的切实方案，防止资源原貌和环境遭到破坏。

二、旅游资源遭受破坏的原因

造成旅游资源被破坏的原因是多方面的，但总的来说，这些原因基本
可以为分为自然性原因和人为性原因。

(一) 自然性原因

自然性原因致使某些旅游资源遭受损坏的情况是显而易见的。一些大
的自然灾害，如地震、洪水、泥石流等，固然会使受灾地区的旅游资源遭
到重大破坏，但是这类情况并非常见。除了这类人力不可抗拒的原因之
外，最为常见的破坏性自然因素莫过于日久天长的风化作用。例如，以山
西大同云冈石窟为代表的我国众多著名的石窟，长期以来一直面临着自然
风化作用的侵害。由于长期的风雨剥蚀和后山石壁的渗水浸泡，云冈石窟
的大部分洞窟外檐裂塌，很多雕像被风化，有些已经断头失臂，有些则面
目模糊。在其 53 个洞窟中，目前只有少数不多的洞窟能供游人观赏，其余
大多数洞窟皆因损坏严重而无法开放。

除了自然风化原因可对旅游资源，特别是对历史建筑和文物造成危害
之外，其他原因例如一些动物（鸟类、白蚁）的破坏作用也会对这些旅游
资源的安全构成危害。

（二）人为性原因

在这类原因中，一部分是属于旅游者行为不当而造成的破坏。例如号称世界七大奇观之一的埃及金字塔，由于过去长时期有大量游人攀登，已经受到严重损害。有人估计，如果这一情况得不到控制，金字塔将不会再继续存在 1 万年。我国的万里长城也存在类似的问题。旅游者的乱刻乱画则更加剧了问题的严重性。在欧洲地中海地区，有些地方由于度假者的大量涌入和乱丢废弃物，也出现了严重的环境污染。我们应该认识到，每一项旅游资源的接待能力都是有限度的，都有其接待旅游者的负荷极限，一旦超过这个极限，其遭受破坏的可能性会成倍地增加。

但是，对旅游资源的人为性破坏并不完全是由外来旅游者造成的，还有一类人为性破坏往往是由旅游资源所在地的当地人，甚至是由当地的旅游企业造成的。这类性质的人为破坏比旅游者造成的问题更严重，而且更不容易控制。例如据有关报道，有些居住在长城附近的农民竟挖取长城砖石用为建房材料；武汉曾有些单位向东湖内倾倒垃圾；有些地方盗掘古墓文物的事件屡有发生，以至于流传有"要致富、挖坟墓"之说。至于有关对林木乱砍滥伐、盗猎稀有野生动物、不受控制的经济活动对水源或空气及生态环境的污染和破坏等方面的报道，时至今日依然屡见不鲜。其他国家中的这类例子也不胜枚举，例如罗马城的一些古代纪念建筑正在遭受工业排气管道排出的一氧化碳气体的侵害；印度的泰姬陵因空气污染，其洁白的颜色正在变黄；东非的天然野生动物园由于面临当地人口大量增长的压力，其占地范围正在日渐缩小；非洲的犀牛和大象等稀有动物因人类大量偷猎也面临灭绝的危险。

在旅游业的自身行为方面，有些地方在开发和建设风景区的过程中，由于不注意保护环境或者出于一己私利，当地环境景观遭到破坏的现象也并非罕见，例如随意炸山取石，砍伐森林，大兴土木等，其结果是风景区尚未建设好，当地环境却已被破坏很严重了。此外，旅游业的过度开发客观上也会导致当地旅游资源和环境质量的下降。以一些作为世界文化和自然遗产的旅游景区为例，由于宾馆、商店、交通索道、人造景观等非遗产建筑物或构筑物的大量兴建，这些景区逐渐人工化、商品化和城市化，从而破坏了遗产的真实性和完整性。例如，我国湖南的武陵源就曾被世界遗产组织的专家提出过严肃批评。我国有关专家对此也认为，如果这种局面得不到扭转，世界遗产组织有可能会将武陵源列入《濒危世界遗产名录》。在历史上，美国的黄石国家公园就曾经被列入《濒危世界遗产名录》。

　　以上所述只是这类问题和现象的一部分，人们应当对这类问题有清醒的认识。如果要使这些旅游资源能继续造福于人民，服务于国家和地区旅游业的发展，便要积极采取措施对它们加以保护。

　　对于旅游资源的保护应当采取积极的、主动性的保护措施，即以"防"为主，以"治"为辅，采用防治结合的原则。要运用法律、行政、经济和技术等手段，加强对旅游资源的管理和保护。

　　从法律保护手段来说，瑞士、日本、墨西哥、法国、埃及等国制定的法规详细地规定了保护各种资源的具体条款。瑞士的森林法规明确地规定：每年种树量要多于砍伐的数量；不论是准，即使自己的私有树也不能随意砍伐。埃及旅游法规定：除非旅游部长许可，任何人不得以任何方式利用、开发、占有或处置任何旅游区或其中一部分。

　　从行政手段来看，许多国家根据旅游资源的观赏、历史、文化科学价值和环境质量、游览活动等条件，将旅游资源划分为不同级别，分别进行保护。美国于 1906 年通过古迹法，授权总统以文告形式设立国家遗址，现在美国每一个国家公园都有独立的立法。法国风景区的文物保护法规定，在国民教育部长领导下，设立一个"风景、景色和高级景物委员会"负责对文物古迹和风景区的清理和划级工作，这个委员会根据文物古迹的艺术性、历史性、科学性和传奇性，将其划分成若干级别，分别登记入册。

　　而对于自然作用带来的危害，主要应采取必要的技术措施加以预防。例如将半坡这样的古迹建为室内展览馆，以减少风化的影响；对容易遭受鸟类危害的古建筑在有关部位设隔离罩等，将裸露的风吹日晒下的旅游资源加罩或盖房予以保护。例如，乐山大佛曾建有 13 层的楼阁覆罩其上，既金碧辉煌，又保护了神像，可惜后毁于战火。对于受条件限制不易采取类似措施的旅游资源，则应经常检查，对发现的问题要及时进行治理和修缮。

　　为了防止旅游者对旅游资源可能带来的危害，首先应加强本地的旅游规划工作，充分估计接待能力饱和对旅游资源的破坏性影响。一旦出现"人满为患"这种接待能力饱和甚至超负荷接待的情况，便应采取要么设法将游客引流分散至其他参观点，要么控制来访游客进入数量等措施，因为这种时候旅游资源遭受破坏的威胁最大。此外，对于重要的文物建筑及珍稀动植物等要架设隔离装置，避免游客触摸攀爬，对违反有关规定者要予以制止，并视情节严重程度给予批评、课以罚款直至追究其法律责任。

　　对于除旅游者以外的其他人为原因对旅游资源造成的破坏，除应加强对旅游资源保护的宣传外，还应制定必要的法律或法规加以约束。由于旅游资源具有多样性且在一定程度上具有主观效用，故人们似乎难以制定一项全面的旅游资源保护法。但我国有不少法令都直接与保护旅游资源有关，例如《中华人民共和国文物保护法》《中华人民共和国森林法》《中华人民共和国环境保护法》以及《中华人民共和国野生动物保护法》等。在采取预防性措施的同时，对危害和破坏旅游资源的单位和个人要给予必要的行政处罚和经济处罚。对造成严重破坏者，要追究有关人员的法律责任。

无论是治理自然作用对旅游资源造成的危害，还是人为原因对旅游资源造成的破坏，关键是要分派和落实有关保护工作的责任。我国是社会主义国家，旅游资源多为国家和集体所有，因而在健全管理机构、落实保护责任方面本应有一定的便利之处，但是由于各方面的原因，有些地方的旅游资源保护工作仍有欠缺。这些问题有待在改革过程中加以解决。

三、旅游资源的保护

（一）旅游资源保护的对策及措施

（1）加强宣传，对全民进行旅游资源保护的普及性教育，提高全民保护的自觉性。从上述对破坏旅游资源的因素分析中可以看出，人为因素对旅游资源的破坏作用尤甚于自然因素，因此通过大力宣传，树立全民保护旅游资源的意识是保护旅游资源最重要的对策之一。

（2）加强法治建设，健全旅游资源保护立法，使旅游资源保护有法可依。不可否认，无论怎样进行宣传教育，少数利欲熏心、知法犯法的不法分子仍将对旅游资源进行各种各样的破坏活动，因此需要利用法律的强制力来进行约束。这就要求立法部门不断健全和完善旅游资源保护法规，真正做到有法可依、有法必依、违法必究、执法必严，坚决杜绝人为因素对旅游资源的破坏。

（3）强化旅游管理部门职能，加强旅游管理，因地制宜，分门别类地保护旅游资源。旅游管理部门不能只是一个摆设，而应当遵照国家法律法规，根据市场形势，履行自己的职能，将旅游资源保护工作落到实处。

（二）必须处理好的两个关系

一是保护与开发的关系。旅游资源保护与开发二者是相辅相成，有机联系在一起的矛盾统一体，二者不能割裂开来。旅游资源保护得好才具有开发价值，而开发利用又能推动和促进保护工作的开展。在开发旅游资源过程中，应当把保护工作提到更重要的位置上来，并且将保护意识始终贯穿于这一过程之中。

二是保护与近期需要的关系。旅游资源保护是关系人类长远利益与发展的大事，但人们往往从近期利益出发，着眼于短期目标，为了生产和生活的需要而置保护于不顾，如侵占土地、肆意毁坏森林、滥捕动物等短视做法往往会损害长远利益，从而给旅游业甚至整个社会发展带来威胁，因此必须具有可持续发展的意识。

本章案例

敦煌莫高窟的保护与发展

敦煌在丝绸之路中占据着总枢纽的地位，堪称丝路第一枢纽城市。同时敦煌还拥有玉门关、阳关、汉长城、烽燧、悬泉置、莫高窟以及数十座古城等高水平高密度的文物点，是丝绸之路上历史文化遗存最丰富的地区。

莫高窟是中国现存规模最大的石窟寺遗址，是世界上历史延续最久、内涵丰富、艺术水准高、保存较为完整的佛教艺术宝库。在收入世界遗产名录的981项遗产中，完全符合世界文化遗产6条标准的遗存仅两处，敦煌莫高窟是其中之一。

一、保护：刻不容缓

（一）石窟超负荷：旅游承载力危机

过量的游客参观造成了一些洞窟过度"疲劳"，同时，过量的参观会给本有各种病害且空间狭小的洞窟造成新的危害。

（二）洞窟本身的体质脆弱、年久多病与过度开放的矛盾

大多数洞窟空间狭小，因此可承载的游客容量十分有限。洞窟经历千余年后，由于自然因素和人为因素的破坏，壁画和彩塑程度不同地存在多种病害，如酥碱、起甲、空鼓等。游客增多会使洞窟内的温度、湿度和二氧化碳含量不断变化，当湿度达到 $62\%\sim63\%$ 的时候，盐分活动会导致壁画快速劣化。

（三）景区内部的城市化和外围的孤岛化

敦煌莫高窟被开发为旅游产品，被当作直接经济对象而遭到破坏性开

115

发。旅游业及其相配套的餐饮、住宿和交通业在景区的过度开发，破坏了遗产本身的审美价值和资源品位，对景区原有的历史风貌及其周围生态环境造成了极大破坏，终将可能造成景观的不协调和遗产地可能被现代文明所取代。

二、发展：数字重现

为了延缓莫高窟洞窟壁画的"衰老"，敦煌研究院探索出了一些好的方法和措施，比如在预防性保护方面，通过技术手段实时监测开放洞窟的环境变化，及时分流客流。另外，敦煌研究院已形成了一整套拥有自主知识产权的敦煌石窟数字化工作方法和海量的数字化成果。

如今敦煌莫高窟的游览模式为数字展示加实体洞窟参观，这种新颖的游览模式，使得敦煌成为国内外首个通过数字化应用保护和利用文化遗产的典范。

莫高窟数字展示中心项目由敦煌研究院实施，是莫高窟保护利用工程的核心项目，2014 年 8 月 1 日正式投入运营，被称为数字莫高窟。莫高窟数字展示中心是世界上第一个将石窟艺术通过数字技术虚拟实景再现的体验场所。影院利用现代数字信息技术，全面采集与保存敦煌莫高窟壁画图像，借助具有最佳视觉艺术效果的影院系统，向游客播放主题电影《千年莫高》和虚拟漫游洞窟的《梦幻佛宫》两部 20 分钟数字电影，让游客获得身临其境般的感官体验。

三、总结

（一）抓住政策机遇

丝绸之路文化带是建设丝绸之路经济带国家战略的重要组成部分，敦煌文化所体现的国际性、包容性、开放性和跨时空的创新力，使其成为东西方文化交流对话的最佳媒介。

（二）技术引领发展——数字洞窟

数字洞窟的建设使莫高窟的旅游方式发生改变，游客先到游客中心观看高清数字电影，如此没有专业知识的人可更好地理解相关内容，然后到洞窟遗址现场快速浏览，缩短了游客在洞窟里的滞留时间。

（三）"互联网＋"旅游新模式

敦煌智慧城市建设，让世界任何地方均可以通过互联网了解敦煌旅游的实时动态，便在线实现结合虚拟物厢，升华精神，做到了千里之外，见尺之遥。

　　据敦煌研究院文物数字化研究所副研究馆员安慧莉介绍，目前，已完成 289 个洞窟数字化采集工作、162 个洞窟的数字化图像处理工作等，石窟数字化技术已经推广到全国多个省市。尤其是"数字敦煌"资源库的上线，让全球的人都可免费共享敦煌 30 个精品洞窟的高清数字化图像及全景漫游。人类文明的宝库，在科技的加持下，真正实现了永远保存。数字藏经洞的正式上线，更可以让大家"亲历"藏经洞的前世今生。在窟内可以自由操纵视角探索、放大细节，直观地感受和了解敦煌文化艺术的价值与魅力。

　　引自：张珂郡. 保护与发展——敦煌文化旅游产业分析［EB/OL］.（2023－06－18）（2019－10－09）. https：//wenku. baidu. com/view/c3855c8a866a561252d380eb6294dd88d1d23d57. html？ ＿ wkts ＿ ＝ 1689727822519＆bdQuery＝％E6％95％A6％E7％85％8C％E7％9A％84％E4％BF％9D％E6％8A％A4％E4％B8％8E％E5％8F％91％E5％B1％95.（引用时稍有修改）

第六章　旅游业

学习引导

旅游业是旅游活动得以顺利开展必不可少的中介体。在旅游活动的三大要素中，旅游业是旅游活动的中介体，为旅游者提供各项旅游服务，使旅游活动顺利开展，是实现旅游活动的条件和手段。

通过本章的学习，学生应掌握旅游业中旅游事业与旅游产业的区别，熟悉旅游业的构成与特点。旅游管理教指委指定的专业必修课有"旅游接待业""旅游目的地""旅游消费者行为""旅游规划与开发"。旅游接待业管理中，对旅游业中的旅行社、酒店、景区、交通等旅游支柱产业进行详细讲述，故本书不涉及支柱产业的内容，而是更为宏观地讲述旅游事业、旅游产业和旅游产品。

思政元素

（1）旅游业从业人员素质的高低决定了旅游服务的水平和质量，是增强旅游业竞争力和可持续发展能力的重要保障。旅游业须强化旅游从业人员职业素养的教育，引导学生增强职业荣耀感和归属感。

（2）理解我国实施"旅游供给侧结构性改革"的国家战略，目的是调整旅游产品的供给数量和结构，以更好地适应旅游需求的变化，从而坚定改革的方向。

（3）旅游既是事业也是产业，旅游业不仅是追求经济效益的产业，也是将"诗与远方"结合在一起的事业。在注重经济效益的同时，注重发挥旅游业的社会文化效益和生态效益，才能实现旅游业的高质量可持续健康发展。

第一节　旅游业的性质

一、旅游事业与旅游业

"旅游事业"与"旅游业"是社会实践中被人们经常使用的两个概念，它们各自所涵盖的范围到底有多大，长期以来一直没有明确的界定。具有综合性特点的旅游给经营者们带来的显著经济效益，国家为扶持旅游事业给予的各项优惠政策，都引发着社会上各生产部门争相参与旅游经营活动。在经济利益的驱动下，与旅游相关的企事业部门主动挂靠旅游业范畴的现象、政府职能机构直接介入旅游企业经营的现象都曾出现，所以我国旅游理论研究有必要对这两个具有不同性质的概念做出明确的规范。

"事业"与"业"本应分属两种不同类别的概念。所谓"事业"，是指有明确理想目标、活动范围、方法手段，并能作为人类社会活动的总和。旅游事业，是通过大规模发展消遣性旅游以提高人类生活质量的社会活动的总和。我国在1964年成立了国家旅游局的前身"中国旅行游览事业管理局"，该机构的名称明确指出了其工作性质。直至现在，各级旅游局都还承担着国家或本地区旅游事业的行政管理，其中包括对各直接旅游服务企业的督导。旅游是人类自由选择的休闲享受方式，各国政府都制定了有利于人们正常消费的旅游政策，这决定了旅游事业属于关系到国计民生的社会福利事业；旅游是求新、求知基础上的审美与交流活动，这使得旅游事业具有社会文化事业的性质；旅游是只有在社会安定、经济繁荣时期才能正常开展的经济消费活动，而所有大力发展旅游业的国家或地区都已取得显著的经济收益，这又决定了旅游事业是社会经济事业。

旅游事业的工作可分为两类：一是由政府机关、社会团体、教育部门等非营利性机构所从事的旅游行政工作与社会活动，如政策制定、行政管理、监督指导、学术研究、信息传递、宣传教育，它们被统称为旅游行政事业；另一类是以营利为目的的企业通过接待旅游者获取相应经济利益的旅游经营活动，它们被称为旅游经营业。

"业"是经济生产范畴的概念，主要是指因社会分工而形成的各种经济生产职能与组织的分类。早期人类历史上曾分别出现过畜牧业、农业、手工业、商业等社会大分工，指的就是此种职能分类。职能分类在人类千百年的社会经济发展实践过程中越来越细，并随着社会需求与变化规律而逐渐取舍、进化，最终形成维系整个人类生活的社会经济生产体系。所谓"某某业"则指此种职能分类中具有共同生产性质或经营性质的具体劳动组合，是生产直接经济价值的特定劳动行业组织的业种称谓，正如交通业也被称为交通产业一样。这就是说，"产业"与"业"是同一概念，所有的"业"都应当具有生产或经营的经济性质。

在现代经济理论中，根据各种劳动组织的不同生产性质，产业又被重新归纳为第一、第二、第三产业等类别。利用自然界中动物、植物等生物自身的繁衍成长能力，人类直接获利或促成其丰产后获利的劳动职能分类的总和被称为"第一产业"，包括农业、林业、牧业、渔业以及各种养殖业、种植业等，另外还包括已被当今许多国家法律所明令禁止的狩猎业。各种从事物质产品制造或加工的职能被称为"第二产业"，它们被统称为工业。第三产业则是进行非物质产品生产，以活劳动方式为他人提供特殊使用价值的职业组织的总和，它们被理解为服务业。

现代社会经济关系的一大特点是网络交错分布，这种相互依赖关系使得各种生产都必须借助其他部门的支持与配合，因而就出现了各种概念相互包容的现象。产业的概念越是含混、抽象，它们的兼容性就越强，以至许多产业很难从传统逻辑观念来明确区分其从属关系了，如服务业中可包含商业、金融业、交通业、旅游业、娱乐业等。反之，有些同类性质的劳动组织分类可能仅因规模的不同而分化为不同产业，如大规模生产加工直接消费产品的企业被归为第二产业，而家庭式作坊的手工业因参与市场直接经营却被人们习惯地纳入第三产业就是如此。旅游业只是诸多服务行业当中的一类行业集团，是需要各行各业支持、配合才能完成自身工作目标的综合性产业，它属于第三产业。

二、旅游业的定义

旅游业是一个界限模糊而又实际存在的产业，各行各业都自然而然地渗透到旅游业中来，它的这种综合性和多样性特点，使人们很难给它下一个确切和严密的定义。由于国度不同、经济制度不同、看问题的角度不同，人们对旅游业的认识也不同，因此出现了对旅游业概念多种多样的界定。

这些定义虽各有侧重点，却都具有两个共同点：一是旅游业是众多相关行业的集合，它既需要这些行业作为支撑，又同时具备这些行业的部分功能；二是旅游业的任务是便利旅游活动，通过提供旅游产品和服务满足旅游者的需要。作为人们的共识，这两点也是我们重新界定旅游业概念必须考虑的重要因素。但是，有一个事实经常被忽略，那就是一些既满足旅游者需求又满足当地居民需求的企业（如餐馆、某些商店）也常常被包括在旅游业的范畴之内，这显然扩大了旅游业的实际界限。就此，对旅游业概念的理解实际上应该有广义和狭义之分。

由于旅游业的投入与产出难以清晰地测算和确定，要完全明确地界定广义旅游业几乎是不可能的，这一点甚至在对狭义旅游业进行界定时也会遇到。为了理论研究和实际工作的需要，在这里还是有必要在综合前人成果的基础上给出较为宽松的旅游业定义。广义的旅游业是指以旅游资源为依托、以旅游设施为基础、以旅游产品为手段、以旅游市场为对象，通过提供旅游服务满足旅游消费者多样化需求并以此获得经济利益的综合性行业。旅游资源、旅游设施、旅游产品、旅游市场、旅游服务是旅游业经营管理的五大要素。狭义的旅游业是指为旅游者的旅行游览活动提供直接服务的行业和部门。旅游饭店业、旅游交通业和旅行社业构成旅游业的三大支柱。

（一）从旅游过程来分

（1）有关旅游准备的行业：提供旅游信息的新闻、广播、出版、通信等旅游宣传的行业，办理预订业务的旅行社，出售旅游用品的商店等。

（2）有关旅游移动的行为：包括主要的交通工具。

（3）有关旅游逗留的部门：旅馆业、餐饮业、博物馆、公园、娱乐设施等。

（二）从旅游业构成来划分

（1）直接旅游企业：旅行社、饭店、餐馆、旅游商店、航空公司、旅游景点、游乐场所等。

（2）辅助旅游企业：饭店管理公司、旅游商品服务公司、旅游影视、广播、出版系统等。

（3）开发性组织：有关旅游的政府机构，如旅游局、海关、公安局、财税局、文物局、园林局、科研机构等。

三、旅游业的构成

根据联合国《国际产业划分标准》（Indexes to the International Standard Industrial Classification of All Economic Activities）以及对直接或间接从事旅

游服务、旅游经营和旅游管理的具体部门加以分析，旅游业的构成应该包括旅行社业、以宾馆为代表的住宿业、交通运输业、餐饮业、游览娱乐行业、旅游用品和纪念品销售行业、各级旅游管理机构及行业组织等，其中旅行社、旅游饭店和旅游交通构成了旅游业的三大支柱。在构成旅游业的各类企业中，又可划分为直接旅游企业和间接旅游企业。所谓直接旅游企业是指有赖于旅游者的存在而生存的企业，其典型代表是旅行社、交通客运企业和旅馆企业。那些虽然也为旅游者提供商品和服务，但其主要供应对象并非旅游者，或者说旅游者的存在与否并不危及其生存的企业可称为间接旅游企业，如餐馆和游览娱乐企业。由此可见，旅游业是由直接旅游企业和间接旅游企业及支持发展旅游的各种旅游组织构成的。

四、旅游业的特点

旅游业以旅游资源为依托、以旅游设施为基础、以旅游产品为手段、以旅游市场为对象，因而兼具上列要素的一些基本特点，如综合性、脆弱性、波动性、季节性等。除此之外，从旅游业的职能和实际效用等方面来看，它还具有某些自身特点。

（一）旅游业的依赖性

旅游业的依赖性特点主要表现在三个方面。一是需要以旅游资源作为依托，在旅游资源极度贫乏的地区大力发展旅游业是不现实的。二是有赖于国民经济的发展，客源国的经济发展水平决定着旅游者的数量、消费水平和消费频率；接待国的经济发展水平则决定着旅游综合接待能力的强弱，并在一定程度上影响服务质量。三是有赖于相关行业和部门的通力合作与协调发展，其产业链条上任何一个行业脱节，都会使旅游经营活动难以正常运转。

（二）旅游业的带动性

旅游业本身是一个产业群体，发展旅游业必然会带动其相关的诸多行业也得以共同发展。据世界旅游组织资料显示，旅游部门每直接收入 1 元，相关行业的收入就能增加 4.3 元；旅游部门每增加 1 个直接从业人员，社会就能增加 5 个就业机会。可见，旅游业的带动性不仅表现在行业联动方面，还突出表现在就业联动方面，作为一个综合性的服务行业，旅游业比其他行业具备更强的就业吸纳能力。

（三）旅游业的涉外性

旅游业素有"民间外交"的称号，是一种典型的外向型经济产业。旅游活动可加强世界各国人民的了解，增进相互之间的友谊，有利于维持世界和平与稳定发展，正是从这个意义上，旅游业才成为外事工作的一部分。旅游这种民间外交相对于正式外交而言，还具有广泛性、群众性、灵活性、有效性的特点。此外，旅游业的涉外性还体现在开展国际旅游活动时各国旅游经营单位和国外旅游经营单位之间必然要发生的经济和业务上的交往。

（四）旅游业是资金密集型和劳动密集型产业

现代行业根据生产实力特点可划分为资金密集型、技术密集型、劳动密集型等种类。判断某一行业属于哪种类型有三个标准：一是每个劳动力占用固定资产的多少；二是企业成本中活的劳动消耗所占比重的大小；三是企业资金或资本有机构成的高低。根据这些标准，我国的涉外饭店每个劳动力所占用的固定资产一般为 2.5 万～5 万美元；涉外餐馆、大型游乐场为 1.5 万～3 万美元；公寓写字楼为 5 万～8 万美元。它们的有机构成一般都高于重工业，这些企业的活的劳动消耗比重一般占总成本的 7%～8%，但只占总收入的 2%～5%，而且，这些企业的兴建时间和投资回收期也相对较长，所以说，旅游业属于资金密集型产业。与此同时，旅游业作为第三产业中的先导产业，其产品性质决定了其需要众多劳动者直接或间接地参与服务。若按世界旅游组织对亚太地区旅游就业的比例关系分析，每一间客房的直接与间接就业人数比为 1∶4，这就意味着平均每个旅游者需要有 2 人为其提供随时服务。在西方发达国家或地区的旅行社业中，企业工资支出占总经营成本的比重可高达 40%。这些都说明旅游业属于典型的劳动密集型产业。

五、旅游业的发展趋势

随着经济全球化、区域化、城市化、数字化进程加快，旅游消费者需求变得多元化和个性化，消费者对旅游体验的价值认识不断提升。同时受2020 年以来的新型冠状病毒肺炎疫情的影响，游客会采取减少出行的频率和规模的方式，减轻家庭的经济压力，对旅游目的地的选择更加精准。在此时代背景下，旅游发展呈现出较为明显的四个趋势。

（一）可持续性旅游

随着人们对环保问题的关注日益增强，国家政策的不断出台，国土空间规划的严格执行，可持续性旅游逐渐成为旅游业的重要趋势。这种类型的旅游强调的是三个内容：保护环境、社会效益、经济可行。

1. 保护环境

旅游景区位于自然环境中，其生态环境、文化资源是长期累积的。投资者在建设和开发时应该注重环境保护和可持续发展。在选址过程中，要考虑到景区周围的生态环境和野生动物栖息地，不要选择会破坏这些地区生态环境的投资方案。在建设过程中，要尽量采用环保材料和节水、节能技术，减少对环境的影响。投资后，要建立健全的环保制度，加强景区环境的监管和保护，保护景区的生态环境和自然资源。

2. 社会效益

旅游景区的成功与否，不仅仅取决于它的游客数量和财务盈利能力，还与其对当地社会的影响息息相关。投资者应该注重社会效益，考虑如何给当地带来经济利益，提升当地人民的生活水平。在建设景区时，可以挖掘当地的文化资源和特色，建立旅游产业链。同时，景区投资应该优先考虑招募当地员工，提高当地人的就业率，降低当地的贫困率，为当地发展做出贡献。

3. 经济可行

投资景区除了要注重环境和社会效益外，最终仍然需要考虑经济可行性。投资者要进行科学的预算和分析，确保投资项目的经济可行。在预算方面，需要考虑到所有可能的成本和收益，并给出合理的投资计划。在经营过程中，需要注意景区的成本控制和收入增长，合理控制经营成本和提升景区服务质量，从而确保景区的经济效益。

（二）个性化旅游

在信息技术革命的新时代，人们的消费需求呈现出个性化和差异化的趋势，旅游也不例外。个性化旅游可以帮助旅游者更好地满足自己独特的需求。这需要旅游行业进行深度挖掘和分析，精细化设计旅游产品，提供更加个性化的服务。促使个性化旅游发展的原因主要有：旅游消费升级、消费结构变化、社交网络发展、行业竞争加剧以及建造技术进步。

1. 旅游消费升级

消费者对旅游体验的要求越来越高，希望出游可以更加舒适、便利、有趣，因此个性化需求也逐渐增加。

2. 消费结构变化

Z 世代的兴起，让旅游消费的结构出现了显著的调整。Z 世代人与前几代人相比，更加关注个性化体验和个性化需求的满足。在旅游领域中，他们不再满足于传统旅游产品，而更愿意选择与自己兴趣爱好相关的旅游项目。因此，旅游业要满足新一代消费者的需求，必须发展个性化旅游产品。

3. 社交网络发展

社交网络的流行使得人们更加注重自己的品牌形象，希望通过旅游个性化来展现自己的独特魅力。

4. 行业竞争加剧

旅游市场竞争越来越激烈，个性化旅游可以为旅游业提供差异化优势，增加市场竞争力。

5. 建造技术进步

建造技术的发展使得旅游设施更加多样和丰富，设施的建造技术和设计理念都可以根据不同的需求和主题进行个性化设计，让旅游的个性化发展有了很强的基础。

（三）文化体验旅游

旅游的主要目的之一是体验不同的文化，文化也是让旅游丰富多彩的重要依托。文化体验旅游是以旅游者体验和融入当地文化为核心，着力于传播和保护当地传统文化、历史和艺术。文化体验不仅是旅游目的地打造的一种新型旅游产品，也是一种促进文化多元化、弘扬本土文化的方式。文化旅游的发展方式丰富多样，主要有以下几种。

1. 文化景观

文化景观，指人类在不同历史阶段所创建的文化建筑、地标、文化遗址和景点等。

2. 文化艺术

文化艺术，指人类在不同历史时期所创造的文学、音乐、绘画、戏剧、舞蹈等形式的艺术。

3. 文化遗产

文化遗产，指人类在不同历史时期所创造的物质文化遗产，如博物馆、收藏品、手工艺品等。

4. 文化传统

文化传统，指人类在不同历史时期所创造的传统生活方式、习俗、节庆、宗教和信仰等方面的文化。

5. 文化活动

文化活动，指游客可以亲身参与的活动，如体验传统手工艺、体验当地特色饮食、欣赏当地特色表演等。

这些内容可以让游客深度体验当地的文化背景与人文风情，从而获得独特的旅游体验，这也是文化旅游受到游客青睐的重要原因之一，更是吸引游客到达景区才能体验的重要方式。

（四）数字化旅游

随着移动互联网和信息技术的飞速发展，数字化旅游成为旅游业务场景的新时代。数字化旅游可以提高旅游体验和旅游服务的质量，也提供了新的营销和运营手段。致使这一趋势产生的原因主要有以下几种。

1. 移动端渗透率越来越高

随着智能手机和移动设备用户数量的不断增加，数字旅游在移动端的需求也越来越高。手机应用和移动网站已经成为数字旅游的主要入口。

2. 虚拟和增强现实技术的应用

随着技术的发展，虚拟和增强现实技术在数字旅游中越来越多地被应用。游客可以通过这些技术提前感受旅游景点的气氛，甚至可以体验虚拟旅游。

3. 大数据分析和应用

数字旅游构成了一座庞大的"数字世界"，其中涉及的数据和信息也越来越多。通过对这些数据进行分析，可以更好地了解游客需求和旅游市场趋势。

4. 社交媒体和在线营销

社交媒体和在线营销已经成为数字旅游中不可或缺的一部分，可以吸引游客关注和分享旅游信息。

5. 数字化服务和自助服务

数字旅游给游客提供了更多的自助服务，包括在线"DIY"购票、导览、支付等服务，使游客享受更便捷的旅游和服务体验。

抓住趋势，不断创新，抓住市场需求，还需要不断创新，提供更符合趋势的旅游产品和服务，这是当前诸多景区需要提升与发展的方向。

第二节　旅游产品

一、旅游产品的概念

从旅游目的地的角度出发，旅游产品是指旅游经营者凭借着旅游吸引物、交通和旅游设施，向旅游者提供的用以满足其旅游活动需求的全部服务。旅游产品是整体概念，它是由多种成分组合而成的混合体，是以服务形式表现的无形产品。

从旅游者的角度出发，旅游产品就是指旅游者花费了一定的时间、费用和精力所换取的一项旅游经历。这个经历包括旅游者从离开常住地开始，到旅游结束归来的全部过程中，对所接触的事物、事件和所接受的服务的综合感受。旅游者用货币换取的不是一件件具体的实物，而是一种经历。

二、旅游产品的构成

整体旅游产品构成的主要内涵有旅游吸引物、旅游设施、可进入性和旅游服务四个方面。其中旅游服务是旅游产品的核心。

（一）旅游吸引物

旅游吸引物是旅游者选择目的地的决定因素，它蕴藏于自然环境和人类社会中，代表着各种旅游胜地的特色，代表着不同的民族文化传统。有的吸引物是独立存在的，有的是组合而成的。旅游吸引物数量的多寡和吸引力的大小是一个地区能否开发成热点旅游区域的先决条件。旅游吸引物可根据其性质划分为自然吸引物与人文吸引物两大类。自然吸引物可分为地方景观、水域风光和生物景观三区类。人文吸引物可分为古迹与建筑，休闲、求知与健身场所与设施，购物场所三区类。

（二）旅游设施

旅游设施是直接或间接向旅游者提供服务所凭借的物质条件。旅游设施在旅游产品构成中不是游客流向的主要因素，但旅游设施不配套会影响或阻碍旅游者对旅游吸引物的追寻。旅游设施包括旅游服务设施和旅游基础设施两种。

旅游服务设施是指旅游经营者直接服务于旅游者的凭借物，一般包括住宿、餐饮、交通及其他服务设施。旅游基础设施是指目的地城镇建设的基本设施，虽然这些基础设施不直接对旅游者提供服务，但是在旅游经营中它是直接向旅游者提供服务的旅游部门和企业必不可少的基础设施。

（三）可进入性

可进入性指旅游者进入目的地的难易程度。具体表现为进入游览点、服务设施和参与旅游活动所付出的时间和费用。可进入性受交通工具、目的地的交通基础设施条件、政府政策和经营方面等因素的影响。

（四）旅游服务

旅游服务是旅游产品的核心。旅游服务是接待旅游者过程中体现的各种服务，主要包括导游服务、饭店服务、交通服务和组织管理方面的劳务活动。

从市场营销角度研究旅游产品的构成时，除上述四部分外，旅游目的地的形象和价格也很重要。旅游者对目的地的评价和态度直接影响他们的购买决策。

三、旅游产品的特点

旅游产品作为一种以无形服务为主的特殊产品，除了具有一般有形产品的基本属性——价值和使用价值外，还具有自己独特的性质。

（一）旅游产品的综合性

旅游产品的综合性首先表现在它是由多种旅游吸引物、交通设施、住宿餐饮设施、娱乐场地以及多项服务构成的复合型产品，能够同时满足旅游者在食、宿、行、游、购、娱方面的综合性需求，它既是物质产品和服务产品的综合，又是旅游资源、基础设施和接待设施的结合。其次，旅游产品的综合性还表现在旅游产品的生产涉及众多行业和部门，其中既有直接为旅游者服务的饭店业、餐饮业、娱乐业、交通运输业以及旅行社业等，又有间接为其服务的农副业、商业、建筑业、制造业等行业和海关、邮电、公安、银行、保险、医疗卫生等部门。

（二）旅游产品的同一性

由于旅游产品是一种经过深度加工的高附加值产品，原来分散存在于各个行业的不同产品，经过旅游经营者的设计、开发、组合与销售，其原有价值大大提高了，而且它所含的价值内容有相当大的部分是由即时劳务构成，所以这决定了旅游产品的生产和消费具有高度的同一性。这种同一性同时也表明旅游产品是一种不可贮存的特殊产品，当没有旅游者到来并购买时，旅游产品就不会生产出来，也就无法像其他有形产品那样，在暂时销售不出去的情况下可以贮存起来留待日后再出售。因此，旅游产品与旅游者的在场是同步的，一旦旅游者做出购买抉择，他便可即时拥有旅游产品的使用权，当其消费行为结束时，旅游产品就自然解体，因而它还是一种最终消费品。

（三）旅游产品的分权性

在旅游消费活动过程中，旅游产品的所有权、经营权与使用权是分开的。一般而言，旅游产品的所有权在任何时候都属于目的地拥有，作为旅游中间商的旅行社只拥有旅游产品的经营权，当其出售旅游产品时，旅游者获得的是对旅游产品一定时段内的使用权，而不是像购买一般有形消费品那样同时拥有所有权。旅游者在通过购买获得这种暂时性的使用权后，不仅不能将旅游产品的基本部分带走，而且要承诺在使用期间保持旅游产品物质和非物质构成的完好无损。旅游产品的这一特性，很容易造成旅游产品销售上的困难，因为旅游者对购买某一旅游产品可能怀有较高的风险预期，能否帮助顾客克服消极的心理预期，是旅游市场营销能否成功的关键。

（四）旅游产品的替代性

旅游消费是建基于人类的基本生活需要之上的一种较高层次的需求，它因受到政治、经济、文化、战争等各方面复杂因素的影响而表现出较大的需求弹性和替代性。首先是旅游产品和其他商品之间存在互相替代关系，两者价格的不同变化，会引起旅游产品需求量的从属变化。其次是不同的旅游产品之间也具有很强的替代性，日益增多的旅游产品数量和类型使旅游者有了更多的选择余地，从而增加了其选择的随机性，这就导致不同旅游目的地和不同类型的旅游产品相互替代性较强。实践证明，旅游产品的需求价格弹性、需求收入弹性和交叉弹性都比较高，因而旅游产品经营具有很大的风险，竞争也很激烈。

（五）旅游产品的脆弱性

旅游产品的脆弱性是指由于受多种因素的制约和影响，其价值或使用价值的实现易于折损的现象，这些因素有由旅游产品本身特点形成的，也有受外部不可控制因素的制约而形成的。一方面，旅游产品结构中食、宿、行、游、购、娱各部分的构成比例关系因旅游者的规模、标准不同而有不同的最佳组合。在旅游接待过程中，任何一部分的超前或滞后都会影响旅游经济活动的正常运转，从而影响到旅游产品整体效能的发挥。另一方面，旅游产品的脆弱性还表现在旅游活动必然会涉及人与自然、人与社会和人与人之间的多层关系，因此诸如战争、社会动乱、安全事故的发生和国际关系、政府政策、经济状况、汇率变化等的变化都会引起旅游需求的变化，继而影响旅游产品价值的实现。

四、旅游产品组合开发

（一）旅游产品生产要素与组合

生产要素是进行产品生产所必须具备的因素和条件。旅游生产要素，即旅游从业人员和提供服务所要凭借的物质的和非物质的劳动产品和自然物。旅游生产要素是由旅游业劳动者和旅游服务所凭借的吸引物、旅游服务设施及其他服务设施组成的。

旅游产品的组合原则应以最有效地利用资源，最大限度地满足市场需要和最有利于竞争为标准。常见的旅游产品组合策略有三种：一是全面全线型组合，即针对全部旅游市场的各种目的的旅游需要的旅游产品组合，包括观光、度假、体育、探亲等旅游产品线，也包括会议、商务、贸易、宗教等各专项旅游线；二是专项系列组合，它是割据企业自身的经济、技术条件和社会条件需要，向一部分专门市场组合专项系列型旅游产品，如文化系列旅游等；三是专业型组合，它是针对某一特定市场需要来组合的各种旅游产品线，如长江三峡风光游。

（二）旅游产品开发的原则

旅游产品开发是根据目标市场需要，对旅游资源、旅游设施和旅游业从业人力资源进行规划、设计、开发和组合。旅游产品开发包括两个方面，一是对旅游地的规划和开发，二是旅游线路的设计和组合。无论是哪一种开发，首先要对旅游者的潜在需求进行分析，对市场环境、投资风险、价格政策等诸多因素进行深入的研究。这些因素中主要有：对潜在客源市场的分析；对旅游吸引物、传统文化、劳动力素质、旅游基础设施和地面服务设施、交通网络的评价；对目的地经济及采取状况的分析；对旅游环境及社会影响的研究等。这些因素涉及一个地区的文化、社会、环境和经济等各个领域。根据上述因素的分析对比可产生一系列规划和设计方案，再选择其中既符合潜在旅游者的需要又符合目的地特长、有竞争力的项目进行开发。

旅游产品开发计划必须建立在如下三方面可行性研究基础上：旅游产品构成的合理性分析；旅游投资与投资风险的经济预测分析；社会、文化、环境方面的分析。根据以上三方面制定的旅游产品开发计划还要依据市场环境发生的变化进行检查和修改。

本章案例

深化文旅融合，谱写改革开放华彩新篇章

在庆祝改革开放40周年大会上，习近平总书记号召全党全国各族人民要更加紧密地团结在党中央周围，高举中国特色社会主义伟大旗帜，不忘

初心，牢记使命，将改革开放进行到底，不断实现人民群众对美好生活的向往，在新时代创造中华民族新的更大奇迹！创造让世界刮目相看的新的更大奇迹！

从 1978 到 2018，中国改革开放走过了波澜壮阔的 40 年，旅游业实现了日新月异的迅猛发展。一方面，受益于改革开放的全面推进，旅游业实现了跨越式发展；另一方面，作为改革开放的前沿和全面深化改革的重要组成部分，旅游业为实现第一个百年奋斗目标做出了积极贡献。

40 年间，旅游从少数人的消费活动发展为人民群众的寻常生活，并担负起满足人民美好生活需要的历史使命。我国国内旅游统计数据始于 1984 年，当年国内旅游人次为 2 亿，2017 年则达到 50 亿；出境旅游人次从 1992 年的 298.87 万增长到 2017 年的 1.31 亿；国民人均出游次数从 1995 年的 0.524 次增长到 2017 的 3.7 次。国民旅游从"有没有"朝"好不好"转向，从城市居民向农村居民普及，从发达地区向欠发达地区延伸，从国内出行向境外旅游跨越，从走马观花向深度体验转变。

40 年间，旅游从早期的"外交事业"、出口创汇产业到后来的国民经济新的增长点，逐步发展为国民经济战略性支柱产业和五大幸福产业之首。旅游在国民经济和社会发展中的战略地位不断提升。根据中国旅游数据中心的测算，2017 年我国旅游业综合贡献 8.77 万亿元，对国民经济的综合贡献 11.04%，旅游综合最终消费占同期国民经济最终消费总额的比重超过 14%，旅游综合资本形成占同期国民经济资本形成总额的比重约为 6%，旅游综合出口占国民经济出口总额的比重约为 6%，旅游对社会就业综合贡献达 10.28%。

40 年间，旅游业的功能不断扩大。早期发展旅游以赚取外汇为主，而后逐渐转变到扩大国内消费、带动经济增长、转变经济结构上来。党的十八大以后，随着"五大发展理念""五位一体"总体布局和"四个全面"战略布局等一系列新思想新理念新战略的提出，旅游在满足民生需求、实现社会和谐、促进文化发展、平衡区域发展、保护生态环境、提升国家形象等方面发挥了更大作用。

40 年间，我国旅游业增长速度显著高于国民经济增长速度，也显著高于全球旅游平均增速。目前我国旅游业正在从高速增长向优质发展转变，从强调规模、速度的外延式、粗放型发展向追求品质、效益的内涵式、集约型发展转变，从资源、要素驱动向创新、效率驱动转变。产品创新、业态创新、技术创新、主体创新、制度创新、服务创新全面变革并集成发展。

40年间，我国旅游市场主体不断发育，从以政府和外资投资为主，到国家、地方、部门、集体、个人"五个一起上"，再到今天形成了以民营为主、国有企业和政府投资共同参与的多元主体投资格局。由中国旅游集团、首都旅游、华侨城等大型国有旅游集团，携程、凯撒等新型旅游市场主体，以及各种类型的旅游创业企业构成的旅游市场群体多元发展、齐头并进。

40年间，我国旅游发展主体从政府主导转向全社会参与，各类主体积极参与旅游发展，共享旅游发展成果。私人资本、外国资本等社会投资在旅游发展中的比重日益提高，当地社区、民间组织等社会组织在旅游管理中的地位不断提升，各类智库、大众媒体等社会力量在旅游决策中的作用受到重视。

40年间，我国旅游管理体制从部门管理向现代治理体系转变，旅游综合协调职能显著增强，旅游法律法规制度全面优化，旅游业现代治理体系初见成效、治理能力显著提升。政府机构、社会组织、行业协会、社会大众、旅游者等主体共建共治共享，法律、行政、经济、社会等各种手段相互配合、综合使用，一个立体、高效的旅游治理体系以及与之相配套的组织体系、制度体系、运行体系、评价体系和保障体系正在构建之中。

40年间，我国旅游业对外开放水平不断提升，越来越多的中国游客、中国旅游企业走向世界，越来越多由中国发起成立的国际旅游组织聚合力量，中国正逐渐深度融入世界旅游分工体系，成为推动全球旅游发展的重要力量。

40年间，我国旅游发展实现了从以景点、饭店、旅行社等为主的散点式旅游向全域旅游转变，并将按照"宜融则融，能融尽融，以文促旅，以旅彰文"的原则实现文化与旅游的融合发展。目前，各地以文化和旅游融合发展为主线，加快推进机构改革，统一规划布局，优化公共服务，促进产业融合，加强综合管理。各级政府和广大企业正着力提升旅游的文化内涵和文化品位，同时通过现代手段，将更多文化资源和文化要素转化为深受旅游者喜爱的旅游产品，不断拓展文化和旅游融合发展的方式、广度和深度。

习近平总书记指出，我们要加强文化领域制度建设，举旗帜、聚民心、育新人、兴文化、展形象，积极培育和践行社会主义核心价值观，推动中华优秀传统文化创造性转化、创新性发展，传承革命文化、发展先进文化，努力创造光耀时代、光耀世界的中华文化。

从漫长的人类历史来看，40年不过短暂一瞬，然而对于13亿中国人来说，过去的40年带来的是沧海桑田、翻天覆地的变化。站在新的历史起点上，旅游业将以满足人民日益增长的美好生活需要、提高国家文化软实力和中华文化影响力为目标，通过文旅融合发展，谱写中国改革开放的华彩新篇章。

引自：宋瑞．深化文旅融合，谱写改革开放华彩新篇章［EB/OL］．(2023－06－08) (2018－12－19) https：//www．thepaper．cn/newsDetail_forward_2753140．（引用时稍有修改）

第七章　旅游组织

学习引导

现代旅游不只是人们越过地缘政治界线的简单运动，它与政治、经济、文化等方面都有着十分复杂的关系。国家在旅游业的发展中有着十分重要的作用，而这种作用是通过旅游组织所制定的方针和政策来实现的。本章内容要求学生了解我国和国际旅游组织的类型，熟悉政府在旅游业发展中的作用，掌握旅游组织的定义及其职能。

思政元素

（1）中国已经成为世界旅游的领先者之一，这也对中国政治地位的提升作出了贡献。学生应增强对国家的自信心和自豪感，树立为中国旅游发展作出贡献的远大理想。

（2）中国"以公有制为主体，其他经济体制为补充"的基本经济体制和"以市场经济为主体，计划经济为补充"的社会主义市场经济体制，共同决定了政府在旅游业发展中起着重要的作用，能够集中力量办大事。这与西方国家不同，是中国特色。

第一节　政府与旅游组织

随着旅游活动规模的扩大，特别是随着旅游业在推动经济发展中的作用日渐重要，世界各国政府乃至旅游目的地的地方政府都对旅游和旅游业的发展给予了越来越多的关注。在旅游业发展中，充分发挥政府的职能作用，实施政府主导战略已经成为许多国家的共识。

一、充分发挥政府在旅游业中的主导作用

政府在旅游业的主导作用首先表现在政府行为是推动国际旅游发展的先决条件。旅游业是一个重要的经济产业，许多国家都将其纳入经济发展的整体计划之中，给予高度重视和支持。旅游业涉及的范围相当广泛，政治、经济、文化等无所不包。首先，现代的国际旅游不只是越过地缘政治分界线的简单运动，它更与复杂而敏感的国际关系息息相关，如外交承认、议定商务、通航、领事权、签证发放协议等，都是国际旅游的先决条件。其次，作为一个旅游目的地，一个国家在国际旅游市场上以何种形象出现以及这种形象的建设和确立，并非某一部门或旅游企业力所能及的，都需要政府的参与和决策。这表明，国家在旅游业中发挥着重要的主导作用。

在旅游目的地的开发和营销过程中，政府的主导作用是通过组织和协调功能来完成的。在旅游目的地的开发过程中，将会涉及土地资源利用、环境保护、基础设施建设、旅游设施建设、功能区域划分、资金筹措、人力资源供给、法律纠纷等一系列不可避免的问题，而旅游业所涉及的范围之广以及旅游业构成的综合性使得各有关方面之间不存在自动的协调，因此，这些问题的有效解决只有靠政府强有力的组织和协调。此外，政府在旅游目的地的营销中也发挥着重要的影响作用，政府代表团的出访宣传、旅游目的地政府组织的旅游大篷车、新闻发布会以及政府领导人的宣传讲话都能有效地提升旅游目的地的形象。政府在旅游业的主导作用还表现在其不可替代的宏观管理职能方面。旅游业的依托性很强，旅游业和旅游产品具有综合性和复杂性，这使一个国家的旅游政策目标不可能仅靠旅游企业（特别是私营部门）的自身行为去得以实现；另外，旅游业的经济结构多元化，客观上也要求有一个具有内在协调性的政策体系。这一体系能保证旅游业发展的顺畅运行。因此，只有作为旅游业的管理者和发展政策的制定者（即政府）协调统一，才能保证各项政策不相互矛盾。另一方面，在保护消费者利益以及防止不公平竞争等方面，政府有责任对旅游业加以管理和制约。为了社会安定，政府有必要规范社会行为，如果放任自流和不加管制，诸如赌博和色情活动等不良现象便会泛滥并危害社会健康。为保护环境和实现旅游业的可持续发展，政府必须建立健全相关法律制度并提供有效的保护措施。从现实的经验教训中人们越来越清醒地认识到，如果缺少了政府宏观管理者职能的发挥，就无法实现旅游的可持续发展。

二、旅游产业宏观管理与协调的基本手段

为了保证旅游业的健康发展，政府必须运用经济手段、法律手段、行政手段、信息手段，加强对旅游业的宏观管理与协调。

（一）经济手段

经济手段是国家在市场经济条件下，通过各种经济杠杆，按照各种经济关系相互作用的规律对旅游业的发展进行调控的手段。它包括财政政策、货币政策、金融政策、外贸政策、物资分配政策等。如利用信贷利率可以调节资金流向，利用税收可以调节国家、企业的利益分配，利用价格可以调节不同季节的旅游供求矛盾等。经济手段的另一突出特征是国家对经济手段的掌握和控制，它能有效避免市场的盲目性，发挥国家的调控作用。旅游业是经济产业，遵循一般的经济规律，经济手段是旅游业宏观管理与调控的最重要的手段。在经济手段的选用中，信贷、税收利用得较多，其他如利率则利用得较少。

（二）法律手段

法律手段主要指经济法规和相关的行政法规，也就是国家以法令、条例、规定的方式对国家、企业、个人在经济活动中的行为加以规范，以处理和调整各级国家机关、企事业单位、各种经济组织以及个人之间的经济关系和市场行为，如税法、企业法、海关法、反垄断法等。一方面，法律手段有相当的稳定性，各层次法规一旦审批通过明确后，则在一定阶段内执行。另一方面，法律手段有鲜明的归属性和强制性。凡经济法规经过一定层次的权力机构制定或认可后，即具有约束力，必须执行，不可随意废弃。另外，经济法规还具有专业性，每一项经济法规都和具体的经济活动相联系。对于旅游业，最根本的法律依据应该是《旅游法》，此外，旅行社、饭店、旅游交通、旅游商品等各行业应有专门性的法律、法规，以适应旅游业发展的需要。

（三）行政手段

行政手段是依靠行政组织，运用行政命令、指令、规定和法令等强制性手段组织、指挥、监督、调节社会经济活动的办法。行政手段的具体方式多种多样，如指令性计划、指令性价格，对企业的审批、注册、升级、定点、关停并转等。行政手段的特点十分突出，执行快速及时，而且有相当的强制性。旅游业在我国国民经济中是以市场机制为主的外向型产业，根据我国市场经济的发育程度和企业的组织状况，仍然需要相当的行政手

段，以配合经济手段、法律手段，调控旅游经济的发展。

（四）信息手段

信息手段指国家政府通过发布信息以引导企业行为的方法。现代化大生产的发展和市场的逐步完善，都使经济的运行变得更加繁杂。在这种情况下，单个的企业由于其局限性，很难对全局性的涉及长远发展的趋势做出准确的判断，由此影响企业决策和企业行为，容易产生自相冲突的随意性。因此更需要政府的宏观导向。运用信息手段，通过政府发布信息，就成为必然。

三、政府对旅游业管理行使的有效措施

政府对旅游业管理行使的有效措施很多，既涉及通过建立旅游行政管理机构进行直接管理，也包括通过其他形式例如对外政策的制订、有关的立法与执法、基础设施的规划与建设等方面进行间接管理。一般而言，政府干预旅游发展的具体措施主要分为两大类：一类是需求管理措施，一类是供给管理措施。

（一）需求管理措施

在影响和控制需求方面，政府采用的主要措施有四个。

1. 目的地的宣传与促销

主要包括：①推出旅游精品路线；②举办特色宣传活动；③搭建网络营销平台；④积极参加各级、各类旅游推介会。

2. 为来访游客提供信息服务

主要包括：①为来访游客提供便利，以丰富其经历；②影响和控制游客活动的流向和流量，以防止交通拥挤和某些局部地区的人满为患；③影响来访游客的行为，以维护当地的旅游资源和避免不可接受的文化冲突。

3. 通过控制价格去影响需求

这种影响包括直接影响和间接影响两大方面。所谓直接影响是指政府通过控制国有旅游景点的收费标准以及国有运输公司、饭店、纪念品商店等旅游企业的产品价格去直接影响旅游需求；所谓间接影响是指政府通过汇率和外汇管制、实行差别税率等手段去间接地刺激鼓励或控制来访旅游需求。

4. 控制游客进入量

这一手段既可用于限制游客来访数量，亦可用于将游客分流。在国际方面，政府可通过限制签证发放量来控制入境旅游需求。在国内方面，政

府则可以采取各种控制准入方法尽量避免游客集中流向某些旅游热点地区，从而减小因此而引起的交通拥挤以及因超载接待而对旅游资源造成的损害。

（二）供给管理手段

政府在控制和影响旅游供给方面的常用手段主要包括以下几种。

1. 控制土地的用途

这是控制旅游供给的最基本的方法。各国政府大都有某种形式的城乡规划立法。根据这种立法，扩大或改变土地的用途都须事先获得政府批准。通过制定土地区划以及采取强制性征购方法是政府推动旅游开发工作的常用手段。

2. 对建筑物行使管制

这一手段常用以配合用地控制。就一般情况而言，管制的内容包括建筑物的规模、高度、形状和颜色以及停车场的安排。在对有关旅游接待设施的开发中，停车场的安排往往为人们所忽视。旅游接待设施的经营者往往认为停车场收益不大而不予提供，其后果很可能是人们将车辆停放于附近街道边上，从而引起交通不畅和当地居民的不满。因此，在对旅游业建筑管制方面，停车场的安排是一个不能忽视的重要内容。

3. 市场管制

政府可以通过立法和法规对旅游企业的市场行为进行管制和规范。这类手段的使用目的主要包括控制市场准入、维护公平竞争以及保护消费者利益。在有些国家中，这一手段的使用不一定以立法或政府法规形式进行。例如在私营部门实力很大的某些西方国家中，政府可以借助行业协会的力量制定和推行行业行为规范，以达到政府的管制目的。

4. 实行特别征税

有些国家或地区对来访旅游者征收旅游税。常见的做法是将这一税额摊入酒店，由酒店上缴政府税务部门。征收旅游税的理由主要在于，旅游者在来访停留期间所使用的公共产品皆由当地社会提供，而外来旅游者的使用增加了当地提供这些公共产品的外部成本，因而旅游者有义务为此做出补偿。由于这种旅游税通常摊入酒店，所以旅游税事实上并非完全由旅游者承担，而是由旅游者和下榻酒店双方分担，但这种分担也不存在固定的比率。一般地讲，住宿价格越高，旅游者所承担的部分越大；反之，则酒店承担的部分越大。关于这方面的经济分析，这里限于篇幅不再展开讨论。我们只要了解征收旅游税的基本原因也就够了。此外，有些国家和地区还对旅游业实行某些特别征税或特别税率，例如机场税便是常见的例子。另外，有些国家和地区对某些类型的旅游企业实行特别税率，例如在允许开设赌场的地区，政府得自赌场的税收高达赌金收入净额的 50%。

5. 投资鼓励政策

为了鼓励发展旅游业以及协调旅游业发展的地区布局和消除旅游业发展中的"瓶颈"问题，很多国家和地区政府都对投资者实行这样或那样的鼓励政策。这些鼓励政策大致可分为三类：①与减小投资额有关的优惠政策，主要包括：提供投资补贴、低息贷款、无息贷款、延长还贷期、提供基础设施、以低于市场价的价格提供建设用地以及对开发项目所需进口的建材减免关税，等等。②与减小经营成本有关的优惠政策，主要包括：减免纳税（5～10 年）、提供员工培训补贴、对营业所需的进口物资减免关税、提供特别折旧免税，等等。③与保证投资安全有关的政策，例如保证对所投资的项目不会实行国有化，所投资项目的资本和利润以及利息可汇出境外，提供贷款担保，保证提供投资咨询服务等。

四、旅游组织概述

所谓旅游组织，是指为了加强对旅游行业的引导和管理，适应旅游业的健康、稳定、迅速、持续发展而建立起来的具有行政管理职能或协调发展职能的专门机构。不同类型和层次的旅游组织在地方、国家乃至世界旅游业发展的进程中都起着不可忽视的推动作用。

（一）旅游组织分类

从世界范围来看，旅游组织可谓种类繁多。其中，既有全球性旅游组织，又有区域性旅游组织；既有特定行业的旅游组织，又有针对旅游特点建立起来的旅游组织；既有官方的机构，又有许多民间的组织。以不同的标准，可以对旅游组织做出多种不同的划分。

通常情况下，我们对旅游组织进行两种分类。

第一种分类以旅游组织的职能范围为划分标准，将其分为国际性旅游组织、国家级旅游组织和地方性旅游组织。国际性旅游组织是个较为宽泛的概念，除了包括那些成员来自多个国家并为多国利益工作和服务的全面性专门旅游组织之外，还包括其工作范围部分地涉及国际旅游事务的国际组织，以及专门涉及旅游事务某些方面工作的专业性旅游同业组织。国家级旅游组织是指一个国家中为国家政府所承认，负责管理或促进协调全国旅游事务的组织。地方性旅游组织则是指代表地方政府（包括各省、市、县）对当地旅游业进行管理的组织机构，或服务于地方旅游业的发展而专门成立的旅游组织。

第二种分类以旅游组织的职能性质为划分标准，将其分为旅游行政组织和旅游行业组织。旅游行政组织属于官方组织，是指由国家专门设置，负责管理旅游事务且具有行政职权的政府部门，它是代表国家政府或地方政府行使其对旅游发展干预职能的载体。旅游行业组织是一种非官方组织，它是指由有关企事业单位和社团组织在平等自愿的前提下组成的各种行业协会，就其组织性质而言，它们属于非营利性的社会组织，具有独立的社团法人资格。

（二）旅游组织的职能

在不同的国家，由于旅游业发展水平具有差异，旅游行政组织和旅游行业组织在管理和协调旅游事务方面的地位和作用有差异。一般说来，处于旅游业发展起步阶段的初期，或旅游业发展水平较低的国家，作为政府部门存在的旅游行政组织对国家旅游事务的干预力度较大，对其旅游业的发展起决定性作用；而在旅游业比较发达，私人旅游企业非常活跃的国家和地区，具有独立法人地位的半自决权性质的旅游行业组织更适合于行使全国性旅游组织职能。

1. 旅游行政组织的职能

旅游行政组织的主导职能是调控与管理，具体而言，其基本职能主要应包括以下几个方面：

（1）确定旅游业在国民经济发展中的地位，制定旅游发展的战略目标与规划，对旅游业进行综合平衡和宏观调控；

（2）拟定旅游业发展的方针政策、行政法规、制度规范和行业标准并组织实施，协调各旅游发展部门的利益和关系；

（3）运用行政职权，控制旅游业的发展规模与速度，调节市场价格，控制客源流量，保持旅游服务质量；

（4）负责国内旅游市场的宏观管理和国际旅游市场的宣传促销与推广拓展；

（5）对从事旅游业务的企事业单位实施行业管理，依法进行审批和监督检查；

（6）制定与管理出入境旅游事务；

（7）调查研究和统计分析旅游业的供需状况，帮助制定营销策略；

（8）管理与指导旅游教育培训与就业。

2. 旅游行业组织的职能

旅游行业组织的主导职能是服务与促进，这些职能主要有：

（1）就旅游发展战略及方针政策等向国家旅游主管部门提供建议和咨询；

（2）作为行业代表，与政府机构或其他行业组织协商洽谈有关事宜；

（3）联系各旅游企业，研究行业经营管理，协调发展中存在的问题，以及采取相应措施加以解决；

（4）建立行业信息交流中心，鼓励采用新知识、新技术，搞好行业内旅游开发和市场营销；

（5）提供行业间的技术指导，制定成员共同遵守的经营标准、行规会约，并据此进行仲裁与调解；

（6）就行业内的数据统计、预测、开发及其他问题开展研讨；

（7）组织并进行专业研讨会、培训班和专业咨询；

（8）广泛交流信息与经验，阻止行业内部的不合理竞争等。

（三）国家旅游组织及其设立形式

为了加强对旅游业的领导和管理，推进本国旅游业的发展，有效地组织实施国家旅游政策，世界上几乎所有的国家都设立了全国性的旅游管理组织，负责执行政府主体在本国旅游经济活动中的职能，最为常见的专门机构是国家旅游组织（NTO）。按照世界旅游组织（WTO）所作的解释，国家旅游组织是指一个国家中为国家政府所承认，负责管理全国旅游事务的组织。就一般情况而言，一个国家的最高旅游行政管理机构通常代表这个国家的国家旅游组织。

上述定义表明，世界各国的国家旅游组织未必都是该国的政府部门。综观世界各国的情况，各国国家旅游组织的设立形式、地位高低和权力大小都是依据本国的国情来决定的。大致可划分为三类。

（1）由国家政府直接设立，并且在编制上作为国家政府的一个部门或机构。以这类形式设立的国家旅游组织在不同国家中又可分为以下几种情况：①设为一个完整而独立的旅游部或相当于部的旅游局。例如菲律宾、墨西哥、埃及、泰国等国家中的最高旅游行政管理机构都属这种形式。②设为一个混成部，即与其他部门合并为一个部。例如法国为工业、邮电与旅游部，意大利为旅游与娱乐部，葡萄牙为商业与旅游部，斯里兰卡为旅游与民航部，等等。③设为某一部的下辖机构。例如美国在商业部下设旅游管理局，加拿大在工商贸易部下设旅游管理局，日本在运输省下设国际观光局，韩国在交通部下设旅游管理局，匈牙利在商业部下设旅游局等。

（2）经国家政府承认，代表国家政府执行全国性旅游行政事务的半官方组织。这种形式的旅游行政管理机构常见于欧洲的一些国家。在这些国家中，有关国家旅游发展的重大决策虽然划归国家政府中的某个部负责，但该部并不承担具体的旅游行政管理事务。因此，在这些国家的政府部门之外，另设某一组织执行全国性的旅游行政管理工作。换言之，这一组织在编制上并非属于政府机构，其工作人员也不属政府雇员，但是该组织的主要负责人需由国家政府中分管旅游的部任命，并且该组织的部分经费由国家政府拨款，例如英国、爱尔兰、瑞典、挪威、丹麦和芬兰等国的国家级旅游局都属这种法定组织。

（3）经国家政府承认，代表国家政府行使旅游行政管理职能的民间组织。这种民间组织多为影响力较大的、由民间自发组成的全国性旅游协会。政府同意其代行旅游行政管理职权后，通常会向其提供一定的财政拨款，但是该组织的领导成员并非由政府指定，而是由该组织的会员自己选举产生，例如德国和新加坡的国家旅游组织都是由这种民间组织兼任。

（四）各国旅游组织模式存在差异的原因

世界上不同的国家，之所以在国家旅游组织的设立模式、地位高低和权力大小上会出现如此大的差异，其原因通常可以从以下几个方面来分析。

1. 各国的政治经济制度

一般情况下，在政治上实行中央集权或在经济上实行计划经济的国家中，旅游业的私营部分很小，主要旅游企业多为国家所有；而在实行资本主义政治制度和资本主义市场经济的国家中，旅游业的私营部分十分强大，旅游业的发展主要依靠私营部门的力量。比较而言，前者的旅游业发展需要政府较大程度的直接干预，否则旅游业便难以快速发展。所以，在大多数社会主义国家和发展中国家中，其国家旅游行政组织都是由国家政府直接设立并行使全国范围内的管理职能的，这些国家中的国家旅游组织既是国家政府的代表，又是旅游业的代表。

2. 旅游业在国民经济中的地位

在有些发达国家中，国家旅游组织所采用的也是国家政府部门的形式，这是因为这些国家的旅游业在国民经济中占据了非常重要的支柱或主导地位，所以这些国家在干预旅游业的过程中赋予国家旅游组织政府部门权力和地位，并将其纳入国家政府部门编制的重要部分，以便其充分发挥控制与管理职能。

　　3. 旅游业的发展水平

　　在旅游业刚刚起步或发展历史较短的国家中，为了促使旅游业能够在有序的环境中迅速成长，政府不得不对其进行直接干预。这些国家中的国家旅游组织不仅设为政府部门，而且拥有的权力也比较大，它同时是国家旅游政策的参与制定者和监督执行者。反之，在旅游业开发历史较久、发展水平较高的国家，旅游业的主体由私营部门构成，其国家旅游组织不是政府部门，而是由半官方的法定组织或民间的旅游行业组织构成，这类国家旅游组织通常无权制定国家发展旅游的大政方针，多数情况都是由国家政府就发展旅游业的重大方针做出决定后，授权这些国家的旅游组织协调实施。

第二节　我国的旅游组织

一、我国的旅游行政组织

　　我国旅游业实行政府主导型发展战略，所以各级旅游行政组织在负责管理旅游事务方面扮演着重要的角色。

　　我国的国家级旅游行政组织最早成立于 1964 年，当时名为"中国旅游事业管理局"。1978 年，该局由代管局升格为国务院直属机构，并更名为"中国旅游事业管理总局"。1982 年 8 月，经全国人大批准，又将"中国旅游事业管理总局"正式更名为"中华人民共和国国家旅游局"，从而最终确立了其作为国务院旅游行业主管部门的地位。随后的 1988、1994 和1998 年，国家旅游局又先后进行了三次体制改革。2018 年，国务院进行大部制改革，撤销原国家旅游局，组建国家文化和旅游部。

　　国家文化和旅游部是国务院组成部门，为正部级，也是我国最高的旅游行政管理机构。负责统一管理国际、国内旅游业；各省、自治区和直辖市设立的旅游局，是地方旅游行政管理机构，受地方政府和国家旅游局的双重领导；此外，在一些地级市县也设立了旅游行政机构，负责其行政区域内的旅游业管理工作。国家文化和旅游部的主要职责和机构设置情况如下。

（一）文化和旅游部的主要职责

（1）贯彻落实党的文化工作方针政策，研究拟订文化和旅游政策措施，起草文化和旅游法律法规草案。

（2）统筹规划文化事业、文化产业和旅游业发展，拟订发展规划并组织实施，推进文化和旅游融合发展，推进文化和旅游体制机制改革。

（3）管理全国性重大文化活动，指导国家重点文化设施建设，组织国家旅游整体形象推广，促进文化产业和旅游产业对外合作和国际市场推广，制定旅游市场开发战略并组织实施，指导、推进全域旅游。

（4）指导、管理文艺事业，指导艺术创作生产，扶持体现社会主义核心价值观、具有导向性代表性示范性的文艺作品，推动各门类艺术、各艺术品种发展。

（5）负责公共文化事业发展，推进国家公共文化服务体系建设和旅游公共服务建设，深入实施文化惠民工程，统筹推进基本公共文化服务标准化、均等化。

（6）指导、推进文化和旅游科技创新发展，推进文化和旅游行业信息化、标准化建设。

（7）负责非物质文化遗产保护，推动非物质文化遗产的保护、传承、普及、弘扬和振兴。

（8）统筹规划文化产业和旅游产业，组织实施文化和旅游资源普查、挖掘、保护和利用工作，促进文化产业和旅游产业发展。

（9）指导文化和旅游市场发展，对文化和旅游市场经营进行行业监管，推进文化和旅游行业信用体系建设，依法规范文化和旅游市场。

（10）指导全国文化市场综合执法，组织查处全国性、跨区域文化、文物、出版、广播电视、电影、旅游等市场的违法行为，督查督办大案要案，维护市场秩序。

（11）指导、管理文化和旅游对外及对港澳台交流、合作和宣传、推广工作，指导驻外及驻港澳台文化和旅游机构工作，代表国家签订中外文化和旅游合作协定，组织大型文化和旅游对外及对港澳台交流活动，推动中华文化走出去。

（12）管理国家文物局。

（13）完成党中央、国务院交办的其他任务。

（二）文化和旅游部的机构设置

文化和旅游部下设 15 个司（厅、局），中国旅游研究院（文化和旅游

部数据中心)、《中国旅游报》社有限公司、中国旅游出版社有限公司等是
文化和旅游部的直属单位。15个司(厅、局)及其主要工作如下所列。

(1)办公厅。负责机关日常运转工作。组织协调机关和直属单位业
务,督促重大事项的落实。承担新闻宣传、政务公开、机要保密、信访、
安全工作。

(2)政策法规司。拟订文化和旅游方针政策,组织起草有关法律法规
草案,协调重要政策调研工作。组织拟订文化和旅游发展规划并组织实
施。承担文化和旅游领域体制机制改革工作。开展法律法规宣传教育。承
担机关行政复议和行政应诉工作。

(3)人事司。拟订人才队伍建设规划并组织实施。负责机关、有关驻
外文化和旅游机构、直属单位的人事管理、机构编制及队伍建设等工作。

(4)财务司。负责部门预算和相关财政资金管理工作。负责机关、有
关驻外文化和旅游机构财务、资产管理。负责全国文化和旅游统计工作。
负责机关和直属单位内部审计、政府采购工作。负责有关驻外文化和旅游
机构设施建设工作。指导、监督直属单位财务、资产管理。指导国家重点
及基层文化和旅游设施建设。

(5)艺术司。拟订音乐、舞蹈、戏曲、戏剧、美术等文艺事业发展规
划和扶持政策并组织实施。扶持体现社会主义核心价值观、具有导向性代
表性示范性的文艺作品和代表国家水准及民族特色的文艺院团。推动各门
类艺术、各艺术品种发展。指导、协调全国性艺术展演、展览以及重大文
艺活动。

(6)公共服务司。拟订文化和旅游公共服务政策及公共文化事业发展
规划并组织实施。承担全国公共文化服务和旅游公共服务的指导、协调和
推动工作。拟订文化和旅游公共服务标准并监督实施。指导群众文化、少
数民族文化、未成年人文化和老年文化工作。指导图书馆、文化馆事业和
基层综合性文化服务中心建设。指导公共数字文化和古籍保护工作。

(7)科技教育司。拟订文化和旅游科技创新发展规划和艺术科研规划
并组织实施。组织开展文化和旅游科研工作及成果推广。组织协调文化和
旅游行业信息化、标准化工作。指导文化和旅游装备技术提升。指导文化
和旅游高等学校共建和行业职业教育工作。

(8)非物质文化遗产司。拟订非物质文化遗产保护政策和规划并组织
实施。组织开展非物质文化遗产保护工作。指导非物质文化遗产调查、记
录、确认和建立名录。组织非物质文化遗产研究、宣传和传播工作。

（9）产业发展司。拟订文化产业、旅游产业政策和发展规划并组织实施。指导、促进文化产业相关门类和旅游产业及新型业态发展。推动产业投融资体系建设。促进文化、旅游与相关产业融合发展。指导文化产业园区、基地建设。

（10）资源开发司。承担文化和旅游资源普查、规划、开发和保护。指导、推进全域旅游。指导重点旅游区域、目的地、线路的规划和乡村旅游、休闲度假旅游发展。指导文化和旅游产品创新及开发体系建设。指导国家文化公园建设。承担红色旅游相关工作。

（11）市场管理司。拟订文化市场和旅游市场政策和发展规划并组织实施。对文化和旅游市场经营进行行业监管。承担文化和旅游行业信用体系建设工作。组织拟订文化和旅游市场经营场所、设施、服务、产品等标准并监督实施。监管文化和旅游市场服务质量，指导服务质量提升。承担旅游经济运行监测、假日旅游市场、旅游安全综合协调和监督管理。

（12）文化市场综合执法监督局。拟订文化市场综合执法工作标准和规范并监督实施。指导、推动整合组建文化市场综合执法队伍。指导、监督全国文化市场综合执法工作，组织查处和督办全国性、跨区域文化市场重大案件。

（13）国际交流与合作局（港澳台办公室）。拟订文化和旅游对外及对港澳台交流合作政策。指导、管理文化和旅游对外及对港澳台交流、合作及宣传推广工作。指导、管理有关驻外文化和旅游机构，承担外国政府在华、港澳台在内地（大陆）文化和旅游机构的管理工作。承办文化和旅游中外合作协定及其他合作文件的商签工作。承担政府、民间及国际组织在文化和旅游领域交流合作相关事务。组织大型文化和旅游对外及对港澳台交流推广活动。

（14）机关党委（党组巡视工作领导小组办公室）。负责机关及国家文物局、在京直属单位党的建设和纪检、巡视工作，领导机关及国家文物局、在京直属单位群团组织的工作。机关党委设立机关纪委，承担机关及国家文物局、在京直属单位纪检、党风廉政建设有关工作。

（15）离退休干部局。负责离退休干部工作。

（三）省、自治区和直辖市的旅游厅（局）

我国各省、自治区和直辖市均设立有旅游厅（局），如上海市文化和旅游局、安徽省文化和旅游厅。这些旅游行政机构在组织上属于地方政府部门编制，在业务工作上接受地方政府的领导和国家文化和旅游部的指导。

（四）地方旅游行政机构

在省级以下的地方层面上，各地级市、区（县）的旅游行政管理机构通常将文化、旅游、体育管理事项合并，成立文化旅游体育局。由于很多地级市、区（县）将广播电视新闻出版、文物工作也一并纳入管理，所以文化旅游体育局加挂广播电视新闻出版和文物等牌子，如黄山市文化和旅游局的全称为黄山市文化和旅游局（黄山市广播电视新闻出版局、黄山市文物局）。

二、我国的旅游行业组织

我国的旅游行业组织分为多种类型，就全国性组织而言，既含具有总会性质的综合性组织，如中国旅游协会；又有专项的旅游企业协会，如中国旅游饭店业协会、中国旅行社协会、中国旅游车船协会；还有专业的旅游委员会，如中国妇女旅游委员会、中国乡村旅游协会；以及专门领域的旅游研究会，如中国旅游文化学会、中国旅游文学研究会。

（一）中国旅游协会

中国旅游协会（China Tourism Association，简称 CTA）是由中国旅游行业相关的企事业单位、社会团体自愿结成的全国性、行业性社会团体，非营利性社会组织，具有独立的社团法人资格。1986 年 1 月 30 日经国务院批准正式成立，是第一个旅游全行业组织。

协会以"依法设立、自主办会、服务为本、治理规范、行为自律"为宗旨。遵守国家的宪法、法律、法规和有关政策，遵守社会道德风尚，代表和维护全行业的共同利益和会员的合法权益。致力于为会员服务，为行业服务，为政府服务，充分发挥桥梁纽带作用。与政府相关部门、其他社会团体以及会员单位协作，为促进我国旅游市场的繁荣、稳定，旅游业持续、快速、健康发展做出积极贡献。

截至 2023 年，协会共有会员单位两百余家。协会会员的基本结构为大型综合性旅游集团、传统细分业态中的龙头企业、大型涉旅企业、新兴业态中具有发展潜力的创新型企业、省级旅游协会和重要旅游城市旅游协会、与旅游业关联度较高的国家级行业协会六大类型。

协会共有 18 家分支机构，分别为妇女旅游委员会、民航旅游专业委员会、旅游教育分会、温泉旅游分会、休闲农业与乡村旅游分会、休闲度假分会、旅游商品与装备分会、民宿客栈与精品酒店分会、探险旅游分会、亲子游与青少年营地分会、健康旅游分会、文旅投资分会、旅游营销分会、金钥匙分会、文化体育旅游分会、智慧旅游分会、地学旅游分会和最美小镇分会。各分会的运转健康有序，所开展的活动在不同领域得到了一定程度的认可，形成了良好的业界口碑。

中国旅游协会的业务范围包括以下内容。

（1）经政府有关部门批准，参与制定相关立法、政府规划、公共政策、行业标准和行业数据统计等事务；参与制订、修订行业标准和行业指南，承担行业资质认证、行业人才培养、共性技术平台建设、第三方咨询评估等工作。

（2）向会员宣传、介绍政府的有关法律法规政策，向有关政府部门反映会员的诉求，发挥对会员的行为引导、规则约束和权益维护作用。

（3）收集国内外与本行业有关的基础资料，开展行业规划、投资开发、市场动态等方面的调研，为政府决策和旅游行业的发展提供建议或咨询。

（4）利用互联网等现代科技手段，建立旅游经济信息技术平台，进行有关国内外的市场信息、先进管理方式、应用技术以及统计数据的采集、分析和交流工作。

（5）接受政府部门转移的相关职能和委托的购买服务；参与有利于行业发展的公共服务。

（6）参与行业信用建设，建立健全会员企业信用档案，开展会员企业信用评价，加强会员企业信用信息共享和应用；建立健全行业自律机制，健全行业自律规约，制定行业职业道德准则，规范行业发展秩序；维护旅游行业公平竞争的市场环境。

（7）开展有关旅游产品和服务质量的咨询服务，组织有关业务技能培训和人才培养；受政府有关部门委托或根据市场和行业的需要，举办展览会、交易会，组织经验交流，推广新经验、新标准和科研成果的应用。

（8）加强与行业内外的有关组织、社团的联系、合作与沟通，促进互利互惠的利益平衡。

（9）以中国旅游业的民间代表身份开展对外和对港澳台的交流与合作，搭建促进旅游业对外贸易和投资服务平台，帮助旅游企业开拓国际市场；在对外经济交流，旅游企业"走出去"过程中，发挥协调、指导、咨询、服务作用。

（10）依照有关规定编辑有关行业情况介绍的信息资料、出版发行相关刊物，设立下属机构或专门机构。

（11）依法从事促进行业发展或有利于广大会员利益的其他工作。

业务范围中属于法律法规规章规定须经批准的事项，依法经批准后开展。

中国旅游协会只接收团体会员，不接纳个人会员，实行入会自愿、退会自由的制度。中国旅游协会的最高权力机构是会员代表大会，由各团体会员单位的法人代表组成。会员代表大会负责制定和修改协会的章程，选举、罢免理事，审议大会的工作报告和财务预决算等协会的重大事项。会员代表大会必须有三分之二以上代表出席方能召开，会员代表大会的决议必须有出席代表的半数以上通过方能生效；在决定该协会的重大事项问题时，如章程修改、协会的撤并等，须有出席代表的三分之二以上通过方能生效。会员代表大会每届任期四年，每届召开一次大会。理事会是会员代表大会的执行机构，在闭会期间领导该协会开展日常工作，对会员代表大会负责。理事会理事由会员代表大会选举产生。理事会每届任期四年，每年至少召开一次会议。会议由会长召集，必须有三分之二以上理事出席方能召开。理事会的决议由出席会议的三分之二以上理事表决通过方能生效。理事长的任期最长不超过两届。

该协会还下设常务理事会，在理事会闭会期间代表理事会行使职权。

该协会的经费来源包括：会费、捐赠、国家资助、在核准的业务活动范围内开展业务服务和劳务的收入、银行存款利息和其他合法收入。

（二）中国旅游饭店业协会

中国旅游饭店业协会（China Tourist Hotel Association，简称CTHA）成立于1986年2月，是由中国境内的旅游饭店、饭店管理公司（集团）、饭店业主公司、为饭店提供服务或与饭店主营业务紧密相关的企事业单位及各级相关社会团体自愿结成的全国性、行业性社会团体，是非营利性社会组织。本会会员分布和活动地域为全国。

中国旅游饭店业协会宗旨是：代表和维护中国旅游饭店行业的共同利益，维护会员的合法权益，为会员服务，为行业服务，在政府与会员之间发挥桥梁和纽带作用，为促进我国旅游饭店业的健康发展做出积极贡献。

协会会员聚集了全国饭店业中知名度高、影响力大、服务规范、信誉良好的星级饭店、主题精品饭店、民宿、国际饭店管理公司等各类住宿业态。

中国旅游饭店业协会的最高权力机构为会员代表大会，由参加协会的全体会员单位代表组成。会员大会的执行机构为理事会，对会员代表大会负责。理事会在会员代表大会闭会期间负责领导协会开展日常工作。理事会闭会期间，常务理事会行使理事会职责。

2018 年 1 月，中国旅游饭店业协会建立了新闻发言人制度，协会设有 2 名新闻发言人（由监事会成员担任）。

中国旅游饭店业协会日常办事机构为秘书处。秘书处设秘书长 1 名。秘书处共有 6 个部门，包括办公室、财务部、会员部、会议活动部、综合部、星评办。

中国旅游饭店业协会为会员服务体现在：通过对行业数据进行科学统计和分析；对行业发展现状和趋势做出判断和预测，引导和规范市场；组织饭店专业研讨、培训及考察；开展与海外相关协会的交流与合作；利用中国旅游饭店业协会官网和中国旅游饭店业协会官方微信（微信号：CTHA—1986）向会员提供快捷资讯，为饭店提供专业咨询服务。

中国旅游饭店业协会接受登记管理机关、党建工作机构、有关行业管理部门的业务指导和监督管理。协会设立了党文部，组织全体党员深入学习宣传贯彻习近平新时代中国特色社会主义思想和党的二十大精神，以党的政治建设为统领，以提升组织力为重点，以增强党务工作者能力素质为关键环节，以持之以恒正风肃纪为坚强保障，以抓好组织实施为努力方向，充分发挥社会组织党组织的战斗堡垒作用和党员的先锋模范作用。

中国旅游饭店业协会是国际饭店与餐馆协会（英文缩写为 IH&RA）的会员单位，也是世界旅游联盟（英文缩写为 WTA）的创始会员。

中国旅游饭店业协会共有会员 1400 余家，现有会长、副会长、秘书长 24 名，常务理事 25 名，理事单位 386 家。

中国旅游饭店业协会由团体会员组成，包括旅游饭店、地方饭店协会、饭店院校以及为饭店提供直接服务的企业。其中旅游饭店要求客房在 50 间以上，相关企业年营业额达到 300 万元以上。协会实行入会自愿、退会自由的制度。

该协会的最高权力机构是会员大会或会员代表大会。会员大会或会员代表大会主要负责制定和修改协会章程，审议理事会的工作报告和财务收支情况报告，选举和罢免理事，审议与国际饭店餐馆协会合作等重大事项。会员大会或会员代表大会，须三分之二以上会员（或会员代表）出席方能召开，其决议须经过到会会员代表的半数以上表决通过方能生效。协会每五年举行一次换届大会。

理事会或常务理事会是会员大会或会员代表大会的执行机构，在会员大会或会员代表大会闭会期间领导该协会开展日常工作，并对会员大会或会员代表大会负责。协会设立常设办公机构秘书处，负责协会的日常事务。秘书处在理事会领导下，由秘书长主持日常工作。

中国旅游饭店业协会的经费来源包括：会费、捐赠、国家资助、在核准的业务活动范围内开展业务服务和劳务的收入、银行存款利息、其他合法收入。

（三）中国旅行社协会

中国旅行社协会（China Association of Travel Services，简称 CATS）是由中国境内的旅行社、各地区性旅行社协会或其他同类协会等单位，按照平等自愿的原则结成的全国旅行社行业的专业性协会。

协会实行团体会员制，所有在中国境内依法设立、守法经营、无不良信誉的旅行社与旅行社经营业务密切相关的单位和各地区性旅行社协会或其他同类协会、承认和拥护本会的章程、遵守协会章程、履行应尽义务均可申请加入协会。协会对会员实行年度注册公告制度。每年年初会员单位必须进行注册登记。协会对符合会员条件的会员名单向社会公告。

协会成立以来，在中央和国家机关工委、文化和旅游部以及民政部的监督指导下，在全体会员的大力支持下，组织会员单位开展了调研、培训、学习、研讨、交流、考察等一系列活动。宣传贯彻国家旅游业的发展方针和旅行社行业的政策法规，积极反映行业诉求，总结交流旅行社的工作经验，为中国旅行社行业的繁荣发展做出了应该有的贡献。协会网站"中国旅行社协会"（http：//www.cats.org.cn）在线为会员提供信息服务。

中国旅行社协会的主要任务包括：

（1）宣传贯彻国家旅游业的发展方针和旅行社行业的政策法规；

（2）总结交流旅行社的工作经验，开展与旅行社行业相关的调研，为旅行行业的发展提出积极且切实可行的建议；

（3）向主管单位及有关单位反映会员的愿望和要求，为会员提供法律咨询服务，保护会员的共同利益，维护会员的合法权益；

（4）制定行规行约，发挥行业自律作用，督促会员单位提高经营管理水平和接待服务质量，维护旅行社行业的经营秩序；

（5）加强会员之间的交流与合作，组织开展各项培训、学习、研讨、交流和考察等活动；

（6）加强与行业内外的有关组织、社团的联系、协调与合作；

（7）开展与海外旅行社协会及相关行业组织之间的交流与合作；

（8）编印会刊和信息资料，为会员提供信息服务；

（9）承办主管单位委托的其他工作。

协会按照规定接收在中国境内依法设立，守法经营，无不良信誉的旅行社以及各地区性旅行社协会或其他同类协会为成员；实行入会自愿、退会自由的制度；协会对会员实行年度注册公告制度。

协会的最高权力机构是会员大会，由各会员单位的法人代表组成。会员大会成员的任期每届四年。理事会作为会员大会的执行机构，在闭会期间开展协会的日常工作，对会员大会负责。协会设立常务理事会，由理事会选举产生。常务理事会对理事会负责，在理事会闭会期间行使其职权。

协会的经费来源包括：会费、捐赠、政府资助、在核准的业务范围内开展活动或服务的收入、利息、其他合法收入。

（四）中国旅游车船协会

中国旅游车船协会（China Tourism Automobile & Cruise Association，简称 CTACA），是由中国旅游车船运营企业、旅游车船及零部件生产企业、旅游车船租赁企业、旅游车船俱乐部企业、地方旅游车船协会、与旅游车船业务有关的其他组织以及旅游车船行业资深管理人员和知名研究人员自愿结成的行业性、全国性、非营利性的社会组织，具有独立的社团法人资格。

本团体 1991 年经批准正式成立，接受中华人民共和国民政部和业务主管单位国家文化和旅游部的业务指导和监督管理。本团体 1991 年经中华人民共和国外交部批准，代表中国旅游车船行业加入国际旅游联盟（AIT），现为国际汽车联合会（FIA）的国家级会员单位。

业务范围主要包括以下内容。

（1）向会员宣传政府的有关政策、法律法规并协助贯彻执行。

（2）向政府反映会员的愿望和要求，并争取政策支持，保护会员的共同利益，维护会员的合法权益。

（3）收集国内外旅游车船行业的基础资料，开展旅游车船行业规划、投资开发、市场动态等方面的调研，为政府决策和旅游车船行业发展提出建议，协助推动旅游车船行业内部相关方面的协调发展。

（4）协助业务主管单位建立旅游车船经济信息网络，进行有关国内外的旅游车船市场信息、先进管理方式和应用技术的采集、分析和交流工作，开展旅游车船市场的调研和预测。

（5）受业务主管单位委托，协助业务主管单位搞好旅游车船行业质量管理工作，参与相关法规和政策的研究制定，参与制定、修订旅游车船行业标准和行业发展规划、行业准入条件。经政府有关部门批准，参与和开展旅游车船行业资质认证工作，推动和督促会员提高服务质量。

（6）开展行业自律，建立完善行业自律性管理约束机制，健全相关制度，协助业务主管单位制定并组织实施旅游车船行业职业道德准则，推动旅游车船行业诚信建设，规范旅游车船行业行为，维护旅游车船行业公平竞争的市场环境。

（7）开展有关旅游车船业产品和服务质量的咨询服务，组织有关业务培训。经政府有关部门委托，根据市场和行业发展需要，举办展览会、交易会。组织旅游车船行业经验交流，推广新经验、新标准和科研成果的应用。

（8）加强与国内外旅游车船行业有关组织、社团的交流、协调与业务合作。

（9）依照有关规定，建立网站，编辑本团体刊物。

（10）承办业务主管单位委托的其他工作。

协会的最高权力机构是全体会员大会。会员大会每两年召开一次。会员大会的职权包括：审查常务理事会工作报告和协会财务收支情况报告；修改协会章程；选举常务理事；确定协会工作方针，讨论决定协会其他的有关重大问题。常务理事会是协会执行机构。常务理事实行任期制，由会员大会民主选举产生，每届任期五年，可连选连任；从常务理事会选举会长一名，副会长若干名。会长、副会长可连选连任，一般不超过两届。常务理事会在会员大会闭幕期间行使会员大会职权常务理事会会议每半年召开一次。协会的出版物为《中国旅游车船》。协会经费主要来源于会员会费、有偿服务的收费（包括咨询费、技术服务费、广告费、汽车零配件国产化的管理费）和资助捐赠。

（五）中国妇女旅游委员会

是中国旅游协会的一个专业委员会，是全国妇联的团体会员，是全国性旅游行业的妇女联谊组织，并于1994年加入国际妇女旅游组织联合会。

中国妇女旅游委员会成立于1994年1月20日，是由旅游部门与旅游业有关部门的女性管理人员以及对旅游业有研究的女专家学者组成。

该委员会的宗旨是：为发展具有中国特色的旅游业开展专业性研讨和

交流活动，为提高旅游界妇女的地位和素质提供服务，增进中国旅游界妇女与国际旅游外妇女的联系和相互了解，招徕更多的海外客源，促进中国旅游业的发展。

该会现有会长 1 人，副会长 7 人，理事 4 人，包括了旅行社、饭店、航空公司的经理，旅游行政管理部门的领导和教育科研单位的专家教授等，其组成具有较广泛的代表性。

1994 年 4 月，中国妇女旅游委员会被国际妇女旅游组织联合会 (IFWTO) 接纳为正式会员，此后，该会曾多次组团出席 IFWTO 年会，并在会上介绍中国的丰富旅游资源和改革开放以来旅游业迅速发展的情况，以及我国妇女在发展旅游业中"半边天"作用，受到了各国与会代表的欢迎和重视，扩大了中国旅游业妇女在国际上的影响。

（六）中国乡村旅游协会

中国乡村旅游协会成立于 1987 年 12 月，原名"中国农民旅游业协会"；1990 年 10 月 29 日协会第六次常务理事扩大会议原则同意更名为"中国乡村旅游协会"。

该协会是由广大乡村旅游事业的专家、学者、知名人士和有关的单位、团体等组成的乡村旅游领域中的全国性行业组织。协会挂靠国家旅游局，业务上受国家旅游局领导，具有社会团体法人资格。该协会是中国旅游协会团体会员。

该协会的宗旨是：根据党的"一个中心，两个基本点"的基本路线，坚持走中国式的旅游发展道路，大力发展具有中国特色的社会主义乡村旅游事业，探索国际、国内旅游业发展的新趋势，促进我国乡村精神文明和物质文明建设，为中国旅游业的全面发展做出贡献。协会在政府有关部门和会员之间，发挥桥梁与纽带作用。为会员提供信息、经验和服务，维护会员合法权益。

（七）中国旅游文化学会

中国旅游文化学会，是在 1989 年 8 月经民政部批准的具有全国性社团法人资格的民间性学术团体，于 1989 年 9 月 18 日在北京正式宣布成立。

该学会宗旨是：研究旅游文化的理论与实践，推动我国旅游事业的发展。

学会主要任务包括：

（1）组织和推动我国旅游文化的研究和旅游文学的创作；

（2）举办各种类型的旅游文化研讨会和旅游文学笔会并组织有关的国

内和国际的交流活动；

（3）组织有关方面和有关专家，为历史文化名城、著名风景名胜区和待开发的旅游区就旅游资源的开发和利用进行研讨和咨询，为促进旅游文化的发展提供服务；

（4）为各地开发具有中国风格、民族特色和地方特点的旅游纪念品和晚间文娱活动提供咨询、人才和服务；

（5）编辑、出版有关旅游文化和旅游文学的书刊、资料；

（6）承接委托摄制有关旅游文化的影视片等。

（八）中国旅游文学研究会

中国旅游文学研究会成立于 1987 年，原名"中国山水旅游文学研究会"，是一个专门从事旅游文学研究的全国性艺术团体。1990 年 7 月中国旅游协会第二届大会第二次常务理事会议一致同意吸纳中国旅游文学研究会为中国旅游协会的专业组织。

该研究会宗旨是：团结全国旅游文学研究者，从事中国旅游文学和旅游文化的系统研究，为弘扬民族文化，建设具有中国特色的旅游文化事业服务。

该会成员主要是大学和科研部门的专家、学者、研究人员，其领导人员都是大学教授或副教授。

第三节　国际性旅游组织

为了加强世界各国间的旅游协作，更大程度地发挥旅游业在促进国际交流、促进世界和平方面的积极作用，各种国际性旅游业组织应运而生。

一、世界旅游组织

世界旅游组织（World Tourism Organization，WTO）是联合国系统的政府间国际旅游组织，最早由国际官方旅游宣传组织（IUOTPO）发展而来。1925 年 5 月 4 日至 9 日在荷兰海牙召开了国际官方旅游协会大会。1934 年在荷兰海牙正式成立国际官方旅游宣传组织联盟。第二次世界大战中停止活动。1946 年 10 月 1 日至 4 日在伦敦召开了首届国家旅游组织国际大会，并成立专门委员会研究重建该联盟。1947 年 10 月在巴黎举行的第二届国家旅游组织国际大会上决定正式成立官方旅游组织联盟

（International Union of Official Tourist Organization，IUOTO），即世界旅游组织的前身，总部设在伦敦，1951年迁至日内瓦。1975年5月该组织改为现名，总部迁至马德里。1976年成为联合国开发计划署在旅游方面的一个执行机构。我国于1983年加入世界旅游组织，成为该组织的第106个正式会员。到目前为止，该组织已经拥有141个成员国家或地区。

（一）世界旅游组织的宗旨

促进和发展旅游事业，使之有利于经济发展，国际间相互了解，和平与繁荣以及不分种族、性别、语言或宗教信仰，尊重人权和人的基本自由并强调在贯彻这一宗旨时，要特别注意发展中国家在旅游事业方面的利益。

该组织的旅游机构主要包括：

（1）全体大会。最高权力机构，每两年召开一次会议。

（2）执行委员会。执委由大会按照每5个正式成员国选举一个的比例选举产生，由22个成员国组成执委会，任期4年。每年至少开两次会。

（3）秘书处。负责日常工作。秘书长由执委会推荐，大会选举产生。

（4）地区委员会。为非常任机构，每年召开一次会议。共有6个地区委员会，它们是：欧洲委员会、非洲委员会、中东委员会、南亚委员会、东亚及太平洋委员会、美洲委员会。

（二）世界旅游组织的主要任务及活动

世界旅游组织近年来的工作任务主要围绕技术合作、信息、统计、教育培训、简化旅游手续、旅游者安全及旅游设施保护、旅游环境保护等方面进行。该组织负责收集、分析旅游数据，定期向成员国提供统计资料、研究报告，制定国际性旅游公约、宣言、规划、范本，提供技术专家援助，组织研讨会、培训班、召集国际会议。

1971年，世界旅游组织的前身国际官方旅游组织联盟根据非洲国家官方旅游组织的意见，提出创立世界旅游日的设想。1979年9月，世界旅游组织第三次代表大会正式决定9月27日为世界旅游日，它是旅游工作者和旅游者的节日。创立该节日的目的在于给旅游宣传提供一个机会，引起人们对旅游的重视，促进各国在旅游领域的合作。其由来是因为国际官方旅游组织联盟于1970年9月27日这一天在墨西哥城的特别代表大会上通过了将要成立的世界旅游组织的章程。此外，这一天恰好是北半球的旅游旺季刚过去，而南半球的旅游季节将到来的时候，正是世界人民旅游、度假的好时节。

世界旅游组织的主要出版物有：《世界旅游组织信息》（月刊）、《旅游统计年鉴》等。

世界旅游组织的官方网站为：http：//www. world - tourism. org/。

二、世界旅行社协会联合会

世界旅行社协会联合会（Universal Federation of Travel Agents Association，UFTAA）是世界上最大的非政府间国际旅游组织之一，其前身是 1919 年在巴黎成立的欧洲旅行社和 1964 年在纽约成立的美洲旅行社。1966 年 11 月 22 日，这两个组织在罗马正式合并而成立该联合会，总部设在比利时的布鲁塞尔。自 1974 年以来，该联合会便一直同我国保持着友好关系，中国旅游协会于 1995 年正式加入其中，到目前为止，该联合会已有日 80 个国家的全国性旅行社协会和组织参加，代表了 3 万多家旅行社和旅游企业，同时还接纳了 76 个国家的大约 1400 多家私营旅行社和机构为联系会员。

（一）世界旅行社协会联合会的宗旨

对国家级的旅游协会以及其他旅游局、旅行社联合会或旅游联盟，给予职业上的指导和技术上的援助，尽一切努力联合、巩固和发展这些组织，团结和加强各国全国性旅行社协会和组织，协助解决会员间在专业问题上可能发生的纠纷；在国际上代表旅行社行业同有关的各种旅游组织和企业建立联系，进行合作；确保旅行社业务在经济、法律和社会领域里最大限度地受到保护、赢得信誉、得到协调发展；向会员提供必要的物质上、业务上、技术上的指导和帮助，使其在世界旅游业中占有适当的地位。

该组织每年召开一次全体大会，交流经验、互通情报，讨论并研究旅行社企业的经营管理以及旅行社行业与航空、铁路、旅馆业等其他行业的关系与合作问题。

（二）世界旅行社协会联合会的主要工作任务

同其他国际组织建立联络和发展合作关系，就旅行社活动的有关问题，达成协议和签订公约。

就自动化、旅馆经营、航空运输、海洋运输、铁路和公路运输等问题，协助工作组的活动。

根据联合会会员的要求，向其提供所有专业方面的有关信息和有关旅行社支付能力的机密信息。

调节因职业道德标准问题而出现的意见分歧。

向已注册的个别旅行社提供服务、帮助旅行社运用法律解决大的财政债务和拖延偿还债款等问题。

组织学习班为旅行社培训干部、吸引专家编制教科书和积极开展旅游保险业务活动。

世界旅行社协会联合会的主要出版物有：《新闻公报》（月刊）。

三、世界旅行社协会

世界旅行社协会（World Association of Travelagents，WATA）创建于 1949 年 5 月 5 日，总部设在瑞士首都日内瓦。其会由 237 家旅行社组成，其中半数以上为私营企业，分布在 86 个国家的 208 个大城市中。

（一）世界旅行社协会宗旨

通过提供有效的服务和信息，促进和保护会员的经济利益；建立会员间的业务联系，简化手续；建立有保障的收取业务代理费的机制；促进文献和广告活动的协调发展。该协会主要活动包括帮助会员收集和传播旅游信息，开展联合广告活动等，因而其经费来源于会员交纳的会费、存款及出版发行资料性手册的收入。

（二）世界旅行社协会的主要任务

该协会每两年举行一次全体大会，每三年对各会员社的营业情况进行一次调查。它设有一个执行委员会，有 9 名委员，并设常务秘书处，管理协会的行政事务。协会还把世界分为 15 个区，各区每年举行一次会员社会议，研究本区旅游业务中的问题。

世界旅行社协会的主要出版物有：《世界旅行社协会万能钥匙》（年鉴）。

四、国际饭店协会

国际饭店协会（International Hotel Association，IHA）是旅馆和饭店业的国际性民间行业组织，于 1947 年在法国巴黎成立，总部设在巴黎。该协会的会员分为正式会员和联系会员。正式会员是世界各国的全国性的饭店协会或类似组织；联系会员是各国饭店业的其他组织、旅馆院校、国际饭店集团、旅馆、饭店和个人。该协会现有会员 80 多个，联系会员 4000 多个。中国旅游饭店业协会于 1994 年 3 月加入国际饭店协会，成为该组织的正式会员。

（一）国际饭店协会的宗旨

联络各国饭店协会，研究国际饭店业和国际旅游者交往的有关问题；促进会员间的交流和技术合作；协调饭店业和有关行业的关系；维护本行业的利益。

该协会每两年举行一次会员大会，商讨旅游业发展中的重大问题，修改和制定

有关政策和法规，选举下届主席、副主席和秘书长。国际饭店协会设有八个委员会：财务委员会、法律委员会、经济政策研究委员会、出版发行委员会、宣传推销委员会、旅行社业务委员会、旅馆专业培训委员会、会员联系事务委员会。

（二）国际饭店协会的主要任务

通过与各国政府对话为促进各国政府实行有利于饭店业发展的政策，并给予饭店业支持。

参与联合国跨国公司委员会有关国际饭店跨国企业方面的工作。

通过制定和不断修改来完善有关经济法律文件，协调饭店与其他行业的关系。

进行调研，汇集和传播市场信息，提供咨询服务。

为各会员提供培训饭店从业人员的条件和机会。

国际饭店协会的主要出版物有：《国际旅馆和餐馆》（月刊）、《对话》（双月刊）、《国际旅馆评论》（季刊）、《国际旅馆指南》、《旅行杂志》、《旅游机构指南》（年刊）等。

五、国际民用航空组织

国际民用航空组织（International Civilavi Ation Organization，ICAO）成立于 1947 年 4 月 4 日，同年 5 月，成为联合国的一个专门机构，总部设在加拿大的蒙特利尔。该组织现有会员国 152 个。我国于 1974 年 2 月 15 日正式加入，在同年的大会上被选为理事。

（一）国际民用航空组织的宗旨

该组织以 1944 年 12 月的《国际民用航空公约》（即《芝加哥公约》）为准绳，确定其宗旨是：发展安全而有效的国际航空运输事业，使之用于和平目的；制定国际空中航行原则；促进各国民航事业的安全化、正规化和有效化；鼓励民航业的发展，满足世界人民对空中运输的要求；保证缔约国的权利充分受到尊重，使各缔约国享有经营国际航线的均等机会。

（二）国际民用航空组织的主要任务

该组织的最高权力机构是全体大会，每三年举行一次。其常设机构是理事会，由每次大会选举的 30 个国家组成，常设执行机构是秘书处，由秘书长负责日常事务，

国际民用航空组织的主要出版物有：《国际民用航空组织公报》（月刊）、《国际民用航空组织备忘录》。

六、国际航空运输协会

国际航空运输协会（Internation Alair Transport Association，IATA）是一个包括全世界各大航空公司的国际性组织，于 1945 年 4 月在古巴哈瓦那成立。该协会现有会员达 188 家国际航空公司，其中我国的有中国国际航空公司、中国东方航空公司和中国南方航空公司。

（一）国际航空运输协会的宗旨

该协会的宗旨是：促进安全、正规和经济的航空运输；促进航空商业并研究有关问题；促进与联合国国际民航组织的合作。

该协会最高权力机构为全体大会，每年召开一次。其他机构有执行委员会、常务委员会和常设秘书处。

（二）国际航空运输协会的主要任务

提出客货运率、服务条款和安全标准等．并逐步使全球的空运业务制度趋于统一。

处理和协调航空公司与旅行社之间的关系。

确定国际航空运输标准票价并排定国际航线航空时刻表。

国际航空运输协会的主要出版物有：《国际航空运输协会评论》（季刊）、《年会备忘录》。

七、国际旅游科学专家协会

国际旅游科学专家协会（International Association of Scientific Experts Intourism，IASEI）于 1951 年 5 月 31 日在罗马成立，会址设在瑞士的伯尔尼。该协会是由国际上致力于旅游研究和旅游教学的专家组成的学术团体，在 45 个国家有 330 多名会员。

该协会的宗旨是：加强成员间的友好联系，鼓励成员间的学术活动，特别是促进个人接触，交流经验；支持具有学术性质的旅游研究机构以及其他有关旅游研究与教育的组织的活动。

该协会的最高权力机构为全体大会，每年举行一次；并设有委员会秘书处。

国际旅游科学专家协会的主要出版物有：《旅游评论》（季刊）、《会议年度论要》等。

（八）其他国际性旅游组织

世界上其他的国际性旅游组织还有下面一些：

国际旅游学会（International Academy of Tourism，IAT），成立于1951年5月18日。

国际汽车联合会（International Automobile Federation，IAF），成立于1904年6月20日。

欧洲旅游委员会（European Travel Commission，ETC），成立于1948年6月。

美洲饭店及汽车旅馆协会（American Hotel & Motel Asssociation，AH&MA）。

欧洲运输部长会议（Europe Conference of Ministers of Transport，ECMT），成立于1953年10月17日。

国际铁路联盟（International Union of Railways，IUR），成立于1922年12月1日。

国际旅游联盟（Alliance of International Tourism，AIT），成立于1898年。

✏️ 本章案例

国际旅游组织介入背景下山岳型景区治理演化路径研究

景区治理是旅游研究的重要内容。伴随着全球一体化发展，国际旅游组织在景区治理中的地位和作用逐渐凸显。以路径创造理论为基础，综合运用文献分析、参与式观察和深度访谈等质性研究方法，以黄山风景区为例，构建了旅游发展的路径创造分析框架，探讨在国际旅游组织介入背景下，山岳型景区治理模式的演化过程及其影响。研究发现：

（1）国际旅游组织介入改变了景区治理主体和治理结构，为黄山风景区治理创造了新的路径，也是推动其治理模式演化的重要力量；

（2）从申报主体、作用路径、涉及范围、影响内容与介入成效等 5 个维度具体分析，黄山风景区加入国际旅游组织后经历了 3 次路径创造，并产生了明显的不同效应；

（3）国际旅游组织介入对黄山风景区内部治理、毗邻社区参与治理经验输出等方面均产生了显著的影响。

中国是世界上最早把山岳作为风景资源来保护利用的国家。当前，中国已经开始全面进入生态文明、高质量发展、国家治理和国家安全的新时代，迫切需要建立健全中国特色的自然资源治理体系，提升自然资源治理的能力。山岳作为自然型景区的类型之一，因其独特的山地体验、山地景观和自然条件而备受游客青睐；其一般以自然景观为主，人文景观为辅，能够提供集观光游览、崇拜供奉、康体健身和休闲度假等多样化的综合体验。截至 2019 年 7 月，在联合国教科文组织（UNESCO）公布的中国 55 处世界遗产名录中，以山岳资源为基础的遗产地约占三分之一，在 280 处国家 5A 级旅游景区中，山岳型景区占比超过四分之一。可见山岳是我国国土景观的典型代表，也是各地开发旅游资源、发展区域经济的重要抓手。持续升温的旅游业发展促进地方经济发展的同时，也使山岳型景区面临更大的资源保护压力。与其他类型旅游地不同，山岳型景区往往具有面积大、游览空间有限、生态环境脆弱和可恢复性差的特点。其脆弱性、敏感性及不稳定性对景区治理提出了更高的要求。此外，山岳型景区在旅游资源报酬递增的正反馈机制作用下，旅游发展路径会逐渐固化，形成资源依赖型发展模式，继而发生旅游资源诅咒效应。如何实现保护与发展之间的平衡，是山岳型景区发展面临的核心议题。

良好景区治理体系的构建，离不开治理主体的多元化。治理是政府、市场和社会等多方力量的均衡和协调。长期以来，以政府为主要治理主体的"单中心"治理模式导致旅游业发展面临一系列难题。如体制机制固化、生态环境恶化和公共资源破坏等。21 世纪以来，以世界遗产、5A 景区、地质公园和风景名胜区等为表现形式的山岳型旅游地从完全的国家行政治理到引入市场机制，实施企业化经营，走出了中国情境下的旅游发展之路。相关学者就资源经营权转让、资源上市制度安排和模式构建及绩效评估等开展了深入研究，多角度探讨了国家行政干预下治理模式的优化。新形势下，以国际组织为代表的第三部门不断介入山岳型景区治理之中，尤其是某一山岳型景区加入多个国际组织，接受其规制和发展理念。如安徽黄山、山东泰山和四川峨眉山等不仅是国内知名的山岳型风景区，同时也是世界遗产地，与联合国教科文组织和亚太旅游协会等多个国际旅游组织联系密切，并在资源保护、可持续发展等方面与国际自然保护联盟和国际古迹遗址理事会等展开合作。外来力量的介入改变了山岳型景区原有的治理结构，其旅游发展面临新的问题。这一现象已受到相关学者的关注，但尚未有系统的研究成果。如何认识外来力量介入所引发的山岳型景区治理结构和治理模式的变化，并产生了怎样的影响，这些新的问题需要通过研究提供合理的理论解释。

黄山风景区位于安徽省南部黄山市境内，占地 160.6 km²，另有 490 km² 的外围保护区，先后获得国家级风景名胜区和 5A 级旅游景区等称号，是著名的山岳型景区。黄山风景区大众旅游始于 20 世纪 70 年代。1990 年，黄山风景区成为世界自然与文化遗产后，旅游人次和旅游收入明显增长。2019 年游客接待量达 350.08 万人次，旅游总收入 30.18 亿元。旅游人次的大规模增加，不仅促进了风景区旅游接待设施的快速增加，同时也对资源保护提出了更高的要求。为了更好地保护世界遗产，学习和借鉴全球旅游景区成功经验，实现可持续发展，截至 2019 年 12 月 20 日，黄山风景区加入了包括 UNESCO 在内的 10 个国际旅游组织，是国内景区加入国际旅游组织数量较多、时间跨度较长和类型较多样的典型代表（表 1）。

表 1　黄山风景区加入国际旅游组织名录一览表

时间 （年/月）	国际旅游组织名称	加入主体	宗　旨
1990/12	联合国教科文组织 （UNESCO）	黄山风景区	协调教育、科学、文化交流等方面的国家间合作
2004/2	世界地质公园网络 （GGN）	黄山风景区	负责尽责，可持续旅游的推广
2008/3	世界旅游组织 （UNWTO）	黄山风景区	提高公众对发展旅游业重要性的认知
2010/10	世界旅游及旅行理事会（WTTC）	黄山风景区管委会	增加公共和私营相关者的可持续旅游知识及实践
2010/10	全球可竺续旅游委员会（GSTC）	黄山风景区管委会	增强旅行旅游的可持续发展、价值及品质。支持亚太地区的可持续及尽责旅游发展

（续表）

时间 （年/月）	国际旅游组织名称	加入主体	宗　旨
2011/8	亚太旅游协会 （PATA）	黄山风景区 管委会	在持续发展的前提下保护自然与自然资源
2011/12	世界自然保护联盟 （IUCN）	黄山风景区 管委会	致力于研究和创作工具来帮助全球目的地可持续旅游发展
2012/12	世界优秀目的地中心 （CED）	黄山风景区 管委会	推动旅游业发展，保护地方意识，确保长期繁荣
2013/11	可持续目的地领导者 全球联盟（SDLN）	黄山风景区	帮助政府机构、目的地社区、旅游业定量监测与全面管理在环境保护、社会关注、经济效益等三个层面的综合表现，对温室气体排放、自然资源耗用、垃圾处理、社区参与和生态系统保护等指标给予特别关注
2016/4	地球测评科学体系 （EC）	黄山风景区	协调教育、科学和文化交流等方面的国际合作

注：资料来源于黄山风景区管委会。

　　加入国际旅游组织是黄山风景区旅游发展中路径创造的选择方式。国家宏观政策是决定黄山风景区旅游发展的重要影响因素，在宏观政策的影响下，政府与企业参与黄山风景区旅游发展，并逐步推动黄山风景区旅游发展所形成的路径依赖。受国家宏观政策影响，风景区发挥主观能动性，采取加入国际旅游组织的方式实现路径创造。国际旅游组织作为重要的治理主体，在介入风景区发展之后使黄山风景区发生了三次路径创造，并推动其治理模式的演化。从申报主体、作用路径、涉及范围、影响内容与介入成效等 5 个维度分析，黄山风景区旅游发展产生了三次路径创造。第一次路径创造是在国家需求导向下以加入 UNESCO 申报世界遗产过程中产生，第二次路径创造是在加入 UNWTO 建立世界遗产地旅游可持续发展（黄山）观测站过程中产生，第三次路径创造是在加入 WTTC、GSTC 等国际旅游组织过程中产生。国际旅游组织介入对黄山风景区治理的影响可从内部治理、社区参与和景区治理经验输出三个方面进行分析：

　　（1）对景区内部治理的影响有：丰富了风景区治理主体和治理结构、推动了风景区治理理念的变化和提高了风景区的治理能力；

（2）对周边社区的影响有：保障了社区参与路径和增加了社区福祉；

（3）对景区治理经验输出的影响有：风景区成为国际旅游组织成员的典型代表、为国际旅游规制提供了本土经验和风景区参与全球旅游治理。另外，国际旅游组织通常通过管委会、监测机构、会议、国际公约、培训班、专家检查及主题宣传活动等直接或间接方式对黄山风景区治理产生影响。

节选自：尹寿兵，刘红婷.国际旅游组织介入背景下山岳型景区治理演化路径研究［J］.自然资源学报，2021，36（05）：1316－1333.（引用时有删减）

第八章　旅游流

学习引导

全球化拥有改变世界的巨大力量。随着交通工具的发展和科技的进步，空间距离正在被经济距离取代，旅游者个体的空间流动也变得更加快速和便捷。本章主要讲述了旅游流的概念和特征，旅游流的形成和影响因素以及旅游流的现状与趋势。通过本章的学习，学生应了解旅游流的形成和影响因素，熟悉全球和中国旅游流的现状与趋势，掌握旅游流的概念和特征。

思政元素

（1）旅游流不仅仅是物理空间的位移，旅途的行为实践也不断提升着旅游者的社会互动能力与自我价值，进而增进人类幸福感。

（2）作为改变世界的力量，全球化的发展促进了旅游流更加快速和便捷的流动。在同样的时间成本之下，旅游者可以深入更多的旅游地，亲身体验旅游过程和感受地方文化的魅力。地方的才是世界的，挖掘更多元的中国文化特色，形成更丰富的旅游产品，增加中国文化自信，促进中国文化自强。

第一节　旅游流的概念及特征

一、旅游流的概念

全球流动在近一个世纪大大增强，成为贯穿当代社会现实的新的时代精神。资本、物体、人和信息与日俱增的移动特性正在将一个"社会性的社会"建构成"流动性的社会"。社会科学研究中出现"流动转向",即不再将世界看作由黏滞的空间中所固化的物品组织而成的,而认为社会由流动所构成,将流动看作世界运转的方式。

在全球化对社会产生深刻影响的当下,流动获得了内涵和外延的立体化与多面性,各种类型的流动正表征并重塑地方、社会结构和价值观念。流动性的增强使旅游活动达到前所未有的广度和强度,旅游流动日渐成为重要的流动形式。在新流动性范式下,旅游流动不仅包括传统旅游地理学研究中旅游者个体的空间流动(旅游流),还包括与之相随的各种资源、关系、权力等所构成的流动性系统,及其引发的社会和文化关系、资本及其经济关系的流动,这拓展了旅游的内涵与外延。本章旅游流主要探讨旅游者个体的空间流动。

旅游流(tourist flows)的概念是由 D. Pearce 在其著作《现代旅游的地理分析》一书中首次提出的。该书广泛深入地对世界范围内旅游者运动的空间模式进行了分析,并在其分析中始终贯穿着动态的研究方法。但Pearce 先生并没有对旅游流的定义做明确的交代。

在我国,对旅游者空间移动现象的研究,最早习惯上使用"旅游客流"一词。近年来,对旅游流的概念又有一些新的说法,其中比较突出的是"旅游流体系"的观点,认为不能用"旅游客流"代替"旅游流","旅游流"是一个包容着"旅游信息流""旅游客流""旅游物流""旅游能流"的综合体系。这可以看作是对概念理解上的范化,称作是旅游流的广义定义。而狭义的旅游流,仅仅是"旅游客流",即旅游者的流动,是指在一个或大或小的区域上由于旅游需求的近似性而引起的旅游者集体性空间移位现象。旅游流现象是现代大众旅游现象最外部化的特征,是现代旅游业发展所依赖的客观前提。由于旅游流主要是由旅游客流构成,与旅游客流相伴生的其他复杂现象(如信息的流动、物品和劳务的交换、社会关系的发展演变,等等),都可看作丰富多彩的旅游世界的构成要素。因此,本章从旅游流的狭义概念入手,探讨旅游流的特征、流动规律和分析技术,以抓住事物的关键、问题的核心。

二、旅游流的特征

观察任何尺度的地理区域上的旅游流,都会发现,可以用三个维度加以刻画。换言之,旅游流的特征表现在三个维度上:时间、流向和流量。

（一）旅游流的时间特征

从时间上考察旅游流的特点，包括两个方面的含义。首先是旅游流发生的时间。一般来说，旅游者外出旅游有着明显的节律性。这一方面是因为旅游的对象可能具有不同的时相（或称季相），另一方面旅游者自身工作、学习、休息的时间也可能呈现某种规律性，这二者的结合自然就形成了旅游者出游时间的一定程度的集中性分布。

对于旅游地来说，旅游流的发生时间自然也就大不相同。到我国东北看冰雕的游客形成的旅游流，发生时间会在入冬以后；到九寨沟避暑旅游的游客，却不能在这个时间出行。对于旅游目的地从事旅游接待的从业人员和组织来说，把握旅游流发生时间上的规律并善于预测其变化，是做好旅游接待准备工作的前提。

旅游流在时间上的特征表现在旅游流在旅游目的地持续时间的长短，也就是旅游流的流速。不管是从社会文化意义上还是从经济意义上，旅游流在旅游目的地持续时间的长短都会极大地影响当地社会经济的变革情况。旅游者若不能深入到旅游目的地社区的生活当中，就不会很好地了解当地社会，当然也不会在多大程度上对目的地社会施加自己的影响；旅游者若在一地走马观花、匆匆而过，自然也不会有机会在该地做更多的消费（而这又往往是当地社区所期盼的）。所以，旅游流在一地持续时间的长短，对目的地社区意义重大。

（二）旅游流的流量特征

旅游流的流量是指旅游流在单位时间内和一定空间上所形成的规模。对于旅游目的地而言，持续、均衡、大规模的旅游流有着十分重要的意义。在世界许多旅游胜地，其最明显的标志就是每年接待着大量的来自世界各地的旅游者。像传统的地中海地区、加勒比海地区、印度尼西亚的巴厘岛以及世界一些著名的旅游城市，每年都吸引着大量的观光客人，旅游流的流量很大，对当地社会经济的影响广泛而深刻。

世界各国各地区在旅游流的流量这一点上所面临的挑战是很不相同的。旅游发生和持续时间具有节律性，这势必造成旅游流在一定时间上的超量运动，而在另一些时间里却又只维持在极低的水平上。这自然会给目的地社区的旅游基础设施建设与运行、旅游产品开发、旅游企业经营造成很大的压力。

（三）旅游流的流向特征

旅游流的流向是指旅游流在持续的运动过程中所经过的旅游路线，它反映着旅游目的地与旅游客源地之间关联的方式和途径。由于各种复杂的因素（包括历史的、区位的、社会文化的和经济的因素）的影响，旅游资源和旅游客源之间的关联状态在各国各地区都有不同的表现。各国各地区在一定时期内所接纳和发送的旅游流会呈现某种比较稳定的模式。例如，在我国前二十年的旅游业发展过程中，由入境外国旅游者所构成的旅游流在区域下的分布有着相对稳定的结构，形成了比较明晰的入境旅游流的流向特征。

从旅游的全过程来看，旅游流的流向是一个闭环系统，旅游者总是从家中出来，最后再回到家中。在这个过程中，旅游客源地、旅游目的地以及在二者间起到联结作用的旅游通道，是决定旅游流向的三个主要成分。

第二节　旅游流的形成和影响因素

一、旅游流的形成

虽然个体的旅游行为可以追溯到很早以前，旅游流的形成却是近代社会的现象。在近代旅游业形成之前，也可以说会有旅游流发生，但其流量之小、流速之快、流程之短、流向之单一，都使之不能与现代社会的旅游流相提并论。考察旅游流的形成，可以从以下几方面入手。

（一）旅游流是市场经济的产物

旅游流是一种历史现象，是在近、现代社会中人类获得全面发展并从生产劳动中解放出来之后发生的一种大众现象，或者可以说，旅游流是市场经济的产物。

A. Poon 在她的著作《旅游、技术与竞争战略》中，曾经这样说："大众旅游是第二次世界大战后各种关键的社会、经济、政治和技术影响的必然产物。"她认为，大众旅游差不多是与 1958 年喷气式飞机一起起飞的。战后的和平与繁荣的环境、带薪假期的推行、包机（charter flights）以及航空汽油价格下降，都成了推动旅游发展的润滑剂。追逐阳光的初次旅游者，连同各种前往阳光明媚的旅游目的地的包价旅游以及信用卡的广泛使用，确保了大众旅游需求的形成。在技术方面，大众旅游服务在全世界范围内都可以达到标准化，进行高品质的管理和分销，这些自然也促进了大众旅游的发展。

到了 20 世纪 70 年代中期，大众旅游成了时尚，与制造业的批量生产相类似。旅游业也遵循着集中生产线的原则发展：度假被标准化了，而且没有弹性；别无二致的度假产品被成批成批地生产出来；规模经济成了生产的第一推动力。类似地，度假产品也被以一种雷同的、像机器人一样的和日常的方式批量地消费掉了，度假旅游者很少对所访问的目的地国家的行为规范、文化和环境做细致的咀嚼。

在短短的二十年中，旅游业成为大众性的、标准化的硬性组合体。这个产业所提供的是较少有弹性的度假旅游选择，服务的是看上去千人一面的缺乏个性的大众旅游者。到 70 年代末 80 年代初，大众旅游几乎成了"最好的旅游"。换言之，大众旅游成了这个产业中寻求最佳的生产效率的组织和管理人员的一般感受。在这样一种气候和环境当中，旅游者的运动表现出数量、方向、时间上的集中就不足为奇了。

（二）旅游流产生于旅游者需要的内在近似性

不管是自然的哺育过程还是社会的文化过程，都没有能力创造出两个在任何方面都不同的人。基于这个原因，社会人的需要也就有个变化的阈值，既有个体的差异，也有集体的倾向，而这种集体的倾向便是形成旅游流的内在基础。这是旅游流形成过程中发挥"推力"作用的因素，带有根本性。

谢彦君（1990）在探讨旅游者的需要与旅游景观的对应关系时曾提出了一个模型，用以刻画作为集体现象的旅游者的心理类型与其所需要的景观的状态之间的对应关系。在这个模型中，假定不考虑在旅游客源地和旅游目的地之间存在的社会、经济、文化和自然条件等方面的各种隔障和阻力，单纯从需要和资源（或产品）之间的对应关系来分析的话，旅游者的心理状态与其所需要的旅游景观之间的关系可以用一个坐标图来加以描述，如图 8-1 所示。

用纵轴表示旅游者的心理发育状态，它可以反映或代表当今地球上处于不同开化程度上的各

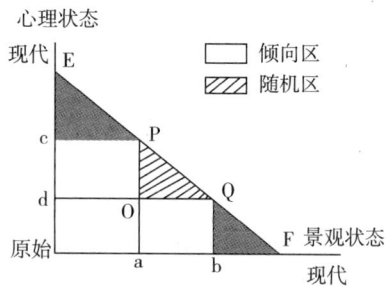

图 8-1 旅游者心理状态与其需要的景观状态之间的关系

种潜在旅游者的心理类型，因此可以理解为是人类一般的心理状态从原始至现代的渐变过程。纵轴上不同的点表示其程度上的差异。与纵轴相对的横轴表示与旅游者心理状态相对应的旅游景观状态，它具有从原始到现代的不同存在形态。这里，纯原始的景观是指那些未经人为修正、开发或破坏的各种自然和人文景观，而现代的景观是和现代科学技术、艺术形式和社会意识紧密相联的人文景观。

图8-1反映了旅游者心理状态与所需要的景观状态之间的对应关系。从图中可以看到，心理状态与景观状态之间存在着相逆的关系，这便是图中EPQF线下形成的两个处于相对位置上的倾向区EcP和QbF。它们表示，在心理状态的两端都有明显的需要倾向性，即心理尚处于原始状态的旅游者，倾向于观览具有现代风格的旅游景观，相反，心理达到现代状态的旅游者，往往倾向于寻访具有蛮荒气息的旅游景观。在这个模型中，这种倾向越往EPQF线的中间发展而越不明显，甚至完全消失，从而形成OPQ这样一个需要倾向不明显的随机区。这可能意味着，心理状态处于cd线段上的潜在旅游者对景观的需要没有明显的倾向，他的旅游行为的发生主要受其他随机因素的影响，在多数情况下会表现出对景观的两个极端状态感兴趣。

图8-1概括了旅游流形成的心理机制，也可以解释旅游流的基本运动形式的内在根源。换言之，只要排除在旅游目的地和旅游客源地之间的基本障碍（包括社会的、经济的、文化的和自然的），旅游流的运动规律基本上符合上述模式。这种流动的规律性具体表现在以下几个方面。

（1）现代文明与古代文明之间的差异导致现代人对访古寻宗的偏好。人类总是对自己不很熟悉但又与自己有某种联系的事物怀有好奇心，这种情况在远古时代表现为远方崇拜、图腾崇拜甚至死亡崇拜，而在现代，这种好奇心表现为人们对过去的凭吊、对往事的缅怀，对先人的崇拜。在东方文化当中，"落叶归根"的普遍情结更进一步培育了人们寻觅故旧的心理基础，成了当代访古旅游的本原所在。

（2）自然景观与人文环境之间的对应关系随历史发展而变化，从而带动人的心理出现逆反现象。回归自然的愿望随着工业污染的加剧和乡村城市化的进程而越来越强烈，所以人们对于具有原始风貌的自然景观就越来越偏爱。

（3）人类聚居群体在空间上的差异分布造成了文化、经济以及社会诸方面的地理局部封闭性，并由此而产生了区域间的相对神秘性。这种神秘感恰恰就是区域间旅游行为产生的巨大动力。

在使用上述模式解释旅游流的运动规律时，需要说明的是：这个模式的价值仅仅在于一般地考察人们旅游心理需要上的某种倾向性，并没有纳入更多的变量。实际上，还有众多的因素在实践中影响着旅游流运动的方向、节律和规模。

（三）旅游流具有空间集聚性

旅游吸引物系统在空间分布上的区域集中性，在一定程度上约束了旅游者旅游的时间和空间结构，从而导致旅游者的流动呈现明显的汇聚现象，这是旅游流形成过程当中"拉力"所起的作用。

在任何一个国家或地区，其旅游资源、旅游产品、旅游接待设施等旅游吸引物的空间布局都不可能达到足够的均匀，相反，区域上的集中倾向却非常明显。这种集中倾向从旅游供给的方面构成了使旅游者按照需求进行分化并进而重新组合和再集中的拉动力量，从而造成一定规模的旅游流。这是一个地区发展旅游业的基础。

D. Pearce 曾利用"集中比率"（Concentration Ratio）这个指标考察了一些国家在接待和发送旅游者时所形成的集中倾向，借以说明旅游供给的单一性程度以及旅游目的地与旅游客源地之间空间关系的性质对旅游流流量的影响。

二、影响旅游流运动的因素

要真正理解旅游流发展变化的规律，必须发掘其内在的根源。从世界各国旅游发展的历史和现状来看，影响旅游流运动的因素还有以下几个。

（一）空间距离

旅游目的地与旅游客源地之间空间距离的远近，是决定旅游流流向、流量和时间特征的最重要因素之一。这是因为，空间距离不是单一的变量，而是一个综合性的因素，同时也是一个作用方向很难确定的因素，它能以十分微妙的方式和强度影响旅游者对目的地的选择。空间跨距大，意味着地理和文化差异大。同时，空间跨距大，意味着交通费用高，这无疑是旅游发生的阻力。一般来说，不管哪个洲、哪个国家（地区）的居民，都首先以本国（或本地区）附近的景区景点作为主要的旅游目的地，这样所花费的交通费用就相对较少，时间也节省，加之地理、气候甚至文化方面的差异不大，也就比较容易适应。所以，各国各地区均首先把周边地区作为主要的旅游客源地，市场促销的力度由近及远，由此构成了旅游目的地客源市场的圈层模式。

（二）国际（区际）关系

旅游是不同国家、不同地区之间人民的相互交往过程。这种交往不会没有任何基础，相反，两国（地）之间在政治、军事、贸易等方面的联系的密切程度，在社会、历史、文化等方面的渊源关系、依赖状态，在价值观、习俗、社会制度方面的近似或差异程度，都将在很大程度上影响旅游者对旅游目的地的选择。显然，两国间密切的政治、军事和贸易交往会带动旅游规模的扩大，因为这会创造一种安全的氛围，也能提供各种便利的条件。而国家（或民族）之间社会、历史和文化等方面的渊源关系，常常是激发人们寻根情结的动力。日本与中国，美洲、大洋洲与欧洲，在一定程度上就是这样一种关系。建立在这种关系基础上的旅游，容易产生理解，也会有很多的便利条件（如语言交流）。

另外，在冷战时期形成的东西方阵营对垒对旅游目的地选择的定式影响至今还没有完全消除，而几十年前这几乎就如同雷池一般，形成西欧旅游者主要在西欧区域内或越洋到北美旅游，而东欧旅游者以在东欧范围内旅游为主的局面。由此可见，价值观、社会制度和习俗力量在影响旅游者选择旅游目的地时的巨大力量。

（三）旅游供给与旅游需求的关系

这是影响国际或地区间旅游流量运动的最根本的因素。旅游需求与旅游供给之间的关系十分复杂，并且可能表现在极不相同的层面上，也具有很不相同的性质。概括起来，一方面是水平关系，一方面是结构关系。

从水平上来看，旅游供给与旅游需求的关系规定了旅游流量的数量和规模特征。在旅游业的发展史上，现代旅游的发生最先是在发达国家，现代的大众旅游也主要始于发达国家，重要的旅游目的地和重要的旅游客源地也都是在发达国家。这表明，由经济状况所决定的旅游需求能力和供给能力，是影响旅游流量的非常重要的因素。

需求与供给不仅在数量上影响旅游流量，在结构上也发挥影响作用。需求是有指向的，虽然有时这种指向性存在一定弹性；供给也是有对象的，即便有时这种对象规定性也不是一成不变的。需求与供给在这种结构上的规定性，既影响旅游流量的方向和时间特征，也决定着需求与供给既有的水平关系的现实意义。由此可以断定，需求与供给在结构上的协调和对应，是促发旅游流运动的根本所在。

第三节　旅游流的现状与趋势

一、全球旅游流的现状与趋势

世界旅游业在二战以后经历了一个迅速发展的过程。1950 年，全球国际旅游接待量仅仅为 2530 万人次，国际旅游收入为 21 亿美元（不包括国际航空交通费用），到 2019 年，全球国际旅游接待量已经增长到 123.1 亿人次，国际旅游收入达 5.8 万亿美元。在这 69 年间，旅游接待人数增长近 486 倍；国际旅游收入增长了近 2761 倍。

（一）全球旅游流的现状

1. 全球旅游流逐渐分化

纵观二战后 70 多年来全球旅游流的发展，可以发现全球旅游在逐渐出现分化，呈现欧洲、北美、东亚及太平洋地区"三足鼎立"的新格局。由于各国、各地区在政治、经济、历史以及旅游资源状况等诸多方面存在差异，旅游业发展水平也呈现明显的地域性差异。以往从旅游地的区域板块划分来看，欧洲和北美，长期以来一直是世界上最受欢迎的两大旅游胜地，是全球旅游的"双雄"。

但最近 20 多年来情况正在发生快速变化，经济全球化和区域经济一体化的进程，深刻地影响着世界旅游业的发展轨迹，也打破了原有的旅游市场格局。国际旅游者对于旅游目的地的选择出现多元化和多样化的特征。东亚及太平洋地区已经成为排名第三的首选目的地，从而形成欧洲、北美、东亚及太平洋地区"三足鼎立"的新格局。

欧洲依然是入境旅游高地，但入境旅游消费增长乏力。首先，欧洲接待了超过一半的入境旅游者，就不同区域入境旅游人次占全球比重而言，欧洲是第一大入境旅游目的地，接待了全球超过一半的入境旅游者。1995 年至 2011 年，欧洲入境旅游收入占全球入境旅游收入的比例保持在 50% 左右，但是 2012 年以后，欧洲入境旅游收入占全球入境旅游总收入比例与之前相比明显下降。2018 年，欧洲接待全球入境旅游者比例达 51.3%，比 2006 年所占比例（55.8%）下降 4.5 个百分点，至 2019 年，这一比例下降为 39%。其次，欧洲入境旅游收入占全球国际旅游总收入占全球比重依然最高，达 36.1%，较亚太地区所占比例（30.0%）高出 6.1 个百分点。

但是，从长期趋势来看，欧洲入境旅游收入占全球比例持续下降，与亚太地区所占比例的差距逐步缩小。

2019 年，东亚及太平洋地区以下三个增速位均居全球五大区域（欧洲、美洲、东亚及太平洋、非洲和中东）之首。

（1）国内旅游人次增速和稳定性排名第一。2019 年，亚太地区国内旅游人次为 76.08 亿人次，同比增长 5.2%。

（2）国内旅游收入增速趋势排名第一。2019 年，亚太地区国内旅游收入达到 1.6 万亿美元，增速达到 2.5%。从长期趋势来看，亚太地区国内旅游收入总量和增速均领先于欧洲、美洲、非洲和中东四个地区。

（3）旅游总收入占 GDP 的比重增速排名第一。欧洲旅游总收入占 GDP 的比重从 2005 年的 8.0% 下降到 2019 年的 7.6%，下降了 0.4 个百分点；亚太地区旅游经济占 GDP 的比重从 6.4% 增长到 7.0%，增长了 0.6 个百分点；美洲地区旅游经济占 GDP 的比重从 6.1% 下降到 5.5%，下降了 0.6 个百分点；非洲地区旅游经济占 GDP 的比重从 6.7% 下降到 5.1%，下降 1.6 个百分点；中东地区旅游经济占 GDP 的比重从 5.9% 增长到 6.2%，增长了 0.3 个百分点。

2. 全球旅游流从单纯观光向度假娱乐过渡

传统的旅游活动是以参观名胜古迹，游览山水风光为主，近年来人们消费活动越来越个性化。由于出国旅游已经逐渐成为一种生活方式，越来越多的游客也不再满足于各个国家之间长途跋涉，走马观花，疲于奔命的单一观光旅游方式，转向了通过旅游达到休息和娱乐的目的。在未来的旅游市场中，观光旅游虽不会完全失去市场，但将从主体地位退而成为项目的一个组成部分。在国际旅游市场中，如度假旅游等非观光型旅游盛行并取代观光旅游，成为国际旅游市场的主体，所以休闲娱乐旅游将会是未来旅游业发展的潮流。

从世界旅游业发展来看，以休闲娱乐为主要目的的度假旅游，已经走过了半个多世纪。随着世界各国经济的发展和生活水平的提高，众多旅游者也从传统的开阔眼界、增长见识，向通过旅游得到放松休息、陶冶生活情趣等转变，休闲娱乐旅游活动成为现代人生活的重要组成部分。随着旅游者中度假人数比例的不断增大，度假旅游已经成为重要的发展方向。

3. 全球旅游客源国由集中走向分散

长期以来，欧洲和北美既是国际旅游的两大客源地，又是国际旅游的两大传统目的地。这两个地区作为现代国际旅游的发源地，其出国旅游人数几乎占国际旅游总人数的 75％。目前世界上最重要的客源国中，除亚太地区的日本和澳大利亚，其余大都集中在欧洲和北美洲，其中德国和美国两个国家占国际旅游消费总支出的 1/3 以上，在 20 世纪 80 年代以前，其几乎垄断了国际旅游市场；20 世纪 80 年代后，随着东欧、南美、非洲许多国家经济实力的不断增强，各地区国际旅游客源逐渐发生转移。

随着其他各大洲旅游业的发展，世界旅游客源市场畸形集中的趋势逐渐发生了变化。亚洲、非洲、南美洲和大洋洲等地区，特别是其中的发展中国家经济的持续增长，将使这些国家和地区的居民去邻国旅游的人数迅速增加。这些国家正逐渐取代传统的旅游客源国，成为重要的国际旅游流。国际旅游流的分布格局将由目前的集中走向分散，区域性国际旅游将得到快速发展，世界各个地区的旅游流格局将出现新的变化。

4. 全球旅游客流由集中走向分散

随着全球经济重心逐渐从欧美地区转移到亚太地区，国际旅游市场的重心也将相应东移，亚太地区将成为未来国际旅游市场的热点区域。在亚太地区，极具丰富海滩资源的泰国、印度尼西亚以及中国大陆沿海地区将是旅游者热衷的旅游目的地。而主要吸引商务和购物客人的城市性旅游目的地，如中国香港、中国台湾以及新加坡和韩国，将会在度假旅游浪潮中失去一部分市场。国际旅游客流的流向由区域集中逐渐趋于分散，洲际旅游也迅速兴起。

（二）全球旅游流发展趋势

1. 度假旅游流将成为主体

在未来的全球旅游流中，以观光为目的的旅游流将逐步减少，以度假为目的的旅游流将更加盛行，并将逐渐取代观光旅游成为国际旅游流的主体。度假旅游产品、专项旅游产品以及个性化旅游产品将有更多的发展。一些旅游度假胜地，如地中海沿岸加勒比海地区，仍将是国际旅游者集中的旅游胜地。在东亚、太平洋地区、夏威夷及具有丰富海滩资源的泰国、印度尼西亚将是旅游者青睐的目的地。

2. 旅游流将更加细分化

全球旅游流将进一步细分化。未来，旅游者的旅游目的越来越个性化，旅游企业也越来越重视从更深层次开发旅游需求，旅游产品更加丰富多彩，旅游流更加细分化。除了传统的观光旅游、度假旅游和商务旅游这三大主导旅游流外，特殊旅游、专题旅游更有发展潜力，如宗教旅游、探险旅游、考古旅游、休闲旅游、蜜月旅游、民族风情旅游等，将会形成特色突出的细分旅游流。

3. "银发"旅游流不断扩大

按照世界现行的标准，一个国家老年人人口比例超过总人口比例的7％，即为老年型国家，而达到这个比例的国家，近年来一直在增加。西方主要客源国大都进入了老年型国家，其中英国、德国、瑞士等国老年人比例已超过总人口的14％。现在的老年人阶层是一个有钱有闲健康活跃的阶层，退休后开始了他们人生的第二春。他们对异国的古老传统文化比年轻人更感兴趣，对旅游休闲度假更有兴趣，"银发"旅游流越来越被各旅游接待国所重视，银发旅游将成为重要的旅游流。

4. 区域旅游流势头不减

受地缘、文化、习俗等多种原因影响，对大多数国家来说，邻近国家和地区的旅游流仍将是本国旅游流的主体。区域经济一体化以及"地利、人和"的优势，推动区域旅游业以更快的速度增长。在不久的将来，东南亚海域将成为世界滨海游乐业蓬勃发展的地区之一。

5. 散客旅游流持续盛行

随着世界各国旅游设施的建立健全，世界性旅游预定网络越来越普及，以及各国安全水平的提高，全球范围的散客旅游将越来越方便。在追求个性化的浪潮下，散客旅游流将更加注重追求那些富有活力、情趣、具有鲜明特点的旅游目的地，喜欢那些轻松活泼、丰富多彩、寓游于乐，游娱结合的旅游方式，亲身体验当地人民的生活，深切感受异国的民族文化风情，通过参与和交流，得到感情的慰藉和心灵的冲击。

二、中国入境旅游流的主要特征

近年来，中国入境旅游接待能力逐年提高，入境旅游者人数不断增长，旅游收入也持续增加，旅游业切实地成为我国很多地区的战略性支柱产业。2019 年，入境中国旅游的外国游客达到 1.45 亿人次。前来中国旅游人数最多的国家依次为缅甸、越南、韩国、俄罗斯、日本、美国、蒙古、马来西亚、菲律宾、新加坡、印度、泰国、加拿大、澳大利亚、印度尼西亚、德国、英国、朝鲜、法国、意大利（包含居住在外国的华人）。

据世界旅游联盟发布的《2019 年下半年中国入境旅游市场景气报告》，亚洲长期以来占据中国入境旅游流的首要位置。近年来，国家大力促进中国与"一带一路"国家的文化旅游发展，使得"一带一路"国家，特别是同属亚洲的周边国家在中国入境旅游流中的活跃度持续上升。得益于此，

2019 年下半年，在全球整体经济下行的环境下，从业者对亚洲作为中国入境旅游流的预期较上半年有所提升。值得一提的是，作为全球各客源市场中唯二景气指数为正值的市场，东南亚和东亚延续了上半年的乐观预期且景气指数均上升了 9 个指数点。

欧洲作为中国长线入境旅游流的主力，2019 年下半年，虽然景气指数较上半年相比有小幅提升，但从业者仍然秉持谨慎悲观的态度。近几年欧洲各国之间政局波动，英国脱欧事件又为欧洲一体化建设带来严重的打击和更多的不确定性。在欧债危机影响未尽、难民潮未平息、经济复苏依然低迷的形势下，欧洲经济进一步下滑。欧洲持续的经济下行对欧洲入境中国旅游的整体市场产生了负面影响，使得从业者对于欧洲客源国的预期相对消极。

北美洲以人口基数较大的美国为代表，一直以来都是中国入境游消费能力最强的客源市场，但随着中美贸易问题的持续发酵、中美市场局势紧张等，从业者持续对北美洲作为中国入境客源市场持负面预期。

非洲地区的国家受制于经济发展水平，并不是中国入境旅游流的主体，但得益于"一带一路"的开放平台和越来越多的外交利好政策，中非关系愈加紧密。从业者对非洲作为中国入境客源市场的预期虽持谨慎悲观态度，但有所提升。大洋洲一直以来也并不是中国入境旅游流的主力，2018 年以来，在全球经济下行的大环境下，从业者维持悲观预期，但信心有所提升。中南美洲历年来在中国入境旅游流中的占比都相对较小，这与中南美洲国家经济水平相对较低，地理上与中国相距甚远且缺少直达航班有关。受"美墨边境墙"和拉美难民问题困扰，墨西哥内部局势堪忧，从业者对中南美洲作为中国入境客源市场的预期更加悲观，悲观程度仅次于北美洲。

综上，中国入境旅游流的特征可概括为：亚洲长期以来占据中国入境旅游流的首要位置，欧洲是中国长线入境旅游流的主力，北美洲以人口基数较大的美国为代表，一直以来都是中国入境旅游消费能力最强的地区。非洲、大洋洲、中南美洲在中国入境旅游流中的占比都相对较小。

三、中国国内旅游流的主要特征

推动中国国内旅游发展的经济基础和政策环境在不断优化，国民出行意愿也随着可支配收入的增长和假日制度的完善而加强；随着文化和旅游的融合发展成为旅游业开发新潜力，中国国内旅游市场将在持续稳定增长的同时迈向品质化发展的新台阶。

根据中国文化和旅游部数据，2019 年，中国国内旅游人次达到 60.06 亿人次，旅游总收入高达 6.63 万亿元，旅游消费更趋常态化。旅游总收入前 10 强的热门旅游城市依次是北京、重庆、上海、成都、广州、天津、杭州、武汉、西安和南京。

我国旅游业处于黄金发展期，国内旅游市场的发展潜力和机遇可观，加之国家各项利好政策为国内旅游业发展奠定了良好基础，旅游发展环境将进一步优化。同时，随着年轻一代的消费者开始主导市场的新格局，更多在旅游领域内的创新产品将涌入市场，以满足更加个性化的消费体验需求。随着文旅融合、全域旅游、红色旅游、研学旅游等新型旅游概念的推广，国内旅游业有望朝向更加高质量、高品质的发展阶段演进。

高铁开通及运营、机场建设及航线开通、旅游设施发展及城市营销仍然是推动国内旅游流最积极有利的因素。2019 年，尽管中国的经济增速放缓，中国经济增长趋势对国内旅游流的发展仍具有重要的促动作用。

以下按照中国的 7 大地理区域划分，对华东、华南、华中、华北、西北、东北和西南 7 个区域在客源地和目的地中的地位进行具体分析。

（一）中国国内旅游的主要客源地

华东地区产生的旅游流位列我国 7 个地区首位。作为我国经济规模最大，常住人口最多的地区，华东地区经济发展强劲，居民出行意愿强且消费水平较高，预计未来将继续引领国内旅游市场发展。华南地区产生的旅游流仅次于华东地区。以珠三角为中心的华南地区是我国经济发展的重要引擎，整体经济发展活跃。华北地区的旅游流在北京的带动下，仍然是中国的主要旅游流。华中地区的旅游流随着地区经济的迅猛发展，未来发展可期，虽然其区域整体经济水平无法对标三大经济圈，但近年来在武汉、长沙和郑州等中心城市的带动下，增长较快。西北地区的旅游流在西安的带动下，也具有发展潜力。西安作为国家中心城市之一，其综合交通枢纽地位通过高铁线路及航线分布的丰富得到进一步巩固，通达性提升，便于西北地区游客出行。东北地区的旅游流在全国 7 个地区中处于较低水平。东北的经济转型升级表现滞后，经济活力不足，因此旅游客源的贡献能力也相对薄弱。西南地区的旅游流位居全国 7 个地区的最末位。

综上，从地区层面来看，中国国内旅游流的主要客源地依次是华东、华南、华北、华中、西北、东北和西南地区。

（二）中国国内旅游的主要目的地

华东地区位居国内旅游目的地首位。作为我国第一大经济区，华东长三角地区经济发展快速，交通通达性强，旅游资源丰富且自然气候良好，这些因素很大程度上推动了华东地区成为领先的国内旅游目的地。

华南地区位居第二，处于全国上游水平，表现出旅游从业者对其未来发展仍然充满信心。依托海南三亚和广西桂林等传统国内热门目的地，华南地区旅游市场稳步发展，预计未来华南地区作为国内旅游目的地将保持领先地位。

华北地区依托北京，表现出旅游从业者对该地区未来目的地市场发展的良好预期。2019 年北京世界园艺博览会的开幕推动了北京旅游人群的上升，而 2022 年冬奥会带动下的众多滑雪目的地的开发，也为京冀地区引入更多的旅游人群。

华中地区作为中国革命的中心区域，依托湖南毛泽东故居、橘子洲及江西井冈山等知名红色旅游资源，响应国家号召大力发展区域红色旅游，旅游目的地市场将持续发展。

西北地区位居第三，超越全国平均水平。西北旅游依托西安的带动，借助其不断完善的交通网络布局，旅游辐射力进一步增强。此外，虽然西北地区整体仍处于旅游发展的初级阶段，旅游基础设施有待完善，对外营销推广还待加强，但近年来，区域性的投资热潮为西北旅游目的地注入新动能，使西北旅游进入上升通道，未来市场发展将迈上新的台阶。

西南地区依托在各大社交平台进行的有效城市营销，成功打造了以大熊猫、巴蜀文化和麻辣美食为主题的名片，助力了其目的地旅游市场的发展。但受 2019 年宜宾地震和云南旱灾等自然灾害影响，西南地区作为国内旅游目的地的吸引力减弱。

东北地区的冬季旅游资源独具禀赋。中国的滑雪运动积极发展，东北作为中国少有的冬季滑雪目的地，其业绩增长可期。但须留意的是，尽管显著上升，但东北地区仍然位列全国 7 个区域市场的最末，交通通达性及旅游配套设施发展相对滞后仍是制约其旅游目的地市场发展的主要因素。

综上，从地区层面来看，中国国内旅游流的主要目的地依次是华东、华南、华北、华中、西北、东北和西南地区。

（三）国内旅游市场基本特点

由于研究目的和观察视角不同，人们对于我国国内旅游的发展状况与特点都会有不同的认识与总结。为了便于学生对国内旅游状况有一个大致的把握，可简要将我国国内旅游的发展状况以及这一市场的基本特点做如下归纳。

1. 市场规模大，发展潜力足

纵观进入新千年以来，我国国内民众国内旅游需求的发展可以看出，无论是在旅游人次上还是在旅游消费总额上，国内旅游市场都已经大大超过入境旅游市场。

根据世界上一些地广人众的旅游发达国家例如美国的经验，即国内旅游收入一般可达到国际旅游收入的7~8倍，一定程度上说明与这些旅游发达国家的情况相比，我国的国内旅游市场，无论是在游客规模上还是在消费开支上，仍具有相当大的发展潜力。

2. 短程旅游比重大

由于我国国民中多数人的旅游支付能力仍比较有限，加之带薪年假制度在我国尚未普及，多数人的休闲时间仍很分散，所以国内旅游活动的开展都表现为短程旅游。另外，人们在参加国内旅游活动时，每次外出的旅游天数也比较短，主要是3天以下。

3. 旅游活动形式以散客为主

在国内旅游活动中，绝大多数旅游者都不使用旅行社提供的商业性服务。在一般意义上，对于一个旅游客源地来说，居民自助出游所占比例高通常是该地居民旅游需求发育成熟的反应，对于一个旅游目的地来说，散客接待量所占的比例高则通常是该地旅游业发展成熟的重要标志，但是就我国国内旅游的现状而言，散客旅游所占比重高，并不意味着国内旅游区市场的发育已经高度成熟，也不意味着国内旅游目的地的接待条件已经实现高度便利。我国国内旅游中散客游的比重之所以很高，其中一个重要原因是短程旅游比重大，出游者对周边的情况比较熟悉，所以旅行社的这类短程产品，对于很多出游者来说并不具有吸引力。

4. 消费总额增速快，但人均消费水平仍显较低

从我国国内旅游消费开支总额来看，1978年仅为18.4亿元，2019年达到6万亿元。可见，增长速度很快，但人均消费水平仍相对较低，虽然我国人均旅游消费水平逐年提高，但2018年我国城镇居民的国内旅游人均花费为1034.23元，农村居民的国内旅游，人均花费则为612.68元。相比之下，同年入境过夜游客的人均消费额为517.7美元，远远高于我国人均旅游消费水平，这在某种程度上反映出我国国内旅游市场目前仍属于人次规模扩张型，在质量上仍显较低。

（四）国内旅游市场的发展前景

国内旅游多年来的发展趋势表明，随着我国经济的快速发展，人民可

支配收入和生活水平不断提高以及闲暇时间增多，中国人民对旅游度假的需求将会继续增长，这决定了今后我国国内旅游市场的规模将会继续扩大。事实上，自1995年我国开始实行每周40小时工作制，以及此后相继提出新的公共节假日放假制度以来，全国各地周末旅游活动的迅速增多和黄金周旅游高峰的形成，就是这一发展趋势的最好证明。除了需求规模将会进一步增大外，今后国内游客的消费水平也将会有较大幅度的提高，原因在于随着富裕程度的提高，我国民众对旅游生活质量的追求必然也会随之变化。虽然目前整个国内旅游市场的人均消费水平仍然较低，但有证据显示，其中有一些细分市场，如观光度假市场中的高端部分，其消费水平实际不低。

随着我国国内旅游的需求规模不断增大，很多旅游企业已经开始重视对国内旅游市场的开发和经营，国内旅游市场在拉动消费方面的重要性进一步凸显。

四、中国出境旅游流的主要特征

中国通常将入境旅游、国内旅游和出境旅游，看作中国旅游业的三大旅游流。但值得注意的是，对于一个发展旅游经济的国家来说，本国居民的出境旅游不仅不利于国家经济的增收，相反会造成本国经济的"漏损"。但是，从人的全面发展的社会角度来看，新时代我国社会主要矛盾是人民日益增长的美好生活需要和不平衡不充分的发展之间的矛盾。出境旅游流对于满足人民美好生活追求，促进人的全面发展具有推动作用。而且，随着中国经济的持续发展和居民家庭收入水平的提高，中国公民的出境旅游，成为挡也挡不住的时代潮流。正因如此，中国开放程度不断提高，对国民出境旅游的政策也在不断放宽，限制越来越少，手续越来越方便。加上随着改革开放的深入，我国民用航空运输系统的规模扩大，截至2022年底，旅客运输量已连续18年稳居全球前两位。在正常情况下，通达世界上62个国家的153座城市。除此之外，我国航空业与国际的合作加大，截至2020年初，中外双方共计77家航空公司运营我国与46个国家之间的710条国际航线，连接全球120个国家。最重要的是，一方面更多国际直航的开通使得国际旅行更为方便，另一方面航空公司间的市场竞争，特别是外国航空承运商的加入，终将使航空旅行价格日趋合理，从而进一步刺激人们对出境旅游的需求。

（一）增长速度强劲

首先，出境旅游人次的增长速度强劲。随着出境旅游政策的放宽和出境旅游目的地的增加，近年来我国居民出境旅游的规模持续增大，已由2000年的1047万人次增至2018年的1.49亿人次，平均年增长率超过20%。这期间，一方面虽然因私出境人次和因公出境人次都在增加，但因公出境人次所占的比例相对下降，因私出境人员所占比例则在增大。其次，由旅行社组织的出境旅游人数所占比例不仅较低，而且呈下降趋势，旅游规模的持续上升和散客比例的不断增大，反映出我国内地居民的出境旅游需求正在加速走向成熟。最后，出境旅游消费额增长速度强劲，据世界旅游组织公布的数字，1982年我国公民出境旅游消费总额仅为6600万美元，1996年上升至4.74亿美元。2018年我国国际旅游支出已增至2773亿美元，排世界第1位，约占该年全世界国际旅游消费总额的19.2%。

（二）客流流向以亚太地区为主

在出境旅游的客流方面，尽管可供选择的目的地很多，但主要流向一直都是近距离的国家和地区，特别是那些开放时间比较早，距离比较近的亚太地区旅游目的地。其实中国出境旅游客流的这一流向格局是由旅游需求活动的基本规律决定的。

（三）港澳游份额最大

香港和澳门作为我国内地居民出境旅游目的地，具有旅行距离近、文化障碍小等优势，尤其是在中共中央批准开放港澳自由行之后，内地居民前往港澳旅游的客流量很大，并一直保持着较高的增长速度。

（四）消费水平高

据世界亚太地区旅游监测机构IPK所属的中国旅游视频统计显示，中国旅游者一次参加旅游的平均日消费为175美元（不包括购物）。另据AC尼尔森公司与世界免税协会联合进行的一则调查显示，几乎所有中国内地游客在境外旅游期间都有购物支出，平均购物花费高达987美元，堪称全球之最。

本章案例

追火箭的人：

流动性视角下嫦娥五号发射观测旅游者民族志

人类自古以来就是观星者，凝望宇宙是人类亘古不变的寄托，探索头顶的浩瀚寰宇是人类前仆后继、矢志不渝的追求。自遥远的古希腊，人们便着手研究星象，从星空银河中发现其独特的规律和奥秘以揭示人类的命运。近现代以来，随着科学技术的不断进步，火箭的发明为人类探索宇宙提供了可能。随着 2016 年海南文昌航天发射场的竣工，人们不再只能从电视中瞻仰火箭飞向宇宙的壮丽景象，而是可以奔赴现场去追逐火箭的发射。2016 年 6 月 25 日，长征七号火箭在海南文昌实现首飞。发射当天，文昌共接待游客 15 万人次。同年 11 月，长征五号的发射是中国航天里程碑式的一次跨越，标志着中国航天迈入了新的征途，此次发射迎来了 12 万人次现场观测。两次发射观测人次共计 27 万人次，彰显了我国航天旅游市场的庞大潜力。

本研究基于 2020 年 11 月 24 日凌晨在文昌进行的嫦娥五号发射事件展开。2020 年 12 月 17 日，习近平同志代表党中央、国务院和中央军委祝贺探月工程嫦娥五号任务取得圆满成功的贺电中指出：嫦娥五号任务作为我国复杂度最高、技术跨度最大的航天系统工程，首次实现了我国地外天体采样返回。这是发挥新型举国体制优势攻坚克难取得的又一重大成就，标志着中国航天向前迈出的一大步，将为深化人类对月球成因和太阳系演化历史的科学认知作出贡献。一方面，嫦娥五号发射成功标志着我国探月工程"绕、落、回"三步走的收篇，实现了我国航天史上的"五个首次"，其中，最重要的是首次从月面钻取最年轻的月壤样本返回。另一方面，嫦娥五号圆满完成任务既是终章也是序章，标志着我国未来将踏入载人登月返回的新的航天征程。因此，嫦娥五号的发射，不论是对于中国航天科研还是人类探索宇宙都是具有历史性意义的迈进，其重要性空前，因此吸引了来自五湖四海的游客前往观看。

一、研究问题

（1）从萌生动机到奔赴目的地展开实地观测的流动行为，到回程后旅游体验的持续，虚拟与现实如何建构"追火箭"旅游流动全过程？

（2）"追火箭"对于旅游者来说具有什么样的社会意义？

（3）传统流动性框架何以通过"追火箭"这一特殊的旅游方式得以延伸？

二、研究案例

文昌位于海南岛东北部，毗邻海口，是我国继西昌、酒泉、太原后第 4 个航天发射基地。2007 年 9 月，文昌航天发射场项目正式被批准立项，拉开了文昌航天旅游的序章。文昌被公认是世界上第二佳位置的发射场地，仅次于南美洲圭亚那库鲁发射场。对比过去中国最重要的航天发射场西昌基地，文昌的近海地理优势可使火箭发射残骸坠入海里而不是掉落地面，不至于对人类造成危险，从而具有可接近性和可参观性，为渴望亲眼观看火箭发射的人群提供了良好的契机。依据国家政策的导向，文昌发射场的发展要朝着商业发射场的目标前进，文昌以其发射地理位置的理想性，有志于在未来成为有世界影响力的航天旅游城市。

文昌希尔顿海滩位于文昌市龙楼镇铜鼓岭国际生态旅游区淇水湾畔的鲁能希尔顿酒店附近，可同时容纳约4000人观看火箭发射，是观测位置最佳的海滩。海滩无需门票，不设围栏，但设有旅游指示标识，并于火箭发射时期设有火箭观测主题广告标牌，旅游者自发聚集于此。

三、研究结论：视频唤起的追火箭动机

本研究通过对2020年11月海南文昌"嫦娥五号"发射事件的参与式观察以及对火箭发射观测者的深度访谈展开研究。受访者大部分都是被视频博主K于2020年5月14日在bilibili平台发布的在文昌"追火箭"视频吸引，从而萌生了亲自去"追火箭"的动机，通过联系博主K进入微信群，并于11月23日左右奔赴文昌实地观看火箭发射，其行为本质上属于影视旅游的范畴。影视旅游是指影视作品刺激、吸引旅游者，从而激发其旅游需求，并促成旅游者前往影视场景拍摄地旅游的行为的过程。影视作品擅长通过情绪渲染来调动观众的情感体验，如怀旧影视可以唤起人们的感性情感、身临其境的体验和情感联系，但对影视旅游的探讨亟须在旅游者出游行为背后的情感支撑和社会意义层面上进行理论和案例拓展。近年来，随着影视旅游者群体的细分趋势愈加明显，影视旅游也逐渐与声望、自我认同和国家认同联系起来，但相关讨论和案例尚处于萌芽状态。在视频博主K火箭视频的弹幕中，"将来一定要去""我也想亲眼看火箭发射"等字眼频频出现，可见该视频对旅游动机的激发作用。视频博主K的视频对旅游动机的唤起基于以下两个方面：第一，视频通过为旅游者提供信息增强其感知可进入性。不少受访者表示，在看了视频博主K的视频之后，才获悉火箭发射可以实地观看，"我以前一直以为这个地方肯定是一些军事禁区什么的，然后一般人是进不去的，没有想到原来这么近就可以看得到。"（R03，视频博主）第二，视频通过文案、剪辑、弹幕讲述了一个动人的故事，从感性层面唤起旅游者强烈的情感共鸣，从而激发旅游动机。

"（看完视频）觉得很牛很震撼。很感动，还哭了呢。"（R09，运营推广）在视频里，火箭发射时，弹幕频频出现"泪目""感动"等词汇，情绪的渲染唤起了旅游者实地体验的欲望。不容忽略的是，弹幕作为影视作品中的用户生成内容（User-Generation Contents，UGC）文本，被认为具有互动参与和情感表达的功能，在影视旅游领域的相关研究中，弹幕也被认为具有强化对目的地积极形象感知的作用，观众对出游的渴望也体现着情感的共鸣。

在视频博主K火箭视频的弹幕中，"我们的征途是星辰大海""愿祖国繁荣昌盛"等内容凸显了观众对国家认同的共情，而"将来一定要去""我也想亲眼看火箭发射"等字眼也频频出现，渴望情绪在互动参与中扩散，验证了视频内容和弹幕文本共同影响旅游动机。

然而，有研究表明，影视作品只是激励出游的部分因素，本研究也印证了这一观点："追火箭"旅游者本身具有潜在动机，视频博主K的视频只是起刺激与催化作用。"这种事情（火箭发射）是那种很神圣的"（R06，大学生），"对这种东西（宇宙）觉得很浪漫、很喜欢"（R09，运营推广），"感觉是见证了国家的（进步）"（R10，视频博主）"想出去放松一下"（R08，民航飞行员）等，这些因素都成了航天旅游的动机。可见，火箭不仅象征着探索太空的机器，还拥有国家富强的见证、宇宙的浩瀚等一系列符号表征。

节选自：唐雨桐，郝小斐. 追火箭的人：流动性视角下嫦娥五号发射观测旅游者民族志［J］. 旅游学刊，2022，37（6）：79-93.（引用时稍有修改）

第九章　旅游的影响

学习引导

　　进入现代旅游时期，旅游成为大众的、经常的现象，旅游业的发展日益成为改变国民经济产业结构、影响社会文化发展趋势和左右地区环境演化方向等种种变革的重要因素。其实，旅游不仅会为当地社会带来各种正面和负面的影响，而且这种影响对不同地区的作用强度有差别。认识旅游活动这种影响及差别，对于促进旅游业健康可持续发展，最大限度杜绝其负面影响，有着十分重要的意义。通过本章的学习，学生应从正面和负面两个角度，掌握旅游的经济、社会文化和环境影响。

思政元素

　　（1）在大力发展旅游业时，人们常常重视的是其正面影响，而忽略了其负面影响。从全面的视角看问题，必须采用二分法的哲学方法，在认识到旅游发展给经济、社会文化和环境带来的正面影响的同时，全面分析其负面影响，以客观全面地看问题。

　　（2）负面影响虽然存在，但并不可怕。在认识到旅游发展会给经济、社会文化和环境带来负面影响的情况下，须积极应对，从政策、资金、方法等方面入手，制定和实施一系列措施，消除负面影响或者将负面影响降到最低。

第一节　旅游的经济影响

　　在现代旅游中，旅游与经济之间存在一种天然的耦合关系，旅游消费本身就是一种经济行为。旅游对目的地经济的影响是不言而喻的，尽管这种影响有一定的复杂性。在旅游研究中，人们主要关注的是旅游发展对目的地的经济影响，一般不涉及对旅游客源地的经济影响问题。同任何其他事物一样，旅游的发展对一个国家或地区的经济既有其积极方面的影响，也有其消极方面的影响。

一、旅游对旅游目的地经济发展的积极影响

（一）增加外汇收入，平衡国际收支

旅游业尤其是国际旅游业为旅游目的国开辟了重要的外汇收入渠道，是一个国家平衡国际收支的主要手段之一。在开放的经济体系中，一个国家的外汇储备的多少，标志着其国际支付能力的强弱和维持其货币体系稳定能力的大小，外汇储备同时也是对外偿债的保证。扩大国家外汇收入主要有三条途径：一是有形外贸出口收入，二是兴办海外企业的利润收回，三是无形贸易收入。旅游业的外汇收入是无形贸易收入的重要组成部分，大力发展旅游业是增加无形贸易收入的重要途径。

事实上，不论发达国家还是发展中国家，发展旅游业的一个主要目标就是赚取外汇，平衡国际收支，改善在国际贸易中所处的不利地位，这一点对于发展中国家来说更是如此。在发展中国家，外汇缺乏是制约国民经济发展的一个主要障碍，而发展中国家单纯依靠传统的出口初级产品的途径所能赚取的外汇数量有限，而且代价昂贵，还要承受进口国的种种关税和其他壁垒，因此不能满足国家发展经济的需要。与此相比，旅游业在赚取外汇方面具有传统商品出口所不具备的很多优点。这表现在：第一，旅游业的换汇率高，其原因在于：旅游业提供的是不需要运输到国外的观光和服务产品，并且旅游者必须到旅游产品的生产地进行消费，所以这种出口可以省掉一般商品外贸过程中所必不可少的运输费用、仓储费用、保险费用、关税等各项开支以及与外贸进出口有关的各种繁杂手续，总之减少了换汇成本，从而提高了换汇率。第二，旅游业的产品和服务的价格建立在一定的国家垄断基础上，因此，国际竞争在一定程度上被弱化，价格的自主权较大。第三，旅游业所赚取的外汇收入多为现汇收入，资金回笼速度快，风险较小。第四，旅游业创汇可以免受进口国关税壁垒的影响。因此，旅游发展为国家赚取外汇的贡献非常突出。

另外，发展国际旅游还可以弥补贸易逆差，平衡国际收支。国际收支是指一个国家或地区在一定时期（通常为 1 年）与其他国家或地区经济往来的全部收支。一个国家或地区拥有外汇的多少，体现着这个国家或地区

的经济实力和国际支付能力。在国际经济往来中，收入大于支出时，国际收支差额表现为顺差或剩余；反之，国际收支差额则出现逆差或赤字。造成国际收支不平衡的原因很多，对于发展中国家而言，一方面由于经济技术发展滞后，物质商品出口量有限，另一方面为了发展经济文化又必须进口先进的技术和设备，因此国家收支出现赤字是难免的。正因为如此，发展旅游创汇，弥补贸易逆差，平衡国际收支对于发展中国家更有意义，这也正是不少发展中国家优先发展国际入境旅游的奥秘所在。

（二）有助于货币回笼，促进经济健康运行

任何实行商品经济的国家，要使整个社会经济得以正常运转，都需要有计划地投放货币和回笼货币，使流通中的货币量与商品流通量相适应。就国内旅游而言，其主要影响之一便是拓宽货币回笼渠道、加快货币回笼速度和扩大货币回笼量。国家回笼货币的渠道主要有四个方面：一是商品回笼，即扩大商品的销售，使货币回笼；二是服务回笼，即促使人们消费更多的服务，使货币回笼；三是税收回笼，即增加税目或提高税率，使货币回笼；四是信用回笼，即通过吸收居民存款、收回农业贷款、发放国库券等手段回笼货币。其中服务回笼，既可以节约大部分物化劳动，又能满足人们日益增长的需求，起到回笼货币的良好作用。旅游业通过向旅游消费者提供各类旅游商品和服务，大量回收货币。在旅游回笼的货币中，既有商品回笼部分，也有服务回笼部分。

（三）增加国民就业机会，有利于缓解就业压力

就业问题是国民经济中的一个重要问题，在我国还是一个政治问题，它不仅关系到每个劳动者的生存和发展，而且关系到社会的稳定。任何部门和行业的发展都能为社会提供一定的就业机会，但是，发展旅游业比发展其他行业，更有利于解决就业问题。因为旅游业是一个综合性的服务行业，它要满足旅游者在旅游活动中的多方面需求，因而发展旅游业必然会带动为旅游业直接或间接提供服务的各行各业的发展，从而为人们提供大量的工作机会。根据世界旅游组织资料，旅游部门每直接收入 1 元，相关行业的收入就能增加 4.3 元；旅游部门每增加 1 个直接从业人员，社会就能增加 5 个就业机会。

旅游业作为第三产业的重要组成部分，在解决就业问题方面意义尤为重大。就创造就业机会来讲，旅游业具有两大优势：第一，旅游业是劳动密集型行业，创造就业机会的成本比其他行业低。其产品的绝大部分是以劳务形式体现的，即需要对客人提供富有人情味的直接服务，因而手工劳动比重较大，需要大量的劳动力。第二，旅游业就业岗位层次众多。特别是很多工作并不需要很高的技术，这就可以为广大妇女和刚步入社会的青年提供就业机会。当然，这并不是否认旅游业对知识和技术的需求。要想保证旅游产品的质量，同样需要对旅游从业人员进行较为系统的教育和培训；但同技术程度要求较高的制造业相比，上述人员只须进行较短时间的培训便可胜任工作。可见，旅游业在解决就业问题方面具有特殊的作用。

（四）带动相关产业发展

旅游业是一项综合性的服务产业，这就决定了它的发展不仅依赖于其他相关产业的发展，还会促进其他相关产业的发展。其根本原因在于，为满足旅游者的消费需求，旅游企业就必须提供足够的设施设备和消耗物资，旅游业因而也成为其他行业产品的消费市场，从而刺激和促进这些行业的发展。此外，旅游的发展还可以扩大外界对旅游目的地的了解，有助于当地的招商引资工作，从而也可以促进其他行业的发展。根据发达国家的经验，旅游业与公共事业投入的比例是1∶5，即旅游业投入1元，相应的配套设施投资5元；而世界旅游组织的统计分析认为，旅游业与相关产业的投资带动作用之比为1∶7。

（五）增加政府税收

税收是国家财政收入的主要来源，没有足够的税收，国家便难以有效地提供国防和治安等公共产品。发展旅游业（无论是国际旅游还是国内旅游）可以增加国家的税收。国家的旅游税收目前主要来源于两个方面：一是国际旅游者，另一个是旅游业的各有关营业部门。另外，旅游业强有力的关联和带动作用，使许多相关产业部门得以发展，国家可以从这些部门中得到更多的税收。

（六）促进贫困地区脱贫致富

旅游业能够提高资源综合利用水平，使落后的地区兴旺发达。在中国，贫困地区大多在山区、半山区、荒漠化地区和少数民族聚集地区。交通不便、产业基础薄弱等是造成这些地区贫困的重要原因，但与此同时，这些客观原因也使这些地区得以保存了比较原始的地形地貌、人文景观和特色鲜明的风土人情。所以在分析研究我国旅游资源的分布情况时就会发现，我国旅游资源蕴藏丰富的地区与贫困地区有很大的重合性，这种资源分布的特点，就在"发展旅游业"与"扶贫"之间建立了有机联系。一些不能直接创造价值的资源，经旅游业"点石成金"，也能产生可观的经济效益。20世纪80年代中期以后，我国各地政府积极引导、扶持旅游资源丰富但经济贫困的地区走"旅游脱贫致富"之路。目前，开展旅游扶贫的地区遍及全国各地，几乎所有具备旅游开发基本条件的贫困地区都有这样的事例。

（七）促进地区经济发展，提高区域经济水平

地区经济的不平衡是制约社会全面进步的一大瓶颈，由于地区经济发展水平存在较大差异，故形成了不同的经济区域。一般而言，沿海地区、平原地区、交通便利地区的经济较为发达，内陆地区、边远地区、山区、交通闭塞地区则经济较为落后。旅游业通常首先在经济发达地区发展起来，然后逐步向落后地区辐射。旅游业的大发展，有利于促进经济发达地区的人流、物流和资金流导向欠发达地区，有利于提高区域经济水平，促进区域间的经济合作和社会的协调发展

二、旅游对旅游目的地经济发展的消极影响

旅游业的发展固然对国民经济增长起到很大的促进作用，但是如果旅游接待国或地区忽视旅游业发展的客观规律，片面强调旅游业的发展，就可能会扩大发展旅游业所带来的负面影响，甚至会得不偿失。

（一）有可能引起当地物价上涨

一般而言，由于外来旅游者的收入水平较高或他们为了旅游而长期积蓄，故旅游者的消费能力高于旅游目的地的居民，因而他们能够出较高的价钱购买食、宿、行以及纪念品等各种物质商品。大量旅游者的经常来访，难免会引起目的地物价上涨，这势必损害当地居民的经济利益，特别是引起衣、食、住、行等生活必需品价格上涨。

另外，随着旅游业的发展，其对稀缺资源的需求也越来越大。特别是对土地的需求，因此，地价就会上涨。这样，不但会影响到当地居民的住房建设与发展，而且更为严重的是会刺激当地农民或其他土地所有者出售土地。尽管他们从中可以得到短期的利益，但他们也因此失去了土地，他们不得不放弃原来的职业，而去从事他们所陌生的职业，这会给他们心理上和生活上造成很大的压力，从而出现新的社会不公平问题。

（二）产业结构发生不利变化

在原先以农业为主的国家或地区，由于从个人收入看，从事旅游服务的工资高于务农收入，因此常有大量的农村劳动力弃田从事旅游业。这种产业结构不正常变化的结果是，一方面旅游业的发展扩大了对农副产品的需求；另一方面，农副业产出能力下降，如果再加上农副产品价格上涨的

压力，很可能会影响到旅游地社会的安定和经济的发展。

（三）过分依赖旅游业，会影响国民经济稳定

一方面，旅游业在国民经济各行业中不是关系国计民生的行业；另一方面，它也是一种易受冲击的脆弱产业，旅游客源地和旅游目的地的很多因素，包括政治、经济、社会乃至某些自然因素的不利变化，都会危及旅游业的正常发展。这些因素多为不可控制因素，一旦出现，势必导致旅游需求剧烈波动，从而使旅游经济严重受挫。一个国家或地区如果过分依赖旅游业来发展自己的经济，将会影响到国民经济的稳定，特别是像我国更是如此。从国家和地区经济安全的角度考虑，一个国家或地区在利用旅游业来发展自己的经济时必须把握好一个度，对于应当开发和优先开发旅游业的地区要大力支持和扶植，对于不宜发展旅游业的地区则应加以限制。

（四）对就业的不利影响

旅游业是一个季节性很强的产业，它虽然能够创造大量的就业机会，但是旅游业的季节性决定了这些就业机会也具有明显的季节性特点。这就使得在旅游业和相关行业中的就业人员处于很不稳定的状态，在淡季时不可避免地会出现劳动力和生产资料闲置，甚至出现严重的"季节性失业"的现象，从而给旅游目的国或地区带来严重的经济问题和社会问题。

第二节　旅游的社会文化影响

现代旅游活动和旅游业的发展不仅对旅游接待地的经济产生了巨大影响，对旅游接待地乃至全人类的社会文化也具有不可忽视的影响。这方面的影响是由于随着旅游业的发展，大量外来人口在接待地之间流动，他们在与当地人接触中产生了一系列的交流活动和复杂的人际关系。这种关系对旅游者和当地居民都有影响，然而由于旅游者在接待地活动的时间短暂而分散，旅游的发展对旅游者个人和其所属社会产生的影响远不如对接待地主人的影响深远和深刻。

旅游活动的开展之所以会对社会文化，特别是旅游目的地的社会文化具有影响，其原因有二：第一，从本质上讲旅游活动本身就是一种综合性的审美活动，旅游审美活动的内容异常丰富；第二，旅游活动作为现代人生活中不可缺少的组成部分，已经成为一种重要的社会现象。

一、旅游对旅游目的地社会文化的积极影响

（一）有利于不同文化的交流，尤其对旅游目的地一方的对外文化交流能起促进作用

文化在传播的过程中，由于种种原因，向四方散播的速度并不均衡，导致了先进的文化难以抵达边远的落后地区。而大众旅游这种新型传播媒介将不同的文化传播到全球各地，因为旅游者是无所不至的，甚至地球的三极——南极、北极和世界屋脊珠峰也都留下了旅游者的足迹。在旅游越来越大众化的今天，外来文化对当地文化的冲击也越来越大，由此而来的文化交流与渗透、文化冲突与矛盾的趋缓以及文化的汇流就成为必然。

（二）有利于对原有社会价值观念的肯定，同时有利于新的行为方式、价值体系的产生

旅游业的持续发展需要在对文化进行保护的基础上进行，而旅游者也对异地文化中的风俗习惯、民间艺术和历史遗迹有着天然的关爱之情，人类关心自己同类的生存状态是一种根植很深的人性。来自这两方面的需求，使旅游经营和管理者乐意对一切具有文化价值又恰具有旅游价值的事物进行拯救，令那些濒于绝迹状态的文化遗产得到挖掘、保护和弘扬。拯救文化遗产的工作还得到了联合国教科文组织的支持。正是这些拯救活动给当地原有的社会价值观念提供了一定的生存空间，是对原有价值观念的肯定。旅游在保留原有价值观念的同时，也引发了新的观念和行为的产生。旅游肯定了人的休闲权利，使平凡的人生有所补偿，并使人找到一种超越自我的凭借，旅游的行为还是对人与人、人与社会、人与自然之间关系的反省，它们都催生着新的价值观念，使人类的社会生活更趋完善。

（三）有利于改善目的地居民的生存条件，提高旅游目的地居民的生活质量

旅游开发不仅在于对旅游资源本身的开发，还要对旅游资源所在地与之相关的接待条件进行相应的开发和建设，才能使旅游资源所在地形成一个有吸引力的旅游环境或接待空间，才能适应旅游业发展的需要。虽然提高旅游资源所在地的可进入性，建设和完善旅游基础设施，建设旅游上层设施的开发活动，主要是为了发展旅游业，但客观上也改善了当地居民的生活环境，方便了当地人民的生活，较大程度地提高了当地居民的生活质量。

据有关学者对我国长白山进行的调查，74％的被调查者认为旅游将为

他们提供更多的就业机会，又分别有 85％、45％、60％、50％的被调查者
认为旅游改善了公路、购物、娱乐机会和服务设施等方面的条件。另据对
河北野三坡的调查，自 1984 年发展旅游以来，当地居民 5 年内基本脱贫，
经济意识也大为增强。旅游不但为当地居民创造了就业机会，增加了他们
的经济收入，也改善了他们的生存环境。

（四）有助于推动科学技术的交流和发展

科学技术的发展是旅行和旅游产生和发展的前提条件，这一点已为历
史的发展所证实，但是在另一方面，旅游也是科学研究和技术传播与交流
的重要手段。在旅游发展的各个阶段，都曾有人以科学考察为主要目的，
为完成某项研究而参与旅游活动。许多主观上出于其他目的的旅游，客观
上也起到了传播和交流知识与技术的作用。现代商务旅游、专业会议旅游
以及消遣旅游中的访问同行活动，都使得这种交流的广度和深度不断获得
新的发展。此外，旅游在发展过程中也不断对科学技术提出新的要求，尤
其是在交通运输工具、通信以及旅游服务设施和设备万面，要求更加快
速、便利、舒适和安全，从而推动了有关领域科学技术的发展。

（五）促进世界和平与发展

世界旅游组织从成立第一天起，就把通过推动和发展旅游，促进各国
经济发展和繁荣，增进国家间的相互了解，维护世界和平，作为自己的宗
旨和奋斗目标。为引起世界各国对旅游的重视，促进各国政府和人民通过
旅游加强彼此的和平交往和发展，1979 年 9 月，世界旅游组织第三次代表
大会正式决定 9 月 27 日为世界旅游日，这成为全世界旅游者和旅游工作者
的节日。此后，每年的世界旅游日都选择一个主题口号，以促进世界旅游
业的发展。

二、旅游对旅游目的地社会文化的消极影响

旅游对接待地社会的负面影响主要表现为本地传统文化的消亡、居民
物质意识的增强以及犯罪率提高等社会问题的出现。一般来讲，如果接待
地社会在技术水平上更先进并且旅游者与居民间贫富差距较小的话，这种
接触造成的冲击程度就会弱一些。在这种情况下，旅游者与居民之间能发
展友情，并且游客能遵循当地社会的法规，从而给被访问社区带来一种自
豪感。与此相反，如果东道社区规模小、单纯且封闭的话，旅游者的社会
与心理方面的影响似乎很大。不管是以直接人际交往的形式还是以更微
妙、更复杂的间接接触的形式，这种冲击对社区来说都可能是十分强

大的。

（一）旅游对传统文化的冲击

传统的民间习俗都是在传统特定的时间、传统特定的地点，按照传统规定的内容和方式举行的。但在外来文化和现代时尚的冲击下，许多地区的旅游开发常常摒弃珍贵的民族文化特色，忽视特有的文化内涵和价值，古朴的民俗文化和民族风情面临过度商业化的侵蚀。由于时间和地点的限制，旅游者需要文化快餐，希望能有机会体验到当地的"异域风情"。于是，当地人或是向他们提供这种文化经历，或是进行尽可能逼真的模仿表演。传统的民间歌舞、祭招仪典等往往被人为地缩短和改变，这种形式的文化有商业化和庸俗化的危险，同时为了某种商业目的任意编造、添加、拼凑的，旅游地根本不存在的伪民俗文化也开始形成了。另外，为了满足游客对纪念品的需要，大量生产当地工艺品，很多粗制滥造的产品充斥于市，这些产品实际上已经不再能表现传统的风格和制作技艺。

旅游业的发展促进了人们之间文化的交流和相互认同，旅游地文化尤其是民俗文化极易遭到异地文化的冲击和同化，导致地方文化的独特性被削弱。若不采取措施对资源文化特色加以保护，文化渗透造成的资源文化变异将是无法修复的。我国泸沽湖民俗文化的变迁印证了这一点，泸沽湖地域封闭，其独特的母系社会文化一直流传至今，但是旅游者的大量涌入，随之而来的外来义化（当然外来文化进入的渠道不仅只是旅游者，还包括现代传媒的普及）已经使当地的传统文化、风俗习惯发生了巨大的变化。

（二）不良的"示范效应"

旅游者以其自身的意识形态和生活方式介入旅游地社会中，引起当地居民的思想变化，产生各种影响，这种作用称为示范效应。对于落后地区来讲，积极的示范效应有助于提高人的素质。落后地区的居民通过模仿和学习，其行为举止、卫生习惯、经商意识都可能得到提高和改善，从而使为交换而生产以及因此而来的生产方式的变革成为可能。然而，随着旅游业的发展，在先进思想观念和生产方式"输入"到旅游接待地的同时，也把有争议的都市观念和腐朽的东西传播开来。一些专家认为，旅游业的一个很大而且不好的副产品是它对旅游地人们道德标准的影响，色情、犯罪和赌博被认为是旅游业带来的三大灾难。

即使现在，能够参与旅游的人大多数属于相对富裕的人，另一部分则是那些经过积蓄才获得旅游机会的人，但无论是何种人，在旅游过程中都有着一定程度的虚荣心，同时在缺乏约束的环境中，旅游者也容易做出"不登大雅之堂"的行为。当地居民尤其是年轻人对此缺乏了解，误以为外来游客都很富裕，生活自由自在，因而会不甘心自己的处境，并羡慕和向往旅游者及他们的生活方式。为了追求旅游者所表露出来的物质生活消费方式，越来越多的旅游地居民加入旅游服务行业，因为这个行业比传统的农业更能提供发展的机会，旅游业成为当地人提高生活水平的途径。这些人长期生活在与旅游者接触的环境中，生活在受旅游者影响的环境中，很可能会放弃他们传统的道德观念，导致道德沦丧、婚姻解体。当旅游地的社会同旅游者所处的社会差异越大时，这种影响越明显，它不利于原社会形态的延续，最明显的是原来的热情好客、勤劳俭朴、平等无私的精神被削弱，接待地社会形态的独特性被削弱了，其旅游吸引力降低了。

（三）干扰当地居民的正常生活

当越来越多的外来旅游者大量涌入旅游目的地时，当地旅游业为了通过满足旅游者某种特定的经历和享受或提供符合其本国水准的生活条件而获得利润最大化，往往把质量上乘的消费品优先供应给肯出高价并且以外汇支付的旅游者，各种服务也优先保证旅游者的需要，这就造成了旅游者直接与当地居民争夺有限资源，这不仅会影响当地居民的正常生活，还会激起当地居民对旅游者的怨恨，从而造成旅游者与当地居民之间人际关系的紧张。

三、旅游对社会文化的影响辨识

相比较而言，旅游发展对经济的影响是明显的，而对社会文化的影响则是长时间潜移默化的，不容易为人们所察觉，这就给我们客观正确地去认识这些影响带来了困难。造成旅游对社会文化的影响因素是多方面的，相似的因素在不同的旅游目的地可能会产生不同的影响结果，而且就其积极性或消极性来说，这些影响也并非必然发生的。

辨识旅游对社会文化的影响，主要是要在澄清认识的基础上采取相应的策略和措施，扩大旅游对社会文化的正面影响，抵制和最大限度地缩小其负面影响。这些策略和措施的制订可以从三个方面来考虑：第一，在旅游开发工作开始之前，应广泛征求建议；第二，应不断了解旅游地居民对当前旅游影响的具有代表性的看法；第三，应借鉴其他国家或地区在相关方面的经验。

第三节 旅游的环境影响

在论及旅游对目的地的环境影响的时候，所指的环境既包括目的地自然环境，也包括该地经过人工建造的社会环境。旅游与环境之间的作用关系是一个双向的交互过程，一方面，旅游发展以优质的环境为前提；另一方面，旅游发展又给环境带来巨大的影响。随着旅游在全球范围内的迅速开展，旅游接待地的环境越来越受到关注，一些国际性组织和许多国家的政府提出了一些保护环境和改善环境的政策和措施，这为一些国家或地区成功发展旅游业提供了保证。

一、旅游对旅游目的地环境的积极影响

旅游业对环境依赖程度很高，在旅游的发展过程中，对环境的保护都非常重视。如果对旅游业加以很好的规划和管理，那么旅游对环境将会产生很多积极的影响。

（一）保护和恢复历史建筑与名胜古迹

历史建筑和名胜古迹本身就是重要的旅游资源，旅游业的发展有助于那些作为旅游的景点或景区的历史建筑和名胜古迹得到保护，同时为保护这些遗产提供资金。如果没有旅游业，相当一部分这样的历史遗迹和建筑很可能由于缺乏资金而得不到妥善的保护和维修，最终状况恶化或逐渐消失。旅游活动也为旅游目的地的居民提供了维护和开发历史遗迹的动力，使他们更加认识到这些历史建筑和名胜古迹的价值，并将其转变为富有生命力的旅游吸引物。

（二）环境保护和生态科学受到重视

良好的环境和生态系统是旅游活动存在的生命源泉，旅游开发都十分重视环境质量的提高。旅游活动是旅游者在欣赏周围物质而获得美感的过程。全球范围内各国的各级政府都在积极宣传环境保护，也加强了对全民的环保教育，提高人们的环保意识，科学家们也在积极研制对环境污染小的各种生活和生产用品，人和自然追求和平相处。

（三）改善基础设施和服务设施

旅游的发展既能改善地方的基础设施，如机场、道路、通信、用水系统和污水处理系统等，又可以促进当地休闲娱乐、住宿餐饮等服务设施的

建设，从而使地方经济水平得以提高，地方人居环境得以改善。

（四）旅游开发活动可以净化、美化旅游地的自然环境

为了保障旅游者的安全，通常会对旅游地水土流失现象进行治理，对水体和空气污染进行治理；同时为了创造一个良好的自然环境以增强旅游吸引力，还会在旅游地实施绿化山地、植树种草、栽花养木等绿化美化措施。

二、旅游对旅游目的地环境的消极影响

对任何事物都应采取一分为二的分析态度，如果旅游规划本身在环境保护方面有所欠缺或管理工作不到位，则会使旅游开发对目的地的环境产生较为恶劣的影响。

（一）旅游对环境造成污染和破坏

旅游对环境造成污染和破坏主要来自旅游供给和旅游需求两个方面，就旅游供给而言，旅游交通运输量的增加和机动交通工具废气排放量的增加，以及旅游服务设施排放的"三废"和布局不当，不仅带来大气污染、水体污染、噪声污染，还造成视觉污染；就旅游需求而言，随着旅游者的大量涌入，人的密度增大，会引起交通堵塞，当地居民的生活空间相对缩小。

（二）导致过度拥挤

处于旺季的旅游热点地区，经常会出现旅游者"爆棚"的现象。人口密度的骤然增加给旅游目的地的人居环境带来显著的负效应，一是人流、车流的相互阻碍以及停车场的供应脱节，造成交通堵塞，从而严重影响当地的日常生活秩序；二是基础设施的超负荷运转，造成供给不良，给当地居民带来诸多不便。

（三）盲目的旅游开发造成对生态系统的破坏

旅游业发展对生态系统的破坏很多都是由于对环境资源不加节制的开发与利用所致，如无计划地在山上乱砍滥伐树木或乱辟土地以筑路、建宾馆、修停车场等，严重地破坏森林植被，影响土地资源的合理利用。

（四）损毁文物古迹

长期大量接待来访的旅游者，如果保护不力，会使当地历史文物古迹的原始风貌甚至其存在寿命受到威胁，这不仅仅与旅游者的触摸攀爬以及刻画涂鸦等不良行为有关，而且游客接待量的增大本身就会侵害历史文物古迹的存在寿命。

本章案例

阿者科计划——全球旅游减贫的一个中国解决方案

阿者科村地处云南红河哈尼梯田世界文化遗产核心区内，海拔 1880 米，全村共 64 户，479 人。村寨于 1988 年建立，因其保存完好的四素同构、空间肌理、蘑菇房建筑和哈尼族传统文化，成为红河哈尼梯田申遗的 5 个重点村寨之一，同时也是第三批国家级传统村落。

这般美轮美奂的古村落，却是元阳县典型的贫困村。阿者科村内经济发展缓慢，人均年总收入仅 3000 元，传统生产生活方式难以为继，人口外出务工，村落空心化趋势严重。若留不住村庄原住民，阿者科的传统也会渐渐消失，这不仅仅是脱贫攻坚的问题，更是留不住乡愁、是遗产保护问题；这同时也是现代化背景下中国广大农村的缩影。为解决以上问题，阿者科计划作为社会科学的试验田应运而生。

一、做法：既要脱贫攻坚，也要"留住乡愁"

2018 年 1 月，中山大学保继刚教授团队应元阳县政府邀请，到元阳梯田区开展《元阳哈尼梯田旅游区发展战略研究》调研与规划工作，团队一行人实地调研了包括阿者科村在内的 5682 家农户。"战略研究"完成后，团队专门为阿者科村单独编制"阿者科计划"。

（一）科学规划，打造精品村落

阿者科计划科学确定了阿者科乡村旅游的目标：一是近期目标（2018—2020 年）：将阿者科原生态文化旅游村建设为云南省民族文化旅游的标志性旅游村，全村基本实现旅游脱贫；二是中期目标（2021—2025 年）：将阿者科原生态文化旅游村建设为中国著名的民族原生态文化旅游村，全村基本达到小康水平；三是远期目标（2026—2030 年）：将阿者科原生态文化旅游村建设为世界知名的原生态文化旅游村，达到精品旅游村水平，全村基本实现旅游致富。

（二）深入探索，建立长效合作

中山大学保继刚教授团队派出博士研究生，协同元阳县指派的青年干部，共同出任村长，驻村领导村民成立阿者科旅游公司。按照《阿者科计划》分红规则，乡村旅游发展所得收入三成归村集体旅游公司，用于公司日常运营，七成归村民。归村民的分红再分 4 部分执行，即传统民居保护分红40%、梯田保护分红30%、居住分红20%、户籍分红10%。项目团队经过多方调研和探索形成了新的开发模式和合作机制，阿者科村实行内源式村集体企业主导的开发模式，组织村民成立旅游发展公司，公司组织村民整治村庄，经营旅游产业，公司收入归全村所有，村民对公司经营进行监管。

（三）建立规矩，守住保护底线

为了保护千年古村落，留住心灵深处的乡愁，计划明确了阿者科村保护利用规则。一是不租不售不破坏：村集体公司成立后不再允许村民出租、出售或者破坏传统民居，违者视为自动放弃公司分红权。二是不引进社会资本：公司不接受任何外来社会资本投入，孵育本地村民自主创业就业。三是不放任本村农户无序经营：公司对村内旅游经营业态实行总体规划与管理，严控商业化，力保村落原真性。四是不破坏传统：公司组织村民修复村内传统文脉，传承民间技艺，保护传统生产生活设施。

（四）合理定位，开发产品体系

规范阿者科哈尼民族体验之旅项目，科学开发游客深度定制游项目，推出了自然野趣、传统工艺、哈尼文化等活态文化体验产品及活动，实现旅游项目菜单式管理，游客根据需求"点单"，使得阿者科村乡村旅游产品既有传统村寨观光，又有文旅活动，游客进入阿者科村，既能欣赏壮美的梯田风光，又能亲身体验哈尼家庭的生产生活，从中激发游客心灵深处乡愁的记忆。

（五）精准宣传，营造良好氛围

项目团队充分运用现代宣传理念和技术，在网络、App平台、新闻媒体上宣传阿者科村乡村旅游，向游客精心展示千年古村落的纯真和宁静。阿者科驻村研究生根据阿者科传统村落风貌、民族文化特点合理利用抖音、微信公众号开展宣传，抖音号播放量有一千多万次，点赞量有46多万次，很多游客慕名而来。

阿者科村乡村旅游将乡村振兴、传统村落保护、文旅融合发展、农耕技艺传承四位一体同步推进、协调发展的重要举措，是脱贫攻坚的一种创新模式。

二、成效："绿水青山就是金山银山"理念的活样板

经过一年的实践，阿者科计划取得了"开门红"，实现稳定增收，群众积极参与，取得了良好的经济效益和社会效益。实践证明，阿者科计划

是践行习近平总书记"绿水青山就是金山银山"发展理念的活样板。

（一）实现稳定增收，群众收入得到大增加

阿者科计划的实施，在阿者科哈尼民族体验之旅项目（人均 30 元）、游客深度定制游项目（根据游客定制需求 200～800 元不等）上取得了可喜成绩，实现收入超过 40 万元，村民分红金额为 191195 元。实践证明阿者科计划是成功的，阿者科乡村旅游实现了开门红，利益分红机制与村落保护细则的绑定，让村民实实在在享受到了乡村旅游带来的效益。

（二）增加就业岗位，群众参与度得到加强

发展乡村旅游以来，为建档立卡贫困户村民创造就业岗位 12 个，其中管理人员 1 名、售票员 2 名、检票员 2 名、向导 1 名、织布技师 2 名、清洁工 4 名。通过实施阿者科计划，村民得到了实惠，对待游客的态度从淡漠转为热情。

（三）提升人居环境，旅游环境得到大优化

公司成立后在聘请村民常规打扫的同时，通过村规民约引导村民积极做好门前"三包"，定期开展村内大扫除。此外公司还顺利完成公厕改建、水渠疏通、房屋室内宜居化改造等工作，村内相比之前更加宜居，乡村旅游环境得到了大幅度提升。

（四）形成良性循环，传统村落得以保护

在发展乡村旅游之前，部分村民将传统民居出租给外地经营者，原住民搬出村寨，核心人文内涵丢失。发展乡村旅游后，规定不得将房屋出租，否则视为放弃公司分红权，传统民居及其人文内涵得以保留。加之一些传统民俗文化被市场认可，得以长久保护和传承。

（五）丰富旅游产品，游客体验感明显增强

发展乡村旅游前，村内基本没有旅游接待设施，游客到村内仅能搞拍摄，难以更深度地体验哈尼文化及其人文内涵。发展乡村旅游后，带动 3 家农家乐餐馆为游客提供服务，1 户经营乡村小客栈，村内服务功能得到完善。公司还开设一系列主题性体验活动，对外实行预约制，带动村民承接精品旅游团，在村内开展活动，游客可深度体验哈尼村寨文化，对乡村旅游的体验感得到了极大丰富。

三、反响：为全球旅游减贫提供一个中国解决方案

（一）村民真心支持

在阿者科计划实施的一年里，旅游发展吸引的不仅仅是游客，也吸引

了一些外出务工的青年返乡就业。村民罗美花感慨道："我原本在外面打工，听说家乡要发展旅游了，很高兴地回村里来上班，因为可以在家附近照顾老人和小孩，不让小孩成为留守儿童，而且为自己家乡工作更有动力。我希望有家的地方有工作，有工作的地方有家！"项目团队不仅希望村民获得可观的收入，而且十分重视对村民的技能培训，包括学习普通话、外语和电脑技术，同时强化遗产保护意识的培育。阿者科前村支书上个月逝世，临走前他特地嘱咐在阿者科旅游公司上班的儿媳，要为人正直、实事求是，时时刻刻为村集体着想。这番嘱托深深地烙印在其儿媳心里，成为其为家乡工作的精神寄托。

（二）媒体广泛报道

一年来，"阿者科计划"受到社会各界的广泛关注，新华社、人民日报、中国青年报、中国新闻网、云南省文化和旅游厅、腾讯网、云南网等多家知名媒体曾进行报道。

（三）业界高度认可

"阿者科计划"把阿者科作为一块社会科学的试验田，不仅是给元阳哈尼梯田的实践带来启示，更是一种实践检验理论、实践创造理论的新路径，为全球旅游减贫提供一个中国的解决方案，找到一条可持续的旅游减贫之路。由于其模式创新，在旅游业界以及学术界得到了广泛的好评。世界旅游组织正在计划到阿者科考察。云南省副省长李玛琳在考察项目时给予高度肯定："这是我见过最好的旅游扶贫模式！"

引自：中山大学．阿者科计划——全球旅游减贫的一个中国解决方案［EB/OL］．（2023-07-19）（2019-10-09）http：//www.moe.gov.cn/jyb_xwfb/xw_zt/moe_357/jyzt_2019n/2019_zt27/zsgx/zsdx/ 201910/ t20191015_403545.html.（引用时稍有修改）

第十章　旅游容量

学习引导

本章主要讲解旅游容量和可持续旅游发展的相关内容。旅游容量方面，包括旅游容量的概念、旅游容量的构成体系、旅游容量的测量依据等。可持续旅游发展方面，讲述可持续旅游发展思想的发展历程和实现途径。通过本章的学习，学生应了解生态容量、经济发展容量、旅游地容量等各类旅游容量的测算方法，熟悉突破旅游容量的几种形式。掌握旅游容量的构成体系和实现可持续旅游发展的途径。

思政元素

（1）旅游饱和、超载与污染，这些突破旅游容量的行为，表面上是破坏了旅游地的环境，更深层次是对旅游地可持续发展构成了威胁。可持续旅游是科学的发展哲学，在可持续旅游发展理念的指导下的旅游是负责任的旅游，它能防止上述行为的发生，在确保当代旅游发展的同时，不破坏后代旅游发展的权利。

（2）为了我们共同的未来，人类必须遵循可持续发展的科学发展理念。通过可持续旅游发展理念的教学，增强学生的社会责任感、自觉保护自然生态环境和文化生态环境的使命感。

第一节　旅游容量的概念和类型

一、旅游容量的概念

旅游容量（又称为旅游环境容量、旅游承载力）的概念是从生态学中的环境容量的概念引借过来的。1838 年，比利时数学生物学家 P. E. 弗胡斯特从马尔萨斯的生物总数增长率出发，认为生物种群在环境中可以利用的食物量有一个最大值，相应地动物种群的增长也有一个极限值，种群增长越接近这个极限值，增长速度越慢，直到停止增长。这个极限值在生态学中即被定义为"环境容量"。1920 年，美国的两位学者将这一概念应用到人口研究中，得到了逻辑斯谛方程。此后，这一概念或者直接被应用到某些与环境相关的领域或学科当中，成为探讨生命和社会发展过程中的行为累积极限的重要概念，或者成为启发人类发展思想、重构发展哲学的钥匙。在 1972 年出版的曾轰动一时的《增长的极限》一书，实际上就体现了这样的基本思想。

在环境科学和生态学中的环境容量，是指在人群健康和自然生态不受危害的前提下，自然环境或其中的某一要素对污染物的最大容纳量。今天，这个概念已经是环境管理中实施对污染物总量控制的重要概念。在环境科学和环境管理学中展开的对于环境容量的研究，为环境质量分析、评价和环境区划提供了科学的资料，也为制定环境标准和排放标准提供了基本的依据。

而且，随着社会的发展，这一概念的内涵和外延也在不断发展和深化。在环境容量概念从出现到现在的 100 多年时间里，人们已经将它从单纯的生态学领域借用到很多相关领域，其中包括环境保护、人口问题、土地利用、资源管理等领域，并且扩展了"环境"的外延，使"环境"不仅包括自然环境，同时也包括社会环境、人工环境与经济环境。

然而，当 Lapage 在 1963 年首次提出旅游容量概念时，由于缺乏深入的考察和受当时社会背景的局限，这一概念在旅游学术界并未能引起足够的重视。直到 1971 年，Lime 和 S. Tankey 等人才在 20 世纪 60 年代的初步工作的基础上，对旅游容量问题提出了进一步的讨论。此后，由于世界范围内的人口、环境和资源问题日益突出，人们对发展的副产物日益关注，也由于旅游发展此时已经进入了快速发展的大众化阶段，人们对旅游容量问题逐渐关心起来。在 1977 年出版的《旅游和休闲的发展：旅游资源评价手册》一书中，F. Lawson 讨论了旅游容量问题；1979 年由 J. Marsh 主编的《水域休闲的问题和发展》一书中，收进了 R. Jaakson 的题为"湖区休闲容量估计序谱模型"一文，探讨了湖区环境对休闲活动的承受能力；1986 年，D. Pearce 等在联合国环境规划署的出版物《产业与环境》中专文论述海岸环境的旅游容量问题。直到 20 世纪 90 年代，旅游容量概念已经比较广泛地被运用到旅游规划、旅游管理领域，并成为旅游学科中的重要概念。在可持续发展的主题之下，旅游容量概念逐步具有了概念和技术工具这样的双重身份，由此可以看出这一概念的重要性。

在国内关于旅游容量的研究中，经历了概念性介绍、理论探讨和实际应用这样几个阶段。在为数不多的研究者当中，陈传康、郭来喜、保继刚、楚义芳、崔凤军和陆林等一些地理学者在这方面做了较大的贡献（本章中不少内容如旅游容量的测量——就直接引用了他们的研究成果）。尽管对旅游容量概念的实际应用已经出现，但这并不意味着理论上的问题已经获得解决或基本解决，实际情况远非如此。通观这些成果，由于规模有限、人员单薄、起步较晚，所以不可避免地遗留着或毋宁说是刚开始暴露出大量的有待澄清的问题，一些技术性的方法也值得推敲。崔凤军在总结这种情况时也注意到，尽管"旅游环境容量和承载力对于实现旅游可持续发展具有重要意义，但因其测量模型尚不完善，应用价值不大，人们对各种计算结果抱有怀疑态度"，这种情况在一门学科的初创时期是十分正常的。

关于旅游容量的概念，有种种不同的看法和表述。Barkham 对此似乎深有感触："容量一词虽然简洁，但内涵很复杂，很难定义。在不同的场合对于同的人而言，它具有不同的意义。"按照 Peter W. Williams 的观点，旅游容量具有规范和描述两方面的特征。从规范的角度考察，旅游容量可以赋了一个旅游地以合理的使用方向和使用量的规定性；而从描述的角度看，旅游容量可用以描述某一旅游地使用数量与质量之间的关系。实际上，正是旅游容量的这种功能上的复合性特点导致了它的多重意义，当然也诱发了一些滥用问题。

应该说，旅游容量是一个概念系统，而不是一系列具体属性的容量值之和。从这个角度定义旅游容量，需要给足概念能够和应该包容的内涵和外延的空间。这里，既要体现发展的观念，又要交代概念的清晰剖面，充分体现容量这一范畴所同时具有的时间和空间意义。

综上所述，我们可以尝试给旅游容量下这样一个定义：旅游容量是指对某一旅游地而言无害于其可持续发展的旅游活动量。

这个定义在表述上比较简约，这可能是它的优点和潜力所在，也可能是暴露其破绽的根源，因此，不进一步对它加以限定会有碍于对它的理解。限定如下：

（1）旅游容量是一个空间描述范畴，这表现在它总是当对应于某个有限区域上的物理空间时才是有效的，这也就必然涉及资源的空间分配问题；

（2）旅游容量还是一个时间描述范畴，遵循可持续发展观念，因此实际上涉及资源的代际分配问题；

（3）可持续发展是一种在当代有其普遍意义的发展哲学，其核心是要保证在从事旅游发展的同时不损害后代为满足其旅游需要而进行旅游发展的可能性；

（4）旅游容量主要地仍然是旅游环境容量，但环境的外延在这里是相当开放的，包括了自然、社会、文化和经济等诸方面；

（5）旅游活动量是一个综合量度，既包括旅游者活动，也包括旅游产业活动，还包括旅游者与旅游目的地居民的互动关系，因此，旅游容量就会涉及人的感知和产业的发展等多种问题。

二、旅游容量的构成体系

关于旅游容量的结构性特征，保继刚、崔凤军等人也都做过探讨。参考他们的研究，我们可以对旅游容量进一步做以下分类。

（一）按照旅游容量的内容划分，有旅游生态容量、旅游心理容量、旅游社会容量和旅游经济容量

旅游生态容量是指一定时间内在不导致旅游地域的自然生态环境发生退化的前提下，该地域所能容纳的旅游活动量。一般生态环境系统都有一定的纳污自净能力，即通过稀释、扩散、淋洗、挥发、沉降等物理作用，氧化和还原、化合和分解、吸附、凝聚等化学作用，以及吸收和降解等生物作用来消除污染物，使生态环境系统达到自然净化，保持生态系统的平衡和稳定。但是，如果生态环境系统长期或超量接纳外部尤其是人为的强制输入，这种稳定性就会被破坏，平衡关系被打乱，生态系统将陷入自萎状态，自动调节能力下降，最终可能导致整个生态系统的崩溃。所以，生态环境系统的自动调节能力和代偿功能是有一定限度的，当干预因素的影响超过其生态系统的阈值时，就意味着生态系统面临着失衡和崩溃的危机。旅游生态容量这个指标就是从这个角度来约束旅游活动量（包括旅游者活动和旅游产业活动）的。

（二）按照旅游容量的规范性划分，有旅游期望容量和旅游极限容量

旅游期望容量是规范程度较高的容量指标，它含有合理容量的意义，是旅游相关个人、旅游相关群体或旅游相关社会对旅游活动质量的个人的或群体的心理预期。在一般情况下，这种预期是先在经验的总结和归纳并

最终升华的结果。因此，这里的旅游期望容量近似于旅游最适容量，只是它不仅具有社会合理性，而且也往往被社会个体单独加以使用并因而具有个人合理性，旅游极限容量是一个预警临界容量指标，它指的是对旅游活动量的最大承受能力。如果说旅游期望容量的形成机制主要是效益、美感和愉悦，那么，旅游极限容量的形成机制就主要建立在对潜在的损害、丑陋和烦恼的发生可能性的判断的基础上。

（三）按照旅游容量的空间尺度划分，有旅游景点容量、旅游景区容量、旅游地容量、旅游区域容量

这是按照旅游活动的空间尺度从小到大进行的排列，景点容量是指作为游客活动基本空间单元的景点对于旅游活动和旅游发展的容纳能力，如一个海滩、一处景观建筑、一条滑雪道等，它们常常是旅游容量的最基本和最直接的考察单位。景区容量是区内各景点的容量与景点间道路容量之和。旅游地容量是指各景区容量同景区间道路容量之和。区域容量则是区域内各旅游地容量之和。在实际考察各种尺度的旅游容量时，应该将彼此结合加以运用。

（四）按照旅游容量的时间尺度划分，有日旅游容量、季节旅游容量、年旅游容量

日旅游容量是指一定空间尺度的旅游地在一天当中所能承受的旅游活动量。季节旅游容量既可以按照淡旺季来分别衡量，也可以根据旅游地本身的承载特性分别从不同季节加以衡量。年旅游容量是指一个自然年度当中旅游地能够承受的旅游活动量。由于旅游活动具有明显的季节性特征，分别考察这三个建立在时间尺度上的旅游容量指标是非常有意义的，因为这可以揭露某些旅游地利用季节或年度旅游活动量掩饰日旅游容量被大大突破的事实。同时，需要注意的是，按照时间尺度建立起来的旅游容量指标，不仅它们本身彼此之间存在着值得关注的数量关系，而且这种时间尺度又总是与一定的空间范围相照应的。

从上面的阐述可以看出，旅游容量既是一个客观量值，也是一个心理感受指标；既是一个空间量度，也是一个隐含时间意义的范畴；既是一个独立的可以阐释的实用概念，也是一个必须依据某种尺度的背景而建立的相对测量手段。在不同的情况下，旅游容量有着不尽相同的意义。这一点充分反映了旅游容量的丰富内涵和复杂结构，也预示着这一概念的巨大应用潜力。

三、突破旅游容量的几种形式：旅游饱和、超载与污染

保继刚等人在其著作《旅游地理学》中，针对旅游容量这一概念同时提出了表达旅游活动量典型水平的另外两个概念：旅游饱和与旅游超载。他们认为，在旅游发展的历程中，由于发达国家和发展中国家旅游业发展所经历的道路不同，现有经济和社会发展水平也存在很大的差异，发展中国家在旅游开发中遇到的旅游饱和、旅游超载以及旅游污染的问题远比发达国家要多而且严重，因此，总的来说，发展中国家在旅游开发中，应比发达国家对旅游容量问题更加关注。

在理论上，旅游地域和场所（可以是旅游景点、旅游景区或旅游区域，我们一般称为旅游地，即可供旅游者从事旅游活动的空间单元，一般包括各种旅游基础设施和服务设施）承受的旅游流量或活动量达到其极限容量称之为旅游饱和。而一旦超出极限容量值，即是旅游超载。旅游污染实际上就是指旅游活动（包括旅游者活动和旅游产业活动）的消极外部性表现。

就饱和、超载与污染三者之间的关系来看，饱和与超载不绝对但常常会造成消极后果，而旅游污染本身已经是一种定性的结论和指标，它表示旅游活动已经构成了灾害性后果。饱和与超载常常会加快污染的到来，加重污染的程度。换言之，旅游超载的直接和直观的后果就是旅游污染或拥挤，例如，旅游地长期连续地或间歇地饱和与超载，其结果将是旅游资源被破坏、旅游地域的生态系统遭到损伤、旅游者与旅游地居民的和谐关系破裂。换言之，长期的旅游饱和与超载，将对旅游业造成致命的消极影响，因而，西方有人称之为"旅游摧毁旅游"。

在日常的旅游管理工作中，往往把旅游地接待的旅游流量达到其合理容量值时称为饱和，而越过合理容量值即为超载。

根据旅游饱和与超载发生的时间和空间特点，可以将其分为如下几种情况。

第一，周期性饱和与超载和偶发性饱和与超载。周期性饱和与超载是旅游饱和与超载中最常见的现象，其根源在于人类社会活动所具有的周期性规律以及自然气候的周期性变化。例如，在每年的夏季，发达国家大量人口外出度假，此时欧亚非之交的地中海沿岸地带和中美洲的加勒比海地区旅游者人如潮涌，许多旅游地出现饱和与超载的现象。随着滑雪运动的日益普。冬日的阿尔卑斯山区和落基山区也出现越来越多的滑雪爱好

者，有的滑雪胜地人满为患。偶发性饱和与超载一般是由于旅游地或其附近发生了偶然性的事件，这些事件在较短时间内吸引来大量旅游者，如各种竞赛性或贸易性事件的临时发生，自然环境中某种或几种动物的大量聚群，稀有植物大量开花等。在一般情况下，偶发性的饱和与超载造成的环境影响易于消除，而周期性的饱和与超载则是一个危险信号：旅游对于环境的影响（在不立即采取应对措施的情况下）可能是无法挽回的、毁灭性的。尤其是周期性饱和与超载的发生时间往往是旅游地生态环境正处于脆弱的季节，因此其影响就更严重。我国许多著名风景区在最近几年内出现的周期性饱和与超载现象也已经到了足以引起各界学者、决策者及全社会关注的地步。

第二，长期连续性饱和与超载和短期性饱和与超载。在现实当中，短期性饱和与超载的现象占绝大多数，它又分为周期性与偶发性两种情况。如上所述，就我国的 20 多年的情况看，长期连续性旅游饱和与超载的情况多发生在大城市内或城市郊区，并且主要发生在文化古迹景区或其他的人工旅游吸引物场所。这些地方的环境容量相对较大，因此，超载所造成的损害还不明显，随着我国国内旅游的快速发展，大量旅游者将不断涌向一些自然保护区、生态环境脆弱地区以及拥有独特弱势文化的地区。这就可能对这些地方产生严重的环境破坏，为了保护旅游资源和保持旅游的环境质量，通常的做法是，在发生长期连续性旅游饱和与超载的地域，实行严格的旅游分流和管理措施。这在世界上有不少成功的例子。

第三，空间上的整体性饱和与超载和局部性饱和与超载。这里所指的空间范围，可以是旅游地或包含有若干旅游地的旅游区域。旅游地的局部性饱和与超载，是指景区的某一局部区域所承受的旅游活动量已超出该区域的容量所限；而景区的其他区域并未达到饱和状态，在大多数情况下，整个旅游地承受的旅游活动量都未超出旅游地的容量值。这是旅游饱和与超载中最常见的现象。由于表面上旅游流量并未达到旅游地容量值，因此局部性饱和与超载对于管理人员具有很大的虚假性，因为大多数关于旅游地的旅游活动量的统计都是整体性的，这自然要掩盖景区部分区域已经饱和甚至超载的事实，从而影响对旅游饱和与超载所造成的消极环境效应的判断。旅游地的整体性饱和与超载则指旅游地所有区域和设施所承受的旅游活动量皆已超出其容量值，其表现可能是旅游地各个区域上都人满为患，已无剩余的容纳能力。

旅游饱和与超载对于环境和设施的消极影响，主要体现在四个方面：

第一，践踏后果。在旅游饱和与超载之时，由于旅游活动场所和区域所承受的是超出其正常容纳能力的旅游活动量，所以，仅仅由于旅游者脚踏量的急增，对旅游场所就足以产生过量的重力、压力和磨损，从而导致严重的后果。对于人文旅游资源来说，虽然它本身会有一个自然损蚀的过程，但旅游饱和与超载会极大地加速这一过程，从而损害资源的价值。例如，北京故宫三大殿内，现已无法重新制作的"金砖"，因长期以来的游人饱和与超载造成快速磨蚀，已经明显下凹；很多建筑物或其附属设施在接待游人时都要承受旅游者的触摸，日积月累的结果自然是使它们面目皆非。在以自然为基础的旅游地，因旅游饱和与超载带来的对于旅游活动场所的践踏，轻则损伤旅游资源本身，重至损害旅游场所之土壤、植物，造成生态系统失调。在我国大部分著名自然风景旅游地，重要区域皆因饱和与超载出现了小面积的生态系统的退化现象，重要景点及其附近皆由于游人脚踏对于土壤和植物的不良影响，使裸露地迹日见扩大。美国的一些生态学家在落基山区的研究表明，同样的旅游活动量所产生的对林地的践踏后果比对草地要严重得多，草地上的植物在经受了 1000 次践踏之后损坏量约达 50%，而同样的践踏量对于林地植物的损害却接近 100%，这种情况在我国的九寨沟景区已经得到验证。因此，近来一些景区开始考虑适当关闭一些区域，使生态系统得到一定的恢复，如黄山景点实施的轮休政策。

第二，对水体的影响。水是人类日常生活中不可或缺的基本供应成分，也是生态系统中最为活跃的组分之一。在以自然为基础的旅游地，旅游饱和与超载的后果，绝大多数情况下会导致对旅游地水体的污染，虽然有时旅游饱和与超载只是导致水体污染的间接原因。我国的著名旅游风景区黄山、桂林等地，旅游旺季旅游饱和与超载所导致的水体污染现象日趋严重，甚至某些新开发不久的旅游地，也都因旅游饱和与超载产生了一定程度的水体污染。水体污染对于旅游业的存在与发展可以产生的后果是关键性的甚至是致命的。世界旅游业界引以为鉴的一个著名例子，是法国阿尔卑斯山麓的旅游小城佩里耶（Perrier）及与其同名矿泉水之兴衰史。佩里耶生产的同名矿泉水，曾是世界几大名矿泉水中销量最好、品质最佳的抢手货，佩里耶也因此从一个无名小镇一跃而成为阿尔卑斯著名的旅游地。但由于旅游旺季饱和与超载带来的一次严重污染事件，佩里耶牌矿泉水声誉一落千丈，小镇的旅游业也从此一蹶不振。到目前为止，尽管污染早已得到治理，矿泉水品质已得到恢复，厂商也做了大量的广告推销工作，但佩里耶矿泉水仍远未恢复至它的原有销量。佩里耶小镇已不如原先繁华。

第三，噪声。旅游饱和与超载对于人类感官的直接影响，使旅游者感觉拥挤不堪，到处充斥着游人，不能获得应有的旅游气氛，旅游的体验质量由此大打折扣，造成旅游者心理上的不满足。在自然旅游地，动物会因噪声而受到惊吓，逃离原先的栖息地。动物的这种不得已迁移，有时会造成不良的生态后果。

第四，对设施的影响。旅游饱和与超载会给基础设施和旅游设施造成很大的压力。一般情况下，短期的饱和与超载不会对设施造成严重的损害，而持续时间较长的旅游超载，则可能使设施的运行受到影响，甚至可能因设施受到破坏而产生灾难性后果。

第二节　旅游容量的测定

一、旅游容量的测量依据

上述对于旅游容量的概念性讨论，为旅游容量的量测提供了基本的背景框架。在这种讨论过程中，我们一再强调，旅游容量是一个非常综合的概念，它是对各种旅游活动量进行时间和空间上的衡量的指标。这种对时间和空间尺度的强调，为旅游容量的测量提供了实际可以操作的途径。也就是说，旅游容量这个带有时空二维测度标尺的概念，需要借助于可以用来衡量旅游活动强度的时空指标来加以刻画。这里的基点就在于要有一个同旅游地承受的旅游活动相对应的适当的基本时空标准，即单位利用者（通常是人或人群，也可以是旅游者使用的载体，如船、车等）在一定时间内所占用的空间规模或设施量，来具体地描述旅游地的容量特征。以海浴为例，基本空间标准多以平均每位海浴者所需占用的海滩面积来表示。显然，基本空间标准的倒数即是单位旅游空间或设施容纳旅游活动的能力，称单位空间（旅游场所或旅游环境）容量或单位设施容量。

表征基本空间标准的指标，在量测旅游资源容量时通常用人均占用面积数（平方米：人），在量测设施容量时多用设施比率（设施量：旅游者数），在量测生态容量时则用一定空间规模上的生态环境能吸收和净化的旅游污物量（污物量/环境规模），量测旅游心理容量时的基本空间标准亦用人均占用面积数的指标。此外，根据旅游场所或设施的空间特性，还常常用到长度等其他指标。

基本空间标准的获得，大都是长期经验积累或专项研究的结果。在旅游规划中，基本空间标准是规划时直接应用的一项重要指标。量测旅游资源容量、旅游心理容量和旅游设施容量时用到的基本空间标准的取得，需要对旅游者进行直接的调查，经过对旅游者对于同一利用场所的拥挤与否和满意程度的多次调查，才能得出这一场所的基本空间标准，然后将这个标准用到同类型旅游场所的规划与管理之中。具体如何调查，也有各种不同的方法。例如，爱尔兰对布列塔斯湾（Brittas Bay）的调查，就选择一个盛夏的星期日，以航空摄影得到当天海滩上的游客的实际密度和分布状况资料，同时以问卷的形式调查海滩上旅游者的看法。在此基础上，比较、分析所得的结果，结论是：大多数海浴者接受 10 平方米/人的密度，而不认为海滩拥挤。

一个旅游地所要接纳的旅游活动的性质和类型是决定其基本空间标准的关键因素。滑雪胜地的滑雪场所使用的基本空间标准，同室内溜冰场的基本空间标准比较，两者决不会一致；文化古迹旅游地内游览活动的基本空间标准，同自然风景区内游览观光的基本空间标准也不会一样。1974年，日本观光协会曾组织力量对"观光、游憩地区及其观光设施标准"进行调查，获得某些旅游活动所用的基本空间标准（表 10－1）。从表中可以看出，不同旅游活动对应的旅游场所的基本空间标准差异很大，这一点在欧美国家也有类似的表现。由于各国各地区的旅游资源条件、旅游环境、旅游客源结构不同，以及历史上形成的生活方式的差异，同一细类的旅游地在规划和管理中使用的基本空间标准也未必一致。我国在旅游开发中使用的基本空间标准主要借用西方的同类指标（主要是设施的基本空间标准）。但经过多年的实践，已经产生了少量的经验数据。我国古典园林游览的基本空间标准，以 20 平方米/人左右为宜（北京市园林局）；山岳型旅游胜地中的观景点。游人的人均占用面积应达 8 平方米（湖南省南岳管理局）；风景旅游城市的自然风景公园，游人人均游览面积应达 60 平方米。尽管这些经验数据的合理性还有待进一步通过长期和大量的观察加以认定，但它们在测量和评价某种类型的旅游活动空间的容量状况时还是有一定的启发意义的。

表 10-1 旅游场所旅游容量的基本空间标准（日本）

场 所		基本空间标准	备 考
动物园		25 平方米/人	上野动物园
植物园		300 平方米/人	神代植物公园
高尔夫球场		0.2～0.3 公顷/只	9～18 洞，日利用者 228 人（18 洞）
滑雪场		200 平方米/人	滑降斜面的最大日高峰率为 75～80%
溜冰场		5 平方米/人	都市型的室内溜冰场
码头	小型游艇	2.5～3.0 公顷/只	25 平方米/艘
	汽艇	8 公顷/只	系留水域 100 平方米/艘
海水浴场		20 平方米/人	沙滩
划船池		250 平方米/只	上野公园划船场 2ha，80 艘
野外比赛场		25 平方米/人	
射箭场		230 平方米/人	富士自然修养林
骑自行车		30 平方米/人	
钓鱼场		80 平方米/人	
特猎场		3.2 公顷/人	
旅游牧场、果园		100 平方米/人	以葡萄园为例
徒步旅行		400 平方米/团	
郊游乐园		40～50 平方米/人	
游园地		10 平方米/人	
露营 场所	一般露营	150 平方米/人	容纳 250～500 人
	汽车露营	650 平方米/辆	容纳 250～500 人

资料来源：［日］洛克计划研究所．观光·游憩计划论［M］．台北：大立出版社，1980.

在量测旅游容量的实际工作中，对不同的旅游容量有不同的量测方式，有的是量取极限（最大）容纳能力，有的则以量取合理容量为佳。各个旅游基本容量的原有含义，指的都是对旅游活动的最大承受能力，在实际的旅游规划和管理工作中，寻求的则主要是旅游合理容量。对于经济发展容量，一般只关心其主要部分——设施容量。就设施和自然生态来说，合理容量的提法难于把握，因此它们用于实际规划、管理时的容量标准，最好还是取其极限容量值。至于旅游资源的合理容量值，则应是与感知容量值一起考虑。容量计算中所取的时间单元，可以是某一时点的可容纳能力（时点容量），或其他时间长度，如日容量、周容量、月容量、季容量、年容量等，显然，最基本的乃是时点容量和日容量，其余皆可从这二者推算获得（当然做这种推算时要考虑到季节差异和年度均衡等因素。比如，不能贸然地认为，只要年度旅游容量没有被超越，就等于季度或日旅游容量也必然是合理的）。

二、旅游资源容量和旅游感知容量的测定

仅就资源本身的容纳能力而言，极限值的取得较为简单，以资源的空间规模除以每人最低空间标准，即可得到资源的极限时点容量，再根据人均每次利用时间和资源每日的开放时间，就可得出资源的极限日容量：

$$C = \frac{T}{T_0} \times \frac{A}{A_0}$$

式中，C 为极限容量；T 为每日开放时间；T_0 为人均每次利用时间；A 为资源的空间规模；A_0 为每人最低空间标准。

旅游心理容量一般要比旅游资源极限容量低得多，这有深刻的环境心理原因。根据环境心理学原理，个人在从事某种活动时，对环绕在身体周围的空间有一定的要求，任何外人的不适当进入，都会使个人感受到侵犯、压抑、拥挤，导致情绪不快、不安，这种空间称为个人空间。个人空间的大小受三个方面的因素影响：活动性质和活动场所的特性；年龄、性别、种族、社会经济地位与文化背景等个人因素；人与人之间的熟悉和喜欢程度，团体的组成与地位等人际因素。活动的性质对个人空间值影响最大，对参与不同活动的旅游者对环境的基本要求予以比较，即可看出这种影响。个人空间值即是规划和管理中所称的基本空间标准。旅游心理容量是指旅游者在某一地域从事旅游活动时，在不降低活动质量的条件下，地域所能容纳的旅游活动最大量。换言之，即地域在旅游者满足程度最大时的旅游活动承受量。

在我国的某些旅游规划实践当中，旅游资源合理容量的观念也主要是考虑旅游者感知的满足程度，即把旅游者平均满足程度最大时旅游场所容纳旅客量事实上等同于旅游心理容量（旅游感知容量），几乎被当作同一个数值加以使用。应该说，这种做法是一种投机取巧的做法。一方面，一旦旅游心理容量被滥用时，就成了谁也说不清的东西，或者是万金油，谁也

驳不倒，从而成了既简单又保险的规划工具，而这实际上等于将旅游心理容量的作用低估了。另一方面，人们不需要考察不同的旅游资源本身的特点以及相应的容量要求，省却了从实证到规范的求索过程，而这，将给旅游规划质量留下先天性的硬伤。因此，旅游资源容量（以及所有其他各种容量指标）的基本空间标准的确定，还是应该单独加以研究确定。

由于影响旅游者个人空间的因素复杂多样，大多数情况下难以有一个使所有旅游者都能满意的个人空间值（基本空间标准）。因此，旅游者平均满足程度达到最大时的个人空间值，就被作为旅游资源合理容量或旅游感知容量计算时的基本空间标准。相应的量测公式为：

$$C_p = \frac{A}{Q} = kA$$

$$Cr = \frac{T}{T_0} \times C_p = \frac{T}{T_0}kA$$

式中，C_p 为时点容量；Cr 为日容量；A 为资源的空间规模；Q 为基本空间标准；k 为单位空间合理容量；T 为每日开放时间；T_0 为人均每次利用时间。

三、生态容量的测定

并非所有类型的旅游地皆存在生态容量，人造的大规模旅游吸引物或文物古迹，本身并无自然生态组分，因此没有生态容量的问题，只有那些以自然为基础的旅游地才存在一个容纳旅游活动量的生态限度。在这个限度内旅游地的自然生态环境不致退化，或在很短时间内自然生态环境能从已退化的状态恢复原状。

生态容量的确定立足于维持当地原有的自然生态质量。维持旅游地的自然生态质量包含两个基本的方面：第一，自然环境对于因旅游活动造成的对生态的直接消极影响能够承受，即自然环境本身的再生能力能很快消除这些影响。例如，在旅游旺季时，自然风景区的植物遭受旅游者的直接践踏，但最迟这些植物能在下一个旅游旺季到来时恢复到原有的生长状况。第二，自然环境对于旅游者所产出的污染物能够完全吸收与净化，例如，旅游者的大量集中导致对水的污染可在较短时间内为当地自然生态系统所净化。当然，严格说来，旅游开发后的旅游地生态质量不可能同开发前一模一样，但将旅游地的生态系统维护在一个稳定的良性的状态，是旅游规划和管理必须遵循的重要原则之一。

旅游者所产生的污染物中，有的必须借助人工的方法才能处理掉，例如，固体垃圾。旅游地生态容量的大小，决定了人工方法处理污染物的规模要有多大。一般情况下，旅游者在一个旅游地所产生的污染物，应当在这一旅游地及其附近予以净化、吸收，不宜向外区域扩散。所以，生态容量的测定应以旅游地为基本的空间单元。旅游活动直接导致的对自然环境的消极影响（践踏等），通常可以在严格管理措施（如设置警告牌或隔离装置）后被自然环境的再生能力所消除，所以生态容量的量测通常不考虑这一方面，而只考虑对污染物的吸收、净化。因而，某旅游地生态容量的大小（以可容纳的旅游活动量为指标），取决于自然生态环境净化与吸收旅游污染物的能力，以及一定时间内每个游客所产出的污染物的数量和类型。下面提供的测量方法只是基于数量基础上的一种简单方法，仅仅可以作为实际测量过程中的一种参考。

对于无须由人工处理方法处理旅游污染物的旅游地，其旅游的生态容量测定公式为：

$$F_0 = \frac{\sum\limits_{i=1}^{n} S_i T_i}{\sum\limits_{i=1}^{n} P_i}$$

式中，F_0 为生态容量（日容量），即每日接待游客的最大允许量；P_i 为每位旅游者一天内产生的第 i 种污染物量；S_i 为自然生态环境净化吸收第 i 种污染物的数量（量／日）；T_i 为各种污染物的自然净化时间，一般取一天，对于非景区内污染物，可略大于一天，但累积的污染物至迟应在一年内完全净化；n 为旅游污染物种类数。

显然，生态容量的测定，最重要的是确定每位游客一天所产生的各种污染物取量和自然环境净化与吸收各种污染物的数量两个参数，而这两个参数会根据旅游活动的性质、旅游地所处的区域自然环境而有很大的差别。至于旅游地的自然环境对于污染物的净化能力，目前国内尚未见到对此进行的专门研究。

在绝大多数旅游地，旅游污染物的产出量都超出旅游地生态系统的净化与吸收能力，因而一般都需要对污染物进行人工处理。在用人工方法处理旅游污染物的情况下，旅游地可以接待旅游量的能力会明显扩大，这种扩大了的旅游接待能力同原有生态环境限制下的旅游接待能力（生态容量）

已不一样，可以称之为扩展性旅游生态容量，其计算方法如下：

$$F = \frac{\sum_{i=1}^{n} S_i T_i + \sum_{i=1}^{n} Q_i}{\sum_{i=1}^{n} P_i}$$

式中，F 为扩展性生态容量（日容量）；Q_i 为每天人工处理掉的第 i 种污染物量；其他符号意义同生态容量计算公式。

人工处理污染物的速度要比自然的净化和吸收速度快得多。据国外的经验，l 公顷面积的污染水处理场，日可处理约 3330 人产生的生活污水。在旅游需求日益增长，旅游旺季高峰流量增大的情况下，为保护旅游地的生态环境，大的旅游风景区都应配备旅游污染物的人工处理系统。

四、经济发展容量的测定

决定经济发展容量的因素很多，可分为两个方面：旅游内部经济因素，即旅游设施；旅游外部经济因素，即基础设施、支持性产业等。一般来说，只要旅游资源丰富并具有吸引力，旅游需求充足，则发展旅游业获益较大，旅游设施、相关基础设施及支持性产业皆能较快地满足旅游者的要求。就满足旅游者的基本要求而论，当地经济发展容量的大小可以食宿与娱乐设施的供给能力为指标，其中又以食宿为最基本的方面，二者所决定的旅游容量的计算方法如下：

$$C_e = \frac{\sum_{i=1}^{m} D_i}{\sum_{i=1}^{m} E_i} \quad C_b = \sum_{j=1}^{n} B_j$$

式中，C_e 为主副食供应能力所决定的旅游容量（B 容量）；C_b 为住宿床位决定的旅游容量（日容量）；D_i 对第 i 种食物的日供应能力，E_i 第 i 种食物的需求量；B_j 为第 j 类住宿设施床位数；m 为游人所耗食物的种类数；n 为住宿设施的种类数。

五、旅游地容量的测定

一个旅游地是一个综合的旅游接待系统，它的接待能力有多大，受制于旅游资源、生态环境、既有旅游设施和基础设施状况以及旅游区域内居民心理承受能力这些综合因素。也就是说，旅游地在某一时间内的容量，是由旅游地内的旅游资源容量、生态容量、设施容量、地域社会容量各个限制指标中任一个构成瓶颈因子的要素容量所决定的。从这一点看，旅游地这个综合系统的功能的发挥，必然以系统中的各个功能因子的协调运行为前提。

旅游地内各种旅游活动区容量计算的起点是景点的容量和景区内道路的容量。景点是指旅游者从事旅游活动的具体场所，以及围绕这一场所的短暂休息和即时服务所占用的空间单元。在自然风景旅游地中，一个观景点就是一个景点，景点可容纳游人活动的能力即景点容量。景区是比景点空间范围更广一些的地域单元，它包括有若干个景点，连接景点间的道路，以及那些构成旅游活动的环境但又不为旅游活动直接占用的空间。景区的划分以景点之间的邻近性为依据。景点和景区是旅游地规划中经常采用的空间单位，旅游地的旅游活动容纳能力是从各个景区的容量和景区间的连接道路的容量求和得来的。旅游景点容量、旅游景区容量、旅游地容量都可分为极限容量和合理容量，旅游地容量的测定公式如下：

$$T = \sum_{i=1}^{m} D_i + \sum_{i=1}^{p} R_i + C$$

$$D_i = \sum_{i=1}^{n} S_i$$

式中，T 为旅游地容量，D_i 为第 i 旅游景区容量；S_i 为第 i 旅游景点容量；R_i 为第 i 景区内道路容量；m、n、p 分别为景区数、景点数、景区内道路条数；C 为非活动区接纳游人量。其中，旅游景点容量、景区内道路容量的量测方法，与前述旅游资源容量的量测相同。这里计算的可以是时点容量或日容量。

第三节　可持续旅游发展

一、可持续旅游发展的概念及其宏观意义

第二次世界大战以后，世界旅游业经过几十年的迅速发展，如今已进入其空前繁荣的阶段，1992年更跃升为世界最大的产业。然而，伴随着这

种繁荣，各种过度开发而导致的消极效应也开始出现并显示出其潜在的威胁，而这种状况在发展中国家表现得尤为突出。人们越来越强烈地意识到，在发展中国家，由于经济的驱动力而把旅游业列为优先发展项目所产生的直接后果往往是：对旅游资源的过度开发甚至掠夺性开发，对旅游区点的粗放式管理，旅游设施建设的病态膨胀，都迅速损害旅游业赖以存在的环境质量，威胁旅游业的持续发展。这种关注促成了宏观旅游管理领域中的一种新观念的产生：可持续旅游发展（Sustainable tourism development），这一思潮在世界范围内的广泛兴起，显示了人们在旅游开发领域中对可持续发展（Sustainable development）这一主题的积极响应和深刻理解。如果对可持续旅游发展这一思想作一简单回顾就会发现，可持续旅游发展实际上是可持续发展思潮孕育出来的，是 20 世纪 70 年代初期人们对经济发展与其环境效应的关系进行思索的产物。

"可持续发展"一词将有关协调和管理人类活动的两种基本思路——追求发展和控制人类活动对环境造成的有害影响——结合在一起。尽管人们对发展和环境这两个主题的关注可追溯到 20 世纪 70 年代，然而，自从世界环境与发展委员会（WCED：又称布伦特兰委员会）在 1987 年发表的研究报告《我们共同的未来》之后，才使这种关注更明朗化，也进一步推动了"可持续发展"一词的广泛应用。这一报告具有世界性的影响，它标志着人们在理解环境承载力和优先发展之间的关系方面已经发生了观念上的有益转变。

如果从历史的角度来追溯可持续发展的思想，实际上会发现，它具有悠久的历史渊源。Stephen W. Boyd 在其《旅游、国家公园与可持续性》一文中，对这个过程进行了回顾，比较清晰地描述了可持续发展思想所经历的演变过程。从中可以看出，这种思想在西方国家实际上经历了自然发生、与经济发展的矛盾、回归到可持续发展这样一个过程。而作为发展中国家，可以从这个过程中吸取教训，避免付出过多的代价。

在可持续发展概念的演变过程中，有四条基本原则是贯穿始终的：第一，一是总体规划和决策思想；第二，强调保护生态过程的重要性；第三，强调保护人类遗产和生物多样性的必要性；第四，也是永续发展的核心和立足点，是发展的同时要保证目前的生产率能持续到将来很长一段时间，几代或几十代。

从这四条基本原则中，我们不难发现，旅游业是最需要贯彻也最能体现这些原则的领域之一。旅游业的发展对人类和自然遗产的依赖，对生态系统的稳定性和持续性的影响；旅游需要对现代人类尤其是对未来人类基本需要的重要性；旅游开发过程本身所涉及的界面之广泛和复杂，以及目前世界旅游业迅速膨胀的事实以至业已形成的生态与环境效应，所有这些都说明旅游业是应该倡导永续发展的产业。"可持续旅游发展"的概念就产生在这个大背景下，在某种意义上也是脱胎于"可持续发展"一词。

尽管目前对可持续旅游发展的概念还没有统一的表述，但 1990 年在加拿大召开的 Globe'90 国际大会，对可持续旅游发展的目标所给的表述能较全面地反映可持续旅游发展的内容：

（1）增进人们对旅游所产生的环境效应与经济效应的理解，强化其生态意识；

（2）促进旅游的公平发展；

（3）改善旅游接待地区的生活质量；

（4）向旅游者提供高质量的旅游经历；

（5）保护未来旅游开发赖以存在的环境质量。

从这些目标可以看出，可持续旅游发展的含义是多层面的，但最核心的一点，是要保证在从事旅游开发的同时不损害后代为满足其旅游需求而进行旅游开发的可能性。这个战略性主题的提出，在建立人类与地球的新型关系以及确立当前人类对子孙后代的生态责任观方面，无疑具有十分重要的意义。概括起来，可持续旅游发展的提出具有以下几方面的宏观意义。

首先，作为一种新观念，可持续旅游发展的提出有助于改变人们长期以来对旅游资源可再生性的片面理解，重构旅游开发的理论和政策导向。

其次，可持续旅游发展的提出对于发展中国家加强旅游开发的宏观管理从而保护全球旅游生态系统的完整性和永续性尤其有深远意义。这是因为，一方面发展中国家是目前世界上大多数自然文化遗产的拥有国，相较于西方发达国家在旅游开发方面已接近过度开发这一总体事实，发展中国家的旅游资源因其更接近原始或自然状态而对全球旅游资源的保护更具有重要性；另一方面，正如前文所述，发展中国家迫于经济压力而将旅游业作为优先发展项目这一事实，也暗示着对全球旅游资源的潜在威胁。

还有一点值得指出的是，可持续旅游发展的提出无疑要在技术领域、组织结构方面以及人们的观念上引发一场变革。尽管目前我们还无法预见或勾勒这种变革的具体模式，但不管人们目前（甚至将来）在技术领域做出何种努力以提高生活质量，都不可避免要面临着可持续性的挑战，因此，在整个旅游业乃至世界各行各业，变革将是不可避免的。《超越极限》的作者们就预言，在人类发展史上，继农业革命和工业革命两大浪潮之后，下一次革命的焦点将集中在"可持续性"上。

从上面的分析可以看到，可持续旅游发展在当今世界旅游发展中具有重要意义。然而我们还要强调的两点是：可持续旅游发展绝不意味着某种旅游资源、某个旅游项目或某种旅游形式具有永远的生命力，这里，可持续不意味着永久，而更意味着"长久"，因此在理解可持续旅游发展的概念时应持有动态的观点；可持续旅游发展是一种发展目标或发展哲学，它的实现要依赖于某些具体的方法、途径和措施，而这些，不管在世界其他国家，还是在中国，都应该说仍是一个新的课题。

在我国，旅游开发的历史尽管短暂，却取得了令人瞩目的巨大经济成就。这个事实，从两个不同的角度说明了我国旅游发展所同样具有的典型的发展中国家旅游发展模式。尽管目前还未能在旅游开发的各种效应方面积累足够多的研究成果以推演出某种悲观的结论，但多年来作为指导我国旅游开发实践的一些理论与政策，正经受着旅游开发实际效应的检验，面临着可持续旅游发展观念的挑战。这集中表现在以下几个方面。

首先，在我国旅游理论界和政府某些决策人中，一直流行着"旅游业是无烟工业，不像其他产业那样能对环境造成污染"的观念，并且这种观念至今在一定程度上还主导着由全国性旅游开发热潮所波及的一些地区及潜在旅游开发区领导阶层的意识形态；而另一方面，有关旅游污染的学术呼吁相对开发实践而言却几乎微弱得不能形成什么现实的影响。其实，只要我们将由热情所启动的思维用理性加以冷却，采取科学求实的态度和方法去认识旅游开发的效应结构和性质，我们就会发现，旅游业作为一种产业，它也在生产各种废物，也在污染环境。不同的只是旅游业所排放的废物在形式上有别于传统工业的废物，它们不像传统工业废物（如含毒素的化学废物）那样在影响人的健康方面令人恐惧，但它们对一个旅游景点的生命周期的影响是不容忽视的。旅游者对旅游景点环境质量的心理预期，旅游景点（尤其是以自然旅游资源为主体的景点）的特殊地理条件和设施状况甚至废物形式本身，这些都向以往那种乐观的"无烟工业"的思想提出了挑战：旅游业不仅排放废物污染环境，而且这些废物的处理技术在难度上并不亚于对传统工业废物的处理。更为严重的是，在旅游开发过程中发生的"建设性污染"，更是常常被掩盖在经济效益的面罩下而不能得到有效的控制。

其次，"旅游业是低投入、高产出的劳动密集型产业"这一提法，在我国旅游理论界和政府决策部门也曾一度十分盛行，是促成我国旅游业的基本供给（尤其是旅游饭店）迅速增长的一个重要因素。之所以人们会把旅游业看成低投入高产出的产业，重要的一条是我们一直没有把旅游资源尤其是环境资源的消耗纳入旅游产品成本之中，从而歪曲了旅游产品的成本构成，低估了旅游产品的成本水平，虚增了旅游产品的新创造价值部分（旅游资源的有价性是旅游研究的重要课题之一）。如果把环境资源消耗纳入旅游产品成本之中，我们就不难接受目前西方多数学者把旅游业看成资源密集型或环境密集型产业的观点。这种观点反映了人们对旅游与环境之间关系的清醒认识，因此，无疑是对我们的传统观念的又一个挑战。

再次，"旅游资源主要是由可再生性资源组成的，而旅游消费又基本上是'感觉消费'（或'精神消费'）的过程，因此，旅游资源不存在耗竭的问题"。这又是一种在我国理论界和实践领域有一定影响的观念。这种观念的产生来自人们对旅游资源的可再生性的肤浅理解，或者说，在理解旅游资源的特性时，套用一般资源可再生性的衡量标准，没有考虑到当一些自在的普通资源一旦作为旅游资源时，其原始性或自然状态才是其根本属性这一事实。实际上，旅游资源主要是不可再生性资源。这是一种应重新确立起来的观念。另外，认为旅游活动"动眼不动手"，不对旅游地资源造成大的影响的说法也很片面。作为一种产业，旅游业的发展不仅消费一般的人、财、物力资源，而且有过度消费的能力。在旅游区发生的交通流量持续增长、交通堵塞、土地价格上涨、城市化倾向甚至社会结构的巨大变化，都是旅游消费的连带效应。至于旅游者消费过程中产生的对旅游资源的各种影响，实际上也构成了一种消耗力量。

最后，"旅游业是单一性产业"虽然不是一种普遍提法，但二十几年来，我国旅游开发实践的历史却在一定程度上证明了至少在旅游决策层中，人们是在下意识地按这种思路来确定旅游发展的宏观决策的。某些旅游供给的倾向性发展和"超前发展旅游业"这种政策导向，都多少反映了这种认识。在这里，一定要清晰界定"旅游业"的概念。"小旅游（业）"（从构成上而不是从时空特征上讲的）是不可能也不应该超前发展的，而"大旅游（业）"的超前发展绝非易事，尤其对我们这样一个发展中国家就更是如此。我国近几年，一方面饭店供给过度膨胀，而另一方面交通"瓶颈"问题未得到缓解等便反映了这一事实。旅游业作为一种复合型产业，如果不在宏观决策与控制方面谋求中央与地方的协调配合，其任何一个组成部分都可能获得不合理的倾向性发展，最终导致旅游业的整体不经济，影响其持续发展。因此，对旅游业这样一个复杂产业如何进行宏观控制也是我国实施永续旅游面临的一个挑战。

可持续旅游发展作为一种发展哲学，是不可能一下子就走向成熟的。没有对旅游开发效应的系统研究成果的长期积累，可持续旅游发展的提法就只能停留在观念阶段。但这里笔者要呼吁的是，当我们还把握着选择旅游发展方向的机会时，越早地用可持续旅游发展的观念武装自己，越会使我们的旅游业在未来世界中具有竞争力。我们没有理由等到当旅游开发的消极效应已积重难返时才去推行可持续旅游发展战略。所以，在目前阶段，我们就应该审视我们的旅游开发实践，是不是"掠夺式、粗放式、病态膨胀的"？是否破坏了旅游发展赖以存在的环境基础？是否超越了旅游容量的常规限度？回答了这些问题，我们才能使旅游发展运行于旅游容量的规范框架之内，才能实现旅游的可持续发展。在前文所展开的对旅游容量的探讨，就是为了建立能够用于实施可持续的旅游发展战略的概念和技术性工具。

二、旅游可持续发展的实现途径

旅游可持续发展作为人类在新的历史时期的发展观，已经得到世界各国政府、学术机构、民间团体和公众的重视，1995年4月27日至28日，联合国教科文组织、环境规划署和世界旅游组织等联合在西班牙召开了"可持续旅游发展世界会议"，通过了《可持续旅游发展宪章》和《可持续旅游发展行动计划》两个纲领性文件。作为全世界都应该共同遵守的准则，对指导21世纪全球的旅游发展具有十分重要的意义。作为对联合国1992年的《里约环境与发展宣言》（即《21世纪议程》）的一个反应，世界旅游组织、世界旅游理事会（WTTC）与地球理事会（Earth Council）联合制定了《关于旅游业的21世纪议程》，并于1996年9月5日在伦敦记者招待会上首次披露，正式文本在1997年6月联合国大会第九次特别会议上散发。这份纲领性文件将《21世纪议程》转化为一个关于旅游业的行动纲领，要求各国政府和旅游业的各个部门采取一致的行动，实现旅游的可持续发展，在这份文件中，针对负责旅游业的政府部门、国家旅游管理机构、有代表性的行业组织和旅游企业，分别提出了行动指南，其中包括在每一章中提出一个重要的目标和几个优先考虑采取行动的领域并对每一个优先领域都确定了具体目标，还对实现该目标可以采取的步骤做了简要说明。该议程之详细和完备，使之能在真正意义上成为指导旅游发展实践的行动纲领。

可持续旅游发展的实现，在目前阶段还是一个十分艰巨的任务。从宏观的角度来看，必须根据旅游发展的容量约束来制定全面实施可持续旅游发展的战略框架。同时应该明确，可持续旅游发展必然地与整个国家的社会、经济发展战略联系在一起。因此，在这个整体当中，加强国际合作、消除贫困、改变消费模式、控制人口增长、保护和促进人类健康、改善居住环境、加强资源的保护和管理等宏观目标和战略的实现状况，就成为制约可持续旅游发展的背景因素。只有在一种积极的、富有建设性的宏观背景之下，实现可持续旅游发展的一般途径才能有效地发挥作用。

（一）为可持续旅游发展筹集资金

对于任何一个国家来说，发展从社会意义上看都是不可阻挡的潮流。旅游发展也因此在各国成为发展经济、改善人们生活质量的重要手段。毫无疑问，发展的同时就伴随着资源的耗竭、环境的污染，这种伴生现象也几乎是不可逆的。所以，现实的态度和策略就是，在发展的同时力求最大限度地减少不可再生资源的消耗，减少废物的排放，减轻对环境的污染，为达到这个目的，有三种选择：不发展，改变发展的途径，或对发展的副产品进行技术处理。对于集贫穷和原始的、宝贵的自然资源于一身的大多数发展中国家来说，上面任何一种途径（当然不发展是不现实的）都必须有资金的支持才能得以落实。有了足够的资金，就可以通过开发毗邻地区的旅游资源以缓解对原有景区的压力，就可以开发对旅游垃圾的处理技术，就可以实施对旅游资源的保护策略，就可以有效地实施可持续的优先发展目标。

在《21 世纪议程》当中，强调了世界上的发达国家对低收入的发展中国家在处理外债方面应做的工作，有了发达国家的帮助，发展中国家就可以将有限的资金用于可持续发展领域。当然，依赖外援仅仅是实施可持续旅游发展的一个工具。对于很多发展中国家来说，吸引外资、合资合作经营、进入自由贸易的世界市场，也都是不可忽视的手段。中国的旅游产业势必在这些方面都要做充分的准备。同时，筹集社会资金，并将它们优先、集中地使用于一切致力于可持续的旅游发展领域，也应该成为中国旅游产业发展的战略性选择之一。

（二）端正认识，防止超负荷开发

旅游目的地管理者应端正认识，不仅需从经济正面影响方面考虑旅游业的发展，对其经济和环境方面的负面影响也应用全面的理解和认识，追求并落实旅游业可持续发展理念。同时，为了防止旅游负面影响的扩大，必须量力而行地进行旅游发展，将旅游容量控制在该地承载力容许的范围内，防止超负荷开发。

（三）重视科学技术在实施可持续旅游发展战略中的作用

从全球来看，环境的变化在最近几个世纪要比以往任何时候都更为快速而激烈。在下个世纪，这种变化会更为明显，甚至会出现意想不到的突变。同时，人类对能源、洁净的淡水和不可再生资源的消费正在增加，即使环境维持不变，也可能在世界的许多地区都出现这些资源的短缺。所以，要想在环境和资源管理方面做到富有成效和远见，要想保证人类的日常生存和未来发展，科学知识就变得十分重要。科学家对诸如气候变化、资源消费的增长、人口趋势和环境退化等问题的理解已经日益深刻，这些信息应该有助于长期目标的可持续发展战略的形成。为此，对于政府部门而言，就需要积极支持有关环境问题的科学研究，鼓励可以减少环境污染和资源消耗的技术的开发和应用。

（四）加强法规建设

在我国的旅游发展历程当中，对旅游活动（包括旅游者活动和旅游产业活动）还缺乏从可持续发展的高度进行法律规范，这是影响我国可持续旅游发展目标实现的最重要和最紧迫的问题之一。没有法律约束，旅游活动在满足当前需求和考虑长远利益之间，在寻求旅游发展与保护环境资源之间，就缺乏行为规范，就会导致对环境和资源的掠夺性使用，就会毫无顾忌地向我们的子孙后代借债。目前颁布实行的一些规章、条例，虽然在一定程度上起到了这方面的作用，但由于不够系统，没有达到法律的高度，其作用还是有限的。

（五）发挥教育、培训的功能，提高公众的环境意识

旅游和旅游业主要还是一种大众参与的活动，因此，公众的自觉环境意识在实施可持续旅游发展时就显得尤为重要。然而，许多人包括旅游者在内，由于缺乏有关的信息，都并不十分清楚环境与旅游发展之间的关系，这就需要通过一定途径提高人们对环境的敏感意识和积极参与解决环境问题的主动性。教育和培训所担负的使命就在这里。通过教育和培训，人们在环境意识、环境道德、环境价值观、环境态度、环境行为和处理环境问题的技能方面有所发展。为了达到这个目标，环境教育与培训就不能限于解释环境的物理和生物方面，还要包括环境的社会经济方面，尤其是

解释旅游发展与环境之间相互依赖的关系，在推动这种教育战略时，应做到这样几点：

（1）使环境与发展教育能为各种年龄的人所获得；

（2）将环境和发展的概念纳入所有教育项目当中；

（3）在当地和地区的环境健康研究（包括饮用水、卫生、食物安全和资源利用的环境与经济影响等）中吸收在校儿童参加；

（4）为高等院校学生建立培训项目，帮助他们建立环境意识和技能；

（5）鼓励社会各界（包括产业部门、大学、政府、非政府组织和社区组织）对人们进行环境管理方面的培训；

（6）将当地人在保护环境方面的经验以及当地人对可持续旅游发展的理解吸收到教育与培训计划当中。

可以说，只有经过面向全社会的环境教育与培训的充分发展，旅游的可持续发展目标才能切实地实现。

（六）借助多种旅游方式来实现目标

从旅游本身来看，可持续的旅游发展目标还要借助于各种符合可持续旅游发展哲学思想的旅游方式来加以实现。这些旅游方式包括：生态旅游、替代旅游、负责任旅游、绿色旅游和软旅游等。

本章案例

黄山风景区承载量的探索与实践

1999 年以来，随着我国假日制度的调整、"黄金周"制度的推行，景区游客承载问题和高峰日拥堵问题日益受到社会和业界的关心关切。作为世人向往的旅游目的地，黄山风景区游客承载问题更是备受关注。景区游客承载量的核定、保障、落实、反馈是一个动态调整的系统。多年来，黄山风景区在这方面做了大量的探索与实践，是全国景区游客承载探索的试验地和样板地。但是，景区游客承载核定了不等同于完全落实了、认真落实了并不等同于旅游者满意了，管理服务永远无止境、永远在路上。2003 年，黄山风景区管委会委托中山大学旅游学院就黄山风景区承载量进行科学测算。中山大学旅游学院研究团队基于系统动力学方法论对黄山风景区最大承载量进行科学测算，论证结果如下：气候舒适下的最大承载量为 40000 人；一般情况下的最佳承载量为 32000 人/日；恶劣天气下的最大承载量为 20000 人。研究团队进一步考察了黄山风景区关键景点片区的瞬时承载量：莲花峰约为 2761 人；天都峰约为 2864 人；始信峰约为 3566 人。

一、发展历程

（一）初创阶段（1999—2012）

（1）黄山风景区是全国风景名胜区游客容量立法的重要参照地。随着经济社会的快速发展，1980 年编制的《黄山风景名胜区总体规划》已经不能满足形势发展需要。2002 年，黄山市人民政府委托清华大学规划设计研究院启动第二轮黄山风景名胜区总体规划修编工作。这一轮修编由两院院士吴良镛领衔，联合中国科学院等部门的专家近百人次进入现场，这些专家也是《风景名胜区条例》起草的重要参与者，前后历时五年，在数十种方案中比较，2007 年年初《黄山风景名胜区总体规划（2007—2025）》获国务院颁布实施。该规划体现以人为本，提出旅游规划要在保护资源的前提下，最大限度地满足黄山游客体验；通过开发生态旅游点，设计丰富多样的旅游产品，使黄山风景名胜区的容量得以进一步拓展。该规划对黄山风景区游客容量进行了专题研究，采用分区空间瞬时计算、设施容量核算、游客时空分布模型等方法，测定黄山风景名胜区生态容量为 46900 人；对始信峰、北海、玉屏、天都峰、莲花峰等热门景点进行了容量测算；预测在 2025 年，日游客容量为 1.2 万人次／日（详见《黄山风景名胜区总体规划 2007—2025 规划说明书》），这是对黄山风景区容量的第一次系统核定。

（2）黄山风景区国家 A 级景区的创建工作客观推动了旅游行业对景区承载量的规范。继 2011 年 1 月国家旅游局审定批准黄山为 4A 级旅游区之后，2006 年 4 月黄山风景区正式启动 5A 级旅游景区创建工作。创建工作促进了黄山风景区基础接待设施的完善和管理服务水平的提升，创建过程中，黄山风景区上报国家旅游局的日最大承载量为 4 万人、日最佳承载量为 2.5 万人。2006 年 12 月，黄山风景区顺利通过国家旅游局组织的 5A 级旅游景区试点工作验收。国家旅游局提出"要认真总结黄山创建 5A 的一些有益经验，认真推广黄山创建 5A 的一些有效做法"。

（3）黄山风景区"数字景区"建设为景区承载量控制提供了重要保障。黄山风景名胜区"数字景区"建设起步于 20 世纪 90 年代。2004 年，黄山与九寨沟一起被纳入国家"十五"科技攻关计划重点项目数字景区示范工程，拉开了中国风景名胜区数字景区建设的序幕。2006 年，建成黄山保护管理指挥调度中心。此后，陆续建成30多个应用系统。尤其是其中的视频监控系统和电子门禁系统为景区承载量控制提供了重要支撑。

（二）完善阶段（2013—2019）

（1）黄山风景区公布最大承载量。2012年"10·2"的教训和《中华人民共和国旅游法》的颁布，促进黄山管委会对景区承载的重要性有了充分的认识，2013年9月30日，管委会按照《中华人民共和国旅游法》规定，报请黄山市政府同意，对外公布日最大承载量：晴好天气5万人，恶劣天气（大雨、大风、大雾、冰雹）3.5万人。

（2）重要基础设施建成运营。2013年7月9日，西海大峡谷地轨缆车建成运营，设计单向运力800人/小时。地轨缆车的建成运营解决了步行游览西海大峡谷体力不支的核心问题，使得面积18.8平方千米的钓桥景区得以有效开放，大大拓展了承载空间。2015年6月，玉屏新索道投入运营，单向运量从原来的1000人/小时提升至2400人/小时，让景区前山后山的对流趋于均衡。

（3）公布冬季最大承载量和分入口承载量控制。2016年2月10日（大年初三），从黄山风景区北门进山游客为7259人，绝大部分游客乘太平索道返回太平，其中部分进山游客是从高速南大门方向分流的，远远超出该片春节、黄金周历史最高峰。由于太平索道运力严重不足（每小时500人），当日下山游客运完已是次日凌晨2点多，造成部分滞留游客不满而引发网络舆情。虽经有关部门及时处置得以平息，但仍出现10多起投诉。此后，有微信发布《大年初三黄山"逃亡"之旅》，给景区造成一定的负面影响。2017年2月，黄山风景区公布冬季最大承载量为3.5万人/日，成为全国首个根据季节特点分类确定最大承载量的景区。在此后的小长假、黄金周工作方案里，进一步明确北大门日最大承载量为5000人以内。

（三）特殊时段（2020—2022）

（1）2020年"4·5"事件。经历了2020年初（黄山风景区1月25日至2月20日暂停开放）重大公共卫生事件一级响应后，清明小长假是全国各地密集出台政策促进消费扩容提质、提振文旅市场复苏紧要期。景区根据上级要求，将日最大承载量由5万人压缩至2万人，严格执行安康码申领、核验和测温等疫情防控措施，游客通行相比正常情况更加缓慢。但是同时，省市出台了"江淮串门游"，安徽人免费游黄山政策，游客尚未养成预约出游的习惯，4月5日凌晨3点开始，大量游客在景区入园口聚集。在现场的直接压力下，景区日最大承载量2万人难以落实。

（2）建成实名分时预约系统及管控平台。2020年2月之后，黄山旅游开始通过官方平台进行线上预约。"4·5"之后，及时完善实名预约流程，开发了新的模块，并通过多种方式多种渠道加大宣推力度，对接开放皖事通平台预约后直接跳转至官方平台的功能，提升了线上预订的便捷度和及时性。2020年9月，启动一体化管控平台建设，建立人数预约模型及黄金周指挥调度模型，对南、北大门预约实行库存管理。

二、管理手段

（一）限流、预约、错峰等手段联动

建立容量管理体系，采用限流、预约和错峰的联动手段，从而提升游客的游览体验和满意度，缓解景区的人流压力，保障黄山风景区的可持续发展。在限流方面：

（1）严格遵循承载量测算：根据黄山风景区的生态环境保护、旅游业态发展、设施更新情况、社会影响效应等，定期评估和测算黄山风景区的承载量；

（2）利用实时监控限流引流：通过人流监控计数设备，实时统计并控制景区重要路线、重要景点的游客数量，确保重要路线和景点的实时游客数量不超过承载力；

（3）制定严格限流措施：在高峰日景区游客数量、关键景点片区接近承载量时，启动限流措施，如暂停售票、严格实施分时入园等，保证黄山风景区的游客安全和游览体验。

预约方面，分步骤提升已有的分时预约制度。具体而言：

（1）进一步完善已有的预约平台，增加预约渠道，如官方网站、手机App、第三方的旅游平台等，方便游客随时随地进行预约，进一步提升游客对分时预约的知晓度和执行度。

（2）从团队游客入手，推进分时预约制度。引导团队游客在导游带领下，有序安排游览行程，按照特定预约时段进入景区，缓解景区重要节点和路段，在特定时段上的拥堵问题。

（3）逐步引导游客按照预约时段进入景区，更合理地规划安排游览路线。加快推进新国线寨西换乘中心的改造升级工程，提升黄山南大门汤口镇作为蓄水池的功能，为分时预约制度提供设施支持。

错峰方面，开展游客在一天之内不同时段的错峰、节假日错峰、淡旺季错峰。具体而言：

（1）一天内不同时段错峰：推进实施分时段入园制度，鼓励游客选择非高峰时段游览，减轻黄山风景区内高峰时间段的人流压力。

（2）节假日错峰：推广节假日错峰出游，通过优惠政策、特色活动等吸引游客在非繁忙的节假日前后游览景区。

（3）淡旺季错峰：制定淡旺季不同的游览策略，营销在黄山风景区不同季节的游览体验，如推出淡季特色活动，引导游客错峰出游。另外也可以通过经济杠杆手段，引导淡旺季的出行游客人流，缓解拥堵。

（二）改造提升游步道，增加休息亭等旅游设施

通过提升拥堵路段的游步道，增加休息亭等旅游设施，缓解黄山风景区的拥堵问题。根据拥堵情况的实地勘探，对玉屏广场至鳌鱼峰之间的易堵道路步道进行修缮、维护和拓宽。在易拥堵路段，如玉屏楼至天海片区等增加游览栈道，实现客流的循环动线。根据游客的游览动线，设置休息亭，休息亭的设计可以根据景点特色和文化元素进行设计，增加游客的游览欣赏价值，并为游客提供一个休息停留的场所，并分散拥堵路段的人流压力。

（三）全面提升标识解说和引导系统

从游客体验视角，提升人文关怀，整体性地提升黄山风景区的标识解说和引导系统，提供更为人性化的导览系统。具体包括：

（1）完善景区的标识导览系统，在景区的重要节点，提供全局导览地图，让游客能够更直观地了解景区的空间布局和游览路线，根据自身需要和体力，选择登山线路。设计清晰易懂的标识标牌，确保游客能够快速理解标识的含义。在重要节点的方向指引牌中，设置明显的路标和导向系统，标注清晰明确的通行距离和花费时间。

（2）利用数字技术提供实时信息，结合智慧景区的技术手段，重点路段的通行条件、步行时间、拥堵情况等信息更有效地传递给游客，帮助游客更好地规划行程、规避拥堵。例如，可以在标识标牌上设置数字屏幕，实时显示信息，或通过手机 App、景区节点喇叭等，将实时信息传递给游客。

（3）在重要景点、节点设立景区信息咨询点，配备专业人员，为游客提供实时的游览建议和帮助。优化无障碍设施，为老年人、残疾人、小孩等特殊群体提供无障碍通道，确保其能便捷地游览景区。

（四）做好恶劣极端天气的研判和预警体系

科学精准地预测和研判极端恶劣天气，并建立一套完整的应对机制。

例如，对冬季暴雪、夏季暴雨等恶劣天气下，更为透彻地分析入园游客的时空行为特点，了解恶劣天气对游客行为和体验的影响，进行提前预警、引导。对突发恶劣天气有应急计划和疏散预案，例如，在春节、黄金周等特殊节假日时段，如果叠加上突发恶劣天气，需要在第一时间采用应急疏散预案，进行远端截流、近端疏导、节点分流游客，从而避免游客在黄山风景区内发生长时间、大面积的拥堵排队情况。此外，需要及时缓解疏导游客流量和情绪，避免舆论事件，完善舆论引导联动机制。

（五）做好一日、两日游线路规划和指引

做好一日、两日游线路规划和指引，在人流密集的旺季、高峰时期，做好一日游和两日游的线路规划和指引。对团队游客的导游进行提前告知和引导，规划其带领的团队游客线路，做好团队游客的引导工作，缓解山上局部拥堵问题，将游客更有机地分散在山上各个景点、游步道。对于散客，在微信公众号、预约平台、入口排队处等，提前告知自由行游客一日游和两日游的游览线路，进行更为有效的提前干预，缓解人流拥堵问题。对于两日游游客，引导其在高峰时期，选择下午上山，缓解索道的运力压力，提升游客的游览体验。总体而言，需要健全一日游、两日游的线路规划和指引体系，并提前将信息更有效地传达给游客，促进旺季、高峰时段的游客分流，减少、避免拥堵问题。

节选自：中山大学旅游学院．黄山风景区日最大承载量研究报告（2023）［R］．黄山风景区管理委员会资料．（引用时稍有修改）

图书在版编目(CIP)数据

旅游学/王娟,闻飞主编 . —2 版 . —合肥:合肥工业大学出版社,2023.11
ISBN 978 - 7 - 5650 - 6472 - 2

Ⅰ.①旅…　Ⅱ.①王…　②闻…　Ⅲ.①旅游学　Ⅳ.①F590

中国国家版本馆 CIP 数据核字(2023)第 209336 号

旅　游　学

(第 2 版)

主编　王　娟　闻　飞	责任编辑　孙南洋
出　版　合肥工业大学出版社	版　次　2009 年 2 月第 1 版
地　址　合肥市屯溪路 193 号	2023 年 11 月第 2 版
邮　编　230009	印　次　2023 年 11 月第 1 次印刷
电　话　人文社科出版中心:0551 - 62903200	开　本　710 毫米×1010 毫米　1/16
营销与储运管理中心:0551 - 62903198	印　张　15　字　数　254 千字
网　址　press. hfut. edu. cn	印　刷　安徽昶颉包装印务有限责任公司
E-mail　hfutpress@163. com	发　行　全国新华书店

ISBN 978 - 7 - 5650 - 6472 - 2　　　　　　　　　　定价：48.00 元

如果有影响阅读的印装质量问题,请与出版社营销与储运管理中心联系调换。